Informatik-Fachberichte 236

Herausgeber: W. Brauer
im Auftrag der Gesellschaft für Informatik (GI)

Jürgen Stoll

Fehlertoleranz in verteilten Realzeitsystemen

Anwendungsorientierte Techniken

Springer-Verlag
Berlin Heidelberg New York
London Paris Tokyo Hong Kong

Autor

Jürgen Joachim Stoll
Gammadata Computer GmbH
Planegger Straße 16-18, D-8034 Germering

CR Subject Classifications (1987): C.2.4, D.3.3, D.4, E.2, J.7

ISBN-13:978-3-540-52331-4   e-ISBN-13:978-3-642-84136-1
DOI: 10.1007/978-3-642-84136-1

CIP-Titelaufnahme der Deutschen Bibliothek.
Stoll, Jürgen:
Fehlertoleranz in verteilten Realzeitsystemen: anwendungsorientierte Techniken / Jürgen Stoll. -
Berlin; Heidelberg; New York; London; Paris; Tokyo: Springer, 1990
(Informatik-Fachberichte; 236)
Zugl.: München, Hochsch. d. Bundeswehr, Diss. u.d.T.: Stoll, Jürgen: Anwendungsorientierte
Techniken zur Fehlertoleranz in hierarchischen verteilten Realzeitsystemen
ISBN-13:978-3-540-52331-4

2145/3140-543210 – Gedruckt auf säurefreiem Papier

Vorwort

In diesem Buch werden Fehlertoleranztechniken in rekonfigurierbaren
verteilten Systemen zur Prozeßautomatisierung behandelt und in einer
für Studenten, Forscher und Ingenieure gleichermaßen geeigneten geschlossenen Form dargestellt. Das Buch ist eine überarbeitete Fassung
meiner Dissertation "Anwendungsorientierte Techniken zur Fehlertoleranz
in hierarchischen verteilten Realzeitsystemen", die ich am Institut für
Systemorientierte Informatik der Universität der Bundeswehr München
erstellt habe.

Zunächst werden in Kapitel 1 und 2 allgemeine und grundlegende Fragen
zu verteilten Systemen und Prozeßrechensystemen diskutiert und damit
die Randbedingungen implizit festgelegt. In Kapitel 3 werden sodann die
in der englischsprachigen Fachliteratur oft widersprüchlich verwendeten
- weil auf verschiedenen Modellen basierenden - Begriffe aus dem Gebiet
der Fehlertoleranztechnik erläutert und systematisch geordnet, und es
wird ein entsprechendes konsistentes deutschsprachiges Basisbegriffs-
gebäude vorgestellt.

Wissenschaftlich besonders reizvoll ist der in Kapitel 4 unternommene
Versuch, aus der Analyse biologischer Systeme Strukturprinzipien für
redundante fehlertolerante technische Systeme abzuleiten. Durch die
Betonung dieses Zusammenhangs sollte das Buch auch in dem interdis-
ziplinären Gebiet der Bionik Interesse finden.

Mit einem Implementierungsvorschlag für rechenprozeßspezifische Rekonfiguration stellt Kapitel 5 einen neuen Beitrag zur Konstruktion ver-
trauenswürdiger Systeme dar. Neben einer deskriptiven Sprache zur Spezifikation der vorgesehenen Rekonfigurationsfälle und ihrer Bedingungen
für eine ereignisgesteuerte Einleitung werden - für den Praktiker von be-
sonderer Bedeutung - konkret ausgearbeitete Datenstrukturen und ihre
Verkettung vorgestellt und die Implementierung ausführlich beschrieben.

Meinem Doktorvater, Herrn Prof. Dr. Helmut Rzehak, möchte ich für seine
uneingeschränkte Unterstützung dieser Arbeit herzlich danken. Ebenfalls
herzlich danken möchte ich meinem zweiten Berichterstatter, Herrn Prof.
Dr. Gert Regenspurg, der auch die Veröffentlichung der Arbeit angeregt hat.
Mein Dank gilt ganz besonders auch Frau Höhn für die Erstellung der Rein-
schrift und Herrn Prof. Dr. W. Brauer und dem Springer-Verlag für die Aufnahme in die Informatik-Fachberichte und die erwiesene Hilfsbereitschaft.

München, Januar 1990　　　　　　　　　　　　　　　　　　Jürgen Stoll

Inhaltsverzeichnis

1. Einleitung

Durch die Fortschritte in der Technik wurden die geplanten und realisierten technischen Systeme immer größer und komplizierter. Doch durch die Erfolge in der Entwicklung von integrierten Schaltkreisen wurde es auch möglich, mit dem Einsatz von Rechnern diese immer komplizierteren und hinsichtlich der Reaktionszeit kritischeren Vorhaben auszuführen und zu kontrollieren.

Je größer und risikobehafteter ein technischer Prozeß ist, desto schwerwiegender ist der Schaden bei einem Ausfall wichtiger Subsysteme, vor allem, wenn diese Ausfälle das Versagen des <u>gesamten</u> Automatisierungssystems nach sich ziehen.

Sehr schnell mußte man erkennen, daß bei komplexen Systemen der Perfektionsstrategie <Lauber 81>, <Syrbe 83> Grenzen gesetzt waren. Das Ziel dieser Strategie - die völlige Fehlerfreiheit - ist wegen Hardware-Ausfällen und/oder menschlicher Unzulänglichkeit (widersprüchliche oder unvollständige Definition der Aufgabenstellung, fehlerhafter Systementwurf, Irrtum bei der Bedienung) nicht oder zumindest nicht mit vertretbarem Aufwand erreichbar.

Um die hohen Forderungen an das Automatisierungssystem nach Sicherheit, Verfügbarkeit und Zuverlässigkeit erfüllen zu können, kommt der zur Perfektionsstrategie komplementären Fehlertoleranzstrategie immer mehr an Bedeutung zu. Bei dieser Strategie rechnet man ganz bewußt mit der Existenz oder dem Auftreten von Fehlern in Automatisierungssystemen und versucht mit geeigneten Methoden, dem vollständigen Versagen des Automatisierungssystems entgegenzuwirken.

Die Begriffe Sicherheit, Verfügbarkeit, Zuverlässigkeit und Fehlertoleranz sind somit wichtige Attribute von modernen Automatisierungssystemen, die Gemeinsamkeiten, aber auch Unterschiede aufweisen.

<u>Zuverlässigkeit</u> eines Systems (Systemzuverlässigkeit) modifiziert nach <Dal Cin 79> und <Echtle; Görke; Marhöfer 83>.

Unter Systemzuverlässigkeit versteht man die Wahrscheinlichkeit, daß ein System während einer vorgegebenen Zeitdauer - bei zulässigen Betriebsbedingungen - den für das System vereinbarten Leistungsumfang und die spezifizierten Eigenschaften aufrecht erhält.

<u>Verfügbarkeit</u> zu einem gegebenen Zeitpunkt <Dal Cin 79>.

Man versteht hierunter die Wahrscheinlichkeit, daß das System zu diesem Zeitpunkt funktionstüchtig ist. Nicht berücksichtigt wird dabei, ob das System zuvor schon einmal ausgefallen war.

Man vergegenwärtige sich aber, daß eine mittlere Verfügbarkeit - beispielsweise von 0,99 - zweierlei bedeuten kann:

(B1) nämlich relativ häufige Ausfälle (z.B. im Mittel alle 99 Minuten) und kurze Ausfallzeiten (1 Minute),
(B2) oder aber längere Ausfallzeiten (z.B. 10 Minuten) und relativ seltene Ausfälle (ein Ausfall alle 990 min = 16 1/2 Stunden).

Unter Ausfallzeit sei die Zeitspanne verstanden, die zwischen dem Ausfall des Systems und dem Zeitpunkt verstreicht, zu dem der Fehler behoben worden ist.

Der Begriff <u>Sicherheit</u> umfaßt mehrere Aspekte:

(A1) Datenschutz, Datensicherheit (security)
(A2) keine Gefährdung für Mensch und Umwelt (safety),

wobei in der Prozeßautomatisierung hauptsächlich die unter (A2) aufgeführte Bedeutung betrachtet wird.

Sicherheit eines Systems

Man versteht hierunter eine Wahrscheinlichkeitsaussage, daß der vom Automatisierungssystem kontrollierte technische Prozeß keine Zustände einnimmt, in denen irreversible Schäden für Mensch und Umwelt entstehen (siehe auch <Hölscher; Rader 84>).

In Bild 1.1 sind mit Hilfe einer Netzdarstellung die Unterschiede und Gemeinsamkeiten der besprochenen Begriffe dargestellt. Alle drei Maßzahlen (Wahrscheinlichkeiten, Erwartungswerte) für Zuverlässigkeit, Verfügbarkeit und Sicherheit lassen sich durch Perfektion und Fehlertoleranz erhöhen (Idealwert = 1). Die mathematischen Werte für die Verfügbarkeit und die Sicherheit lassen sich durch die Erhöhung der Maßzahl der Zuverlässigkeit verbessern. Wie man jedoch aus Bild 1.1 erkennt, gehen hier auch unterschiedliche Randbedingungen mit ein:

(R1) Hat der technische Prozeß Fail-Save-Verhalten?
(R2) Verwendet man ein Doppelsystem oder ein 2-aus-3-System?
(R3) Wie verhält man sich bei einem 2-aus-3-System, wenn ein Teilsy-
     stem ausfällt?

Mit einem 2-aus-3-System wird man gegenüber einem Doppelsystem die
Sicherheit erhöhen, wenn man beim ersten Ausfall eines Teilsystems
sofort abschaltet. Die Wahrscheinlichkeit, daß drei Systeme den selben
falschen Wert liefern ist geringer als bei einem Doppelsystem. Allerdings wird die Verfügbarkeit vermindert, da bei drei Teilsystemen die
Wahrscheinlichkeit eines Ausfalls höher ist als bei einem System be-
stehend aus zwei Teilsystemen.

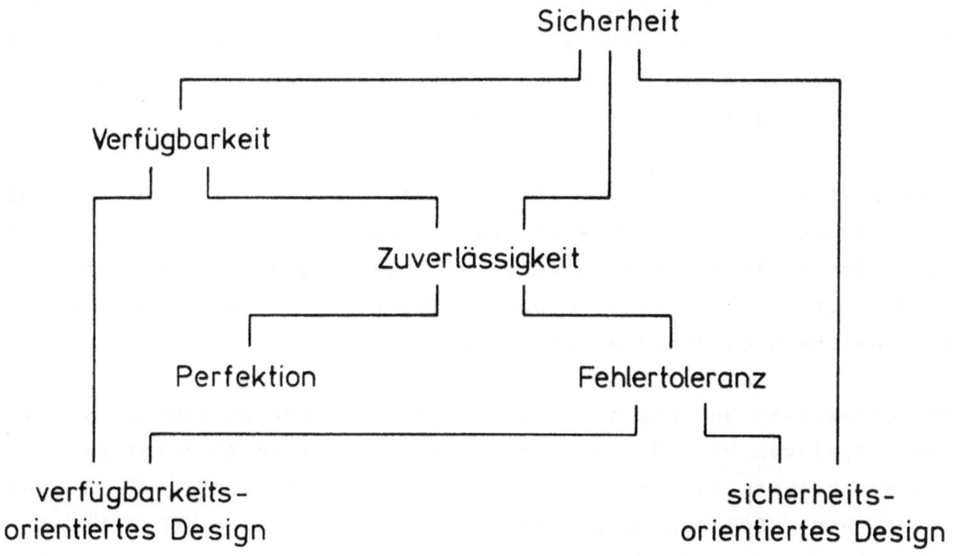

<u>Bild 1.1:</u> Netzdarstellung der Abhängigkeiten sicherheitstechnischer
         Begriffe

Das Sicherheitssystem eines Kernreaktors sollte bei einem Unfall zu
jedem beliebigen Zeitpunkt funktionieren. Also muß ein sicheres System
auch ein zuverlässiges System sein. Hier besteht (leider) kein kausa-
ler Zusammenhang. Denn ein System, das nicht in Betrieb ist, ist auf
jeden Fall sicher (triviale Lösung). Die Zielaussage lautet somit:
Eine Erhöhung der Sicherheit auf Kosten der Verfügbarkeit ist für ge-
wöhnlich sinnlos.

Viele Schwierigkeiten und Mißverständnisse ergeben sich zum einen aus den unterschiedlichen Anforderungen (siehe eingangs erläuterte Begriffe), und zum anderen aus den vielfältigen Facetten der noch jungen Forschung auf dem Gebiet der Fehlertoleranz. Trotzdem lassen sich drei Hauptschwerpunkte erkennen:

(HS1) Fehlertoleranz auf der VLSI-Ebene
(HS2) Fehlertoleranz auf der Rechnerebene
(HS3) Fehlertoleranz auf der Benutzer- und Anwendungsebene

Speziell für die Auslegung von Prozeßautomatisierungssystemen ist es notwendig, dem Entwickler Hilfsmittel in die Hand zu geben, damit er anwendungsabhängig den Grad der Fehlertoleranzfähigkeit des Automatisierungssystems angeben kann. Das mehrfache Vorhandensein verschiedener Ressourcen und die Möglichkeit, diese effektiv zu nutzen, ist essentiell für die Ziele: Hohe Verfügbarkeit, hohe Gesamtzuverlässigkeit und stufenweiser Abbau der Leistungsfähigkeit, der Verfügbarkeit und der Zuverlässigkeit (Graceful Degradation).

Auf Grund ihrer Struktur beinhalten verteilte Systeme verschiedene Ressourcen mehrfach (Redundanz) bzw. erlauben deren Einbringung auf einfache Weise. Eine kostengünstige Realisierung von verteilten Systemen ist durch die Erfolge in der Hardware-Entwicklung (Mikroprozessoren, Speicherbausteine) möglich geworden.

An der effektiven Nutzung der verschiedenen Redundanzformen von verteilten Systemen wird derzeit im Bereich der Fehlertoleranz sehr intensiv gearbeitet. Ziel dieser Arbeit ist es, im Bereich der Rekonfiguration einen Beitrag zu der in (HS3) genannten Aufgabenstellung zu leisten. Da der Begriff der verteilten Systeme mit eine zentrale Rolle spielt, wird dieser im folgenden näher erläutert.

1.1 Verteilte Systeme

Eine sehr gute Definition für "verteilte Systeme" wird in <Enslow 78> gegeben. Enslows Definition von "verteilten Datenverarbeitungssystemen" umfaßt fünf Punkte:

(VD1) Das mehrfache Vorhandensein von allgemein verwendbaren Betriebsmitteln (Geräte und Programmkomponenten), welche dynamisch speziellen Rechenprozessen zugeordnet werden können. Die Homogenität der physikalischen Betriebsmittel ist dazu nicht erforderlich.

(VD2) Eine räumliche Verteilung dieser Geräte und Programmkomponenten, welche dann mittels eines Kommunikationsnetzwerkes miteinander in Beziehung treten. Für die Informationsübertragung auf dem Netzwerk wird ein zweiseitiges kooperatives Protokoll verwendet.

(VD3) Ein "globales" Betriebssystem, welches aus den verteilten Betriebsmitteln ein organisches Ganzes bildet und eine einheitliche Kontrolle über die verteilten Betriebsmittel ermöglicht. Die einzelnen Prozessoren haben ihre eigenen Betriebssysteme, welche einheitlich sein können, aber nicht müssen.

(VD4) Systemtransparenz, welche es gestattet, Dienste nur über ihren Bezeichner anzufordern. Weitere Angaben über den "Dienstleistenden" sind nicht notwendig.

(VD5) Die Operationen und die Wechselwirkungen der verteilten Betriebsmittel untereinander sind gekennzeichnet durch "kooperative Autonomie".

Hervorzuheben ist, daß ein _verteiltes_ Datenverarbeitungssystem nur dann gegeben ist, wenn es alle fünf Punkte gleichzeitig erfüllt.

zu (VD1):
In einem System ohne mehrfach vorhandene zuweisbare Betriebsmittel kann es keine verteilte Verarbeitung geben. Wichtig ist dabei das Attribut "zuweisbar". Die Zuweisung von Betriebsmitteln muß möglich sein, ohne die Arbeit solcher Betriebsmittel, welche nicht direkt beteiligt sind, zu beeinträchtigen. In einem System hat man typischerweise beides: Universell verwendbare und spezielle (feste Funktionen) Betriebsmittel; dabei können einige der speziellen Betriebsmittel eventuell nicht mehrfach zuweisbar sein, da sie fest zugeteilt sind. Allerdings müssen auch von speziellen, fest zugeteilten Betriebsmitteln mehrere Exemplare vorhanden sein, weil sonst Punkt (VD1) der Definition nicht erfüllt ist.

zu (VD2):
Von den vielen Möglichkeiten einer Netzwerkdefinition und den vielen verschiedenen Betrachtungsebenen wird hier die Übertragung von Nachrichten als das wichtigste Kriterium angesehen. Die Übertragung läuft nach einem zweiseitigen Protokoll ab, in dem beide Seiten kooperieren müssen, um eine Übertragung erfolgreich abzuwickeln. Dieser Übertragungsmechanismus steht ganz im Gegensatz zur sogenannten "gekoppelten"

Übertragung (gated transfer). Hier hat der Slave eine Nachricht, welche der Master sendet, in jedem Fall zu übernehmen.

Bei einem zweiseitigen Protokoll kann der Empfänger eine Nachricht ablehnen, indem er eine entsprechende Kennung (not ready, busy, not acknowledge) an den Sender zurückschickt. In diesem Fall ist diese Rückantwort eine Nachricht und kein Signal. Übertragung von Information nach dem Master-Slave-Prinzip schließt autonomes Arbeiten aus, aber gerade eine hohe Unabhängigkeit unter den Betriebsmitteln ist notwendig, um eine hohe Verfügbarkeit für das System zu erreichen. Die wichtigste Eigenschaft eines zweiseitigen kooperativen Protokolls ist, daß es jedem Betriebsmittel möglich ist, abhängig von seinem eigenen Status, eine Nachricht zu akzeptieren oder sie zurückzuweisen.

zu (VD3):
Um aus den Betriebsmitteln eines verteilten Datenverarbeitungssystems ein funktionierendes Ganzes zu bilden, muß das <u>Konzept</u> eines "globalen" Betriebssystems implementiert werden. Dabei können die einzelnen Prozessoren individuelle Betriebssysteme haben, aber alle müssen einen wohldefinierten Satz von Prozeduren (Rechenprozessen) haben, welche die zusammengefaßten Operationen des ganzen Systems regeln.

Der Einsatz unterschiedlicher lokaler Betriebssysteme bringt keine neuen prinzipiellen Probleme mit sich, wird aber auf Grund der unterschiedlichen Schnittstellen den Systementwurf komplizierter gestalten. Wichtig hierbei ist, daß keine strenge Hierarchie zwischen dem "globalen" und einem lokalen Betriebssystem in Bezug auf irgendein physikalisches Betriebsmittel bestehen darf, denn das würde die Bedingung der autonomen Arbeit (VD5) verletzen.

Der Sachverhalt kann folgendermaßen zusammengefaßt werden:

Es ist die Fähigkeit, ein gemeinsames Problem in mehreren Knoten zu bearbeiten, welche aus einer Menge vernetzter Rechner eine verteilte Datenverarbeitungsanlage macht. Ob eine Menge vernetzter Rechner als Verbund unabhängiger Rechner oder als verteilte Datenverarbeitungsanlage arbeitet, wird durch die (System)Software bestimmt.

Aus der Forderung eines dynamischen Wechsels (Neuzuweisung) ergibt sich eine Minimierung der physikalischen Bindung der Rechenprozesse an feste Punkte. D.h. ein System darf keine "kritischen Pfade" oder "kritischen Komponenten" beinhalten, wie z.B. die permanente Bindung eines einmalig vorhandenen Betriebsmittels an globale Zustandsinformation. Obwohl es Umstände gibt, die eine permanente Bindung an eine spezielle Funktion erfordern können (spezielle Ein/Ausgabegeräte), darf die Leistungsfähigkeit eines Systems nicht ernstlich beeinträchtigt werden durch das Versagen eines Betriebsmittels, an welches eine Systemkontrollfunktion permanent zugewiesen ist.

Das "globale" Betriebssystem muß ferner zwei sich gegenseitig bedingende Eigenschaften besitzen. Zunächst muß ein Prozessor weiterarbeiten und seine lokalen Betriebsmittel benutzen können, auch wenn er vom Netzwerk abgekoppelt ist (Inselbetrieb). Weiterhin muß eine leichte Ankopplung und Wiedereingliederung in das Netzwerk ohne Beeinträchtigung anderer, gerade laufender Operationen, möglich sein.

zu (VD4):
Eine wichtige Eigenschaft von verteilten Systemen ist die vollständige Transparenz für den Benutzer, es sei denn, er möchte aus Effektivitätsgründen explizit von der Organisation des verteilten Systems Kenntnis nehmen. Bedingt durch die vollständige Transparenz können auch Statusinformationen des verteilten Systems vor dem Benutzer verborgen bleiben, so daß er nicht weiß, welche Betriebsmittel aktuell zur Verfügung stehen bzw. welche die geeignetsten sind, um seine Aufgabe zu lösen. Aus diesem Grunde muß die Schnittstelle zum Benutzer dienstorientiert und nicht diensterbringerorientiert sein. Mit anderen Worten, der Benutzer muß in der Lage sein, eine Aktion anzufordern, indem er spezifiziert "was zu tun ist" und nicht indem er angibt, welche Komponente diesen Dienst liefern soll. Der Benutzer sollte seine Programmentwicklungen oder Zugriffe auf Datenbanken genauso handhaben können, als würde er mit einem zentralen System arbeiten.

zu (VD5):
Dies ist der letzte und möglicherweise bedeutendste Aspekt. Ein verteiltes Datenverarbeitungssystem muß so entworfen werden, daß alle Operationen aller Komponenten oder Betriebsmittel weitgehend autonom sind. Auf der physikalischen Ebene kann dies durch den Einsatz eines Netzwerkprotokolls erreicht werden, welches zur Übertragung von Nachrichten kooperatives Arbeiten von Sender und Empfänger erfoderlich macht. Weiterhin muß es jedem Betriebsmittel möglich sein, eine Forderung nach einer Dienstleistung zurückzuweisen, selbst wenn es die physikalische Nachricht akzeptiert hat. Dies ergibt sich aus der Tatsache, daß es innerhalb des verteilten Systems keine Kontrollhierarchie gibt.

Es entsteht nun keine Anarchie, sondern alle Komponenten arbeiten nach einem Plan, welcher sich in der Philosophie des "globalen" Betriebsystems wiederspiegelt. Daher ist es besser, diese Betriebsform nicht einfach "Autonomie" sondern vielmehr "kooperative Autonomie" zu nennen.

Unter dem Gesichtspunkt einer Implementierung lassen sich drei "Dimensionen" angeben, um den Grad der Dezentralisierung eines Systems zu charakterisieren. Diese drei Dimensionen repräsentieren den Grad der Dezentralisierung in der

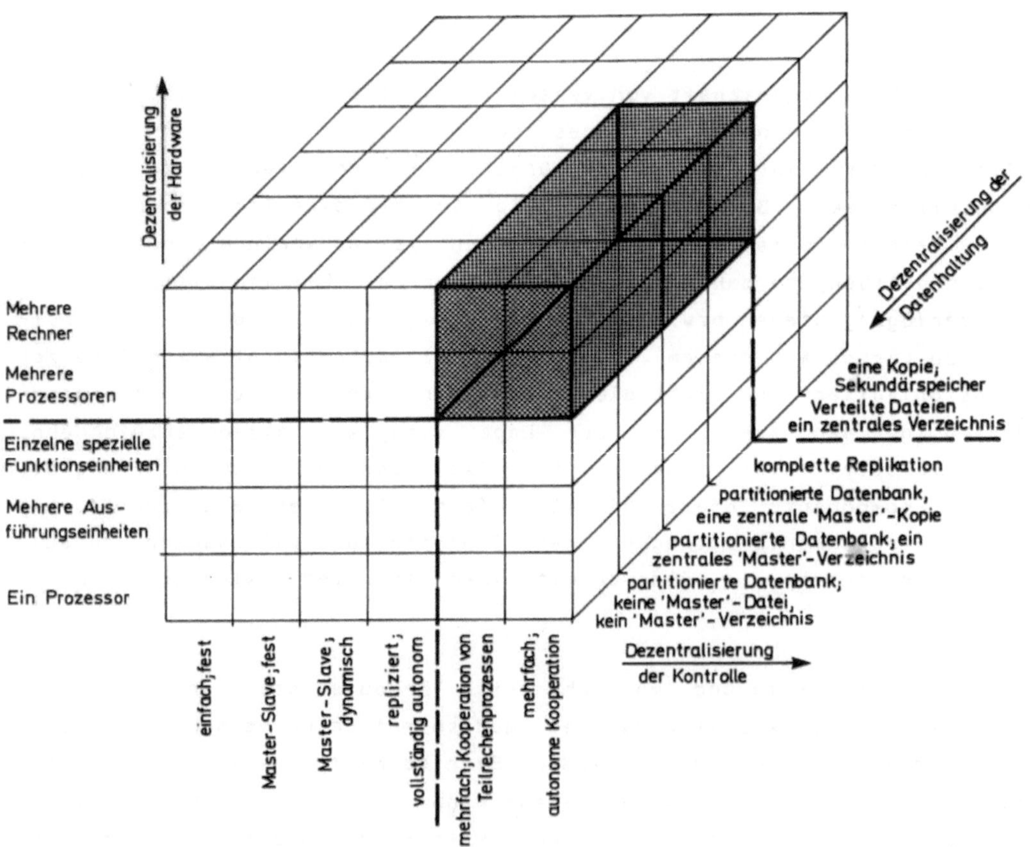

Bild 1.2: Verteilte Systeme durch Dezentralisierung der Hardware, der Kontrolle und der Datenhaltung (aus <Enslow 78>; modifiziert)

(D1) Hardware-Organisation,

(D2) Organisation der Kontrolle und in der

(D3) Organisation der Datenhaltung.

Entlang jeder Dimension (Achse) lassen sich verschiedene Stufen der Dezentralisierung angeben. Trägt man die drei Dimensionen in einem Diagramm auf, so ergibt sich ein dreidimensionaler Raum, wobei der schraffierte Quader die Klasse der verteilten System repräsentiert (Bild 1.2).

Entlang der Hardware- und Kontrollachse genügen jeweils nur die beiden letzten Organisationsformen der allgemeinen Definition für verteilte Systeme, während entlang der Datenhaltungsachse die letzten vier Organisationsformen diese Definition erfüllen.

1.2 Anwendungs- und benutzerorientierte Fehlertoleranz

Obwohl die Teildefinition (VD4) von Enslow mit den Zielsetzungen in der Prozeßautomatisierung nicht übereinstimmt, wurde im Sinne einer Vereinheitlichung der Begriffe keine neue Definition für "verteilte Systeme" vorgeschlagen. Das Ziel in der Prozeßdatenverarbeitung ist nicht die transparente Gestaltung von verteilten Systemen, sondern die Loslösung von der Einzelgeräteprogrammierung zu einer systemorientierten Sicht und somit zu einer einheitlichen Programmierung eines verteilten Systems. Dieser Gegensatz wird aber sofort klar, wenn man die angesprochenen Benutzergruppen näher beschreibt.

Die vorliegende Arbeit wendet sich nicht an den EDV-unkundigen Endbenutzer, der von seinem Rechnersystem "nur" verlangt, daß es immer funktionsbereit ist und die richtigen Ergebnisse liefert, sondern an den Automatisierungsingenieur, für den das Rechnersystem nur einen Teil des Automatisierungssystems darstellt, und der von Fall zu Fall neben der eigentlichen Automatisierungsaufgabe immer wieder die passende Fehlertoleranzmethode aussuchen und anwenden muß. Um den EDV-unkundigen Endbenutzer nicht mit Dingen zu belasten, die für seine Problemstellung und -lösung nicht relevant sind, ist es hier durchaus angebracht, die Fehlertoleranzmethoden und das Rechnernetz für ihn transparent zu gestalten.

Im Gegensatz dazu muß der Automatisierungsingenieur genau wissen, wie sich das Rechnersystem bei einem eventuellen Fehlerfall verhält, und muß weiterhin die Möglichkeit haben, das Verhalten seines Rechnersystems zu beeinflussen und zu bestimmen. Fragen wie z.B.:

(F1) Welche Fehler soll das Automatisierungssystem tolerieren?

(F2) Wieviele verschiedene Fehler soll das System tolerieren können?

(F3) Wieviele Fehler eines Typs (Einfach-, Mehrfachfehler) soll das System tolerieren können?

(F4) Was sind die kritischen Teile bei der Steuerung und Regelung eines speziellen technischen Prozesses?

(F5) Welche Aktionen sind bei bestimmten Fehlerfällen notwendig und richtig?

werden bei verschiedenen technischen Prozessen verschiedene Antworten haben, die der Entwickler mit dem Auftraggeber spezifisch festlegen muß.

Ausgangspunkt für diese Arbeit sind auch die vielen in der Industrie installierten hierarchischen Automatisierungssysteme. Daraus ergeben sich folgende Problemstellungen:

(PS1) Welche Möglichkeiten gibt es, diese hierarchischen verteilten Automatisierungssysteme ohne größeren apparativen Aufwand nachträglich fehlertolerant zu gestalten.

(PS2) Welche Informationen muß der Benutzer dem System zur Verfügung stellen, um eine fehlertolerante Steuerung und Regelung eines technischen Prozesses zu erreichen.

(PS3) Welche Dienste muß demnach das System zum Erreichen des gewünschten Grades der Fehlertoleranz und für die Ausführung entsprechender Rekonfigurationsmaßnahmen dem Benutzer zur Verfügung stellen.

(PS4) Was ist im Hinblick auf die Forderung nach der Einhaltung der Realzeitbedingungen bei der Steuerung und Regelung von technischen Prozessen bei den Fehlertoleranzmaßnahmen zu berücksichtigen.

2. Randbedingungen bei der Prozeßautomatisierung

Im Kapitel 2 werden aus den Merkmalen, die bei der Prozeßautomatisierung zu beachten sind, die Hardware-Strukturdaten für die Konfiguration und Rekonfiguration von verteilten Prozeßrechensystemen herausgearbeitet. Daraus werden in Kapitel 5 Datenobjekte für eine Realisierung der Rekonfiguration als Fehlertoleranztechnik hergeleitet.

2.1 Prozeßautomatisierung - Entwicklung, Begriffe, Trends

Mit dem Einsatz digitaler Datenverarbeitungsanlagen für die Meßwerterfassung, Steuerung und Regelung von Vorgängen in unserer physikalischen Umwelt begann die Entwicklung der Prozeßautomatisierung. Im Gegensatz zu der herkömmlichen Steuerungs-, Regelungs- und Meßwerterfassungstechnik werden nicht mehr lokale Einzelvorgänge betrachtet; vielmehr wird versucht, die Gesamtheit aller Einzelvorgänge und ihr Zusammenwirken mit in die Betrachtung einzubeziehen. Das Fachgebiet der Prozeßautomatisierung ist somit die Weiterführung und Verallgemeinerung der herkömmlichen Steuerungs-, Regelungs- und Meßwerterfassungstechnik <Sartorius 70>.

Nach <DIN 66201> ist ein <u>System</u> eine abgegrenzte Anordnung von aufeinander einwirkenden Gebilden, das durch eine Hüllfläche von seiner Umgebung abgegrenzt oder abgegrenzt gedacht wird. Der zentrale Begriff "<u>Prozeß</u>" ist festgelegt als die Summe aller physikalischen, chemischen und biologischen Vorgänge innerhalb eines Systems, durch die Materie, Energie oder Information umgeformt, transportiert oder gespeichert wird (erweitert nach <DIN 66201>).

Für den Bereich der Technik ist die oben angegebene Definition zu allgemein. Durch die Einführung des Begriffs "<u>technischer Prozeß</u>" beschränkt man den Wertebereich auf solche Vorgänge, deren bestimmende Grössen (Zustandsgrößen) mit <u>technischen</u> Mitteln erfaßt und beeinflußt werden können <DIN 66201>. Bild 2.1 schematisiert den Begriff des "technischen Prozesses".

Unter einem <u>Prozeßrechensystem</u> versteht man nach <DIN 66201> ein an einen technischen Prozeß <u>direkt</u> gekoppeltes Rechensystem zur Erfassung, Verarbeitung und Ausgabe von Daten. Unter Ein- bzw. Ausgabedaten werden alle Daten (Prozeßdaten, Anlagedaten, Betriebsdaten) verstanden, die in das Prozeßrechensystem ein- bzw. ausgegeben werden. <u>Prozeßdaten</u> sind Daten zur Darstellung der mit technischen Mitteln erfaßbaren oder beeinflußbaren physikalischen Größen eines technischen Prozesses. Da die Norm <DIN 66201> weitgehend unter dem Gesichtspunkt der zentralen Prozeßrechensysteme entwickelt wurde, fehlt der Begriff der Strukturdaten völlig. <u>Strukturdaten</u> sind Daten für die Beschreibung der Struktur des Prozeßrechensystems sowohl hardware- als auch softwaremäßig.

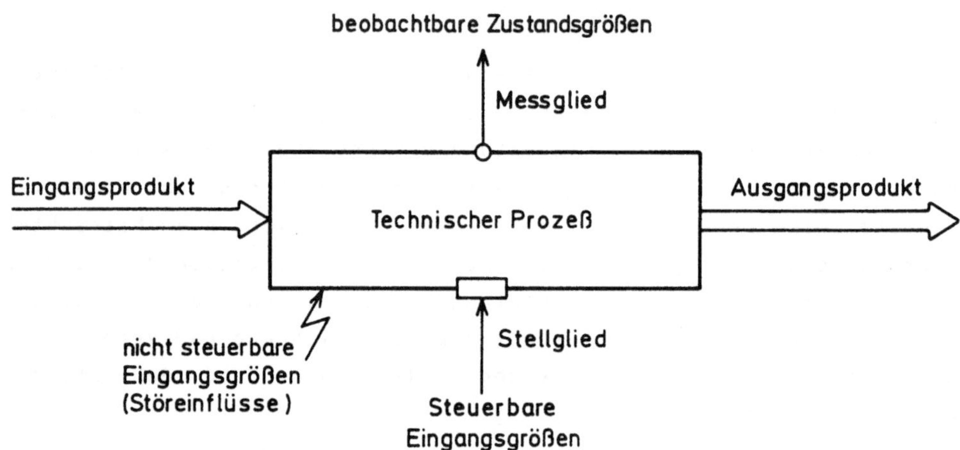

<u>Bild 2.1:</u> Schema eines technischen Prozesses (aus <Levi 81>; modifiziert)

Durch die Gesamtheitsbetrachtung in der Prozeßautomatisierung muß, entsprechend den einzelnen selbständigen Abläufen im technischen Prozeß, eine Vielzahl von Programmen <u>zeitlich koordiniert</u> ("gleichzeitig") im Prozeßrechensystem abgearbeitet werden. Darauf wird im Kapitel 2.4 Realzeitbetriebssysteme ausführlicher eingegangen. Unter <u>Realzeitbetrieb</u>[1] versteht man diejenige Betriebsart, in der sich die Verarbeitung in der Datenverarbeitungsanlage an die sich dynamisch ändernden Anforderungen (Zeitbedingungen, Wichtigkeit) des technischen Prozesses anpaßt.

----

1) In der Literatur werden die beiden Vorsilben Real-.. und Echt-.. (z.B. Realzeitbetrieb, Echtzeitbetrieb) synonym verwendet. In Anlehnung an den Normentwurf <DIN 44300> wird in dieser Arbeit die Vorsilbe Real-.. verwendet, da der Begriff Echtzeitverarbeitung in der Analogrechentechnik und Simulationstechnik eine andere Bedeutung hat als der Begriff Realzeitverarbeitung in der Prozeßrechentechnik.

Ein erster Teil der Aufgaben eines Rechensystems bei der Prozeßautomatisierung läßt sich als selbständige Steuerung und/oder Regelung von technischen Prozessen und deren Sicherung (Funktionen, Gefahren) umschreiben <Syrbe 72>. Dazu gehört die fortlaufende Messung (Erfassung, Eichung, Glättung) mit anschließendem Vergleich und den hieraus resultierenden Stelleingriffen. Kurz gesagt, die Aufgaben bei der Prozeßautomatisierung sind durch Lenken und Berichten zu charakterisieren, wobei unter Lenken im Sinne des englischen Wortes control der überbegriff für Messen, Steuern und/oder Regeln verstanden werden soll <Levi 81>. Die "Dispositiven Aufgaben" sind ein weiteres, oft nicht erwähntes Arbeitsgebiet der Prozeßrechensysteme. Die zentralisierte Abarbeitung im Prozeßrechensystem bringt den Vorteil der globalen Optimierung, so daß eine optimale Nutzung der Produktions-, Stoff- und menschlichen Hilfsquellen ermöglicht wird. Mit der herkömmlichen Steuerungs- und Regelungstechnik war nur eine lokale Optimierung möglich. In Bild 2.2 sind in einer übersicht alle wichtigen Begriffe und ihr Zusammenwirken dargestellt.

Generell läßt sich auf dem Gebiet der Rechnertechnik eine Entwicklung von den zentralen hin zu den dezentralen Systemen beobachten. Die Frage der Strukturierung solcher verteilten Systeme ist derzeit noch sehr umstritten. Strukturen wie Cubes, Hypercubes, Pyramiden, Arrays usw. sind in der Diskussion. In der Prozeßautomatisierung werden jedoch vornehmlich hierarchische verteilte Busstrukturen zum Einsatz kommen <Färber 84a>. Weiterhin ist zu erwarten, daß sich auch die Instrumentierungstechnik verändern wird. Mit Hilfe der VLSI-Technik ist es möglich, die Sensoren und Stellglieder (Anschlußmodule) direkt busfähig auszulegen, d.h. die Meßwerterfassung, Meßwertwandlung und die Umsetzung in Bussignale wird vollkommen selbständig von den Moduln vorgenommen. Diese Anschlußmodule werden über einen sogenannten Feldbus mit einem Front-End-Rechner verbunden. Im Idealfall sind diese Feldbusse so organisiert, daß über eine Zweidrahtleitung sowohl die elektrische Versorgung der Anschlußmodule als auch die bidirektionale Informationsübertragung abgewickelt wird <Färber 84a>.

Der übertragung von Nachrichten kommt mit zunehmender Dezentralisierung der Prozeßrechnersysteme eine Schlüsselrolle zu. Durch Standardisierung versucht man einerseits, dieser Schlüsselrolle Rechnung zu tragen, und andererseits, die Flut an unterschiedlichen Vorschlägen und Implementierungen einzudämmen. Als wichtigste Vertreter sind das "Open Systems Interconnection"-Modell <ISO/DIS 7498> und das "Manufacturing Automation Protocol"-Projekt <MAP 2.1> zu nennen.

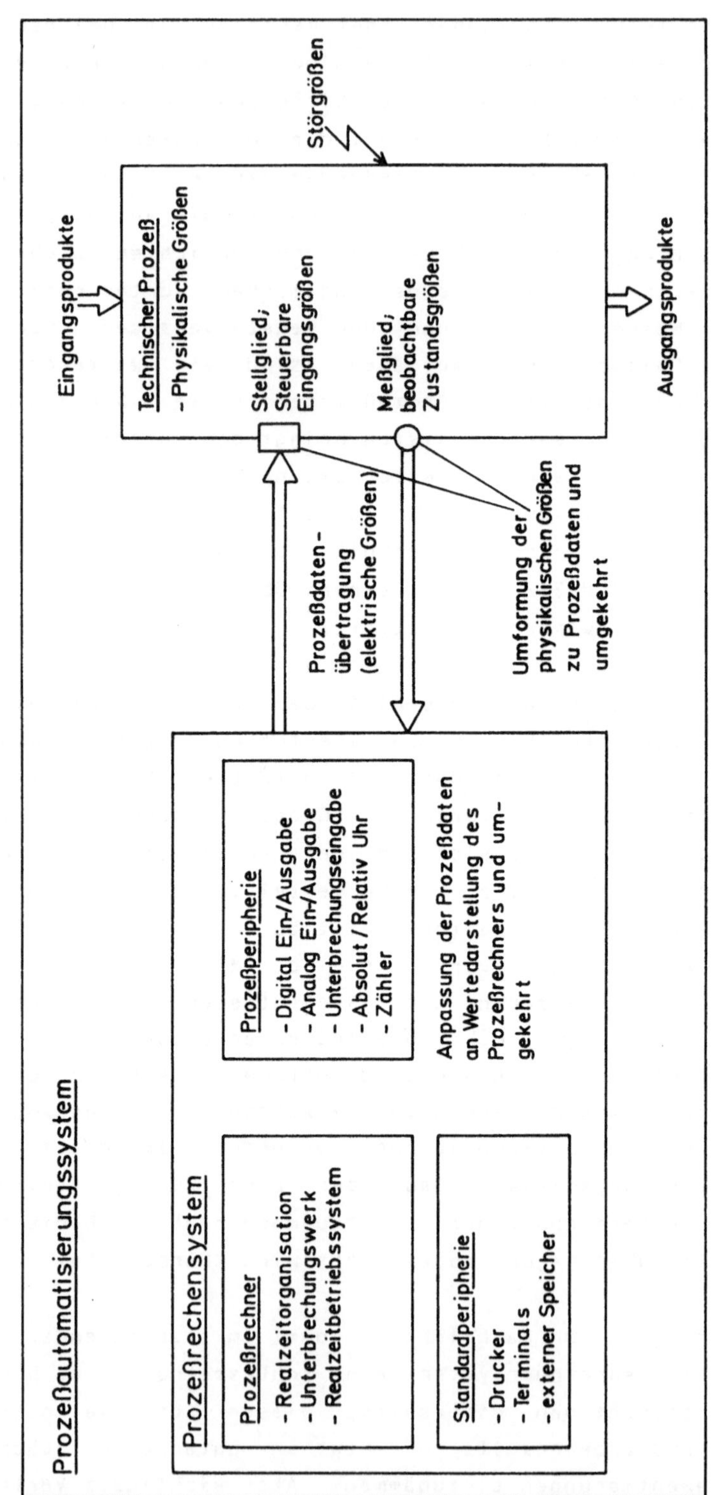

Bild 2.2: Blockdarstellung eines Prozeßautomatisierungssystems

2.2 Prozeßrechensysteme

Zum Prozeßrechensystem zählt der Prozeßrechner, mit der von der kommerziellen Datenverarbeitung her bekannten Standardperipherie, und die Prozeßperipherie. Nach <DIN 66201> versteht man unter der Prozeßperipherie die Gesamtheit der Eingabe- und Ausgabeeinheiten zur direkten Prozeßkopplung. Dort sind auch typische Baugruppen benannt. Die prozeßseitige Schnittstelle dieser Baugruppen (Prozeßperipherie) ist die Schnittstelle zwischen technischem Prozeß und dem Prozeßrechensystem (Bild 2.2). Die Stell- und Meßglieder (Instrumentierung des technischen Prozesses) werden zum technischen Prozeß gezählt.

2.2.1 Stufen des Einsatzes von Prozeßrechensystemen

Bei der Prozeßautomatisierung werden eine Reihe von Aufgaben, die bisher vom Bedienungspersonal wahrgenommen wurden, einem Prozeßrechner übertragen. Hinsichtlich des Umfangs der Aufgabenübertragung ergeben sich unabhängig vom betrachteten technischen Prozess verschiedene Klassen der zeitlichen und gerätemäßigen Kopplung zwischen diesem und dem Prozeßrechner <Lauber 76>:

(K1) Lenkung eines technischen Prozesses durch Bedienpersonal

(K2) Indirekte Prozeßkopplung über Datenträger (off-line)

(K3) Indirekte Prozeßkopplung über ein Sichtgerät (in-line)

(K4) Offen prozeßgekoppelter Betrieb (on-line open-loop)

(K5) Geschlossen prozeßgekoppelter Betrieb (on-line closed-loop)

Im Fall (K1) werden alle anfallenden Arbeiten vom Bedienpersonal (Bedienung der Steuergeräte, Erstellung der Protokolle, usw.) und von der Betriebsleitung (Auswertung der Protokolle, Einplanung neuer Aufträge, usw.) erledigt. (K2) kennzeichnet die niedrigste Stufe des Rechnereinsatzes. Es exisiert keine zeitliche und gerätemäßige Kopplung zwischen dem technischen Prozeß und dem Prozeßrechner. Die Betriebs- und Prozeßergebnisse werden über Datenträger (z.B. Lochkarten) in den Rechner eingegeben. Die Ergebnisse der Auswertung und neue Anweisungen für die Bedienung der Steuergeräte werden über den Drucker ausgegeben. Die charakteristischen Prozeßrechnereigenschaften sind nicht erforderlich. Bei (K3) sind der technische Prozeß und der Prozeßrechner nach wie vor gerätemäßig entkoppelt, jedoch ist eine zeitliche Kopplung vorhanden. Das Bedienpersonal gibt die Betriebs- und Prozeßergebnisse unmittelbar über eine Tastatur zum Rechner durch und erhält über das Sichtgerät neue Anweisungen vom Rechner (Dialogverkehr). Wegen der einzuhaltenden

Zeitbedingungen ist der Realzeitbetrieb eine erste wichtige Forderung an den Prozeßrechner. Auf der Stufe (K4) sind technischer Prozeß und Prozeßrechner zum erstenmal <u>zeitlich und gerätemäßig gekoppelt</u>. Da nur die Meßwertgeber an den Prozeßrechner gekoppelt sind, können mögliche Rechnerstörungen noch nicht zu unmittelbar gefährlichen Prozeßzuständen führen, da die Eingriffsverantwortung noch beim Bedienpersonal liegt. Der Prozeßrechner muß über die Meßwertgeber alle vom technischen Prozeß gelieferten Meßwerte zeitlich koordiniert und innerhalb vorgegebener Zeitfenster erfassen. In der letzten Klasse (K5) wird der bisher noch offene Wirkungskreis geschlossen. Der Prozeßsrechner übernimmt neben der Prozeßgrößenerfassung auch die Beeinflussung des technischen Prozesses, d.h. die Eingriffsverantwortung. Zu den Aufgaben der Aufbereitung, Überwachung und Auswertung von Prozeßzuständen kommen somit die Aufgaben der Steuerung, Regelung, Sicherung und optimalen Führung des technischen Prozesses hinzu.

Im geschlossenen prozeßgekoppelten Betrieb kann der Prozeßrechner die Funktionen mehrerer konventioneller Regler ersetzen und direkt Anweisungen an die Stellglieder geben. Die Werte der Stellgrößen werden direkt aus den Meßgrößen berechnet (Direkte Digitale Regelung). Der Prozeßrechner kann auch nur den technischen Prozeß überwachen und an einen konventionellen Regler Steueranweisungen (Führungsgrößen) ausgeben. Bei einem Rechnerausfall übernimmt der Regler die Kontrolle über den technischen Prozeß. Diese Anordnung wurde bisher zur Automation von technischen Prozessen eingesetzt, die zu besonders gefährlichen Situationen führen können (Kernreaktoren, automatische Flugzeugführung usw.). Die typischen Antwortzeiten bei der Prozeßautomatisierung durch direkte digitale Regelung bewegen sich im Millisekundenbereich. In Systemen mit Überwachungsfunktionen und konventioneller Regelung können die Antwortzeiten bis in den Sekundenbereich reichen. Die allgemeine Zielsetzung dieser Arbeit - die fehlertolerante Gestaltung von Prozeßrechensystemen wird nun dahingehend spezialisiert, daß im folgenden nur noch Prozeßrechensysteme der Klasse (K5) betrachtet werden.

2.2.2 Strukturen von Prozeßrechensystemen

In Bild 2.2 sind mit Hilfe der Blockdarstellung die Bestandteile eines Prozeßrechensystems dargestellt. Dagegen werden in diesem Abschnitt, eine Abstraktionsebene tiefer, die möglichen Strukturen (Topologien) von Prozeßrechnern - für sich allein, und in Verbindung mit der Prozeßperipherie - untersucht.

2.2.2.1 Prinzipielle Verbindungsstrukturen

Für die Verbindung mehrerer Systeme untereinander findet man in der Literatur <AMD 85>, <CORNAFION 85> folgende prinzipiellen Strukturen:

(PS1) Sternstruktur

In der Sternstruktur existiert genau ein zentrales System für die Vermittlung aller Informationen zwischen den angeschlossenen Systemen.

(PS2) Ringstruktur

Bei der Ringstruktur werden die Informationen in einer vorgegebenen Richtung auf das Übertragungsmedium gegeben und von jedem Teilnehmer, der zwischen der Informationsquelle und der -senke liegt, regeneriert und weitergeleitet (aktive Struktur).

(PS3) Busstruktur

Die Busstruktur ist wie der Ring eine dezentrale Vermittlungsstruktur. Allerdings ist ein Funktionieren der Struktur nicht von einem (Stern) oder von maximal allen (Ring) Teilnehmern abhängig. Eine Regenerierung von Informationen auf dem gemeinsamen Übertragungsmedium findet hier nicht statt (passive Struktur). Die Signale werden durch eine reflexionsfreie Terminierung "vernichtet".

(PS4) Baumstruktur

Die Baumstruktur entspricht einer abgestuften zentralen Verbindungsstruktur. Fällt ein System oder eine Verbindung aus, so sind "nur" die Zweige unterhalb dieser Ausfallstelle betroffen. Die Verbindungswege der übrigen Zweige bleiben unberührt.

(PS5) Matrixstruktur

Analog zur Sternstruktur ist bei der Matrixstruktur die Schaltmatrix das zentrale Element. Allerdings ist die Zuverlässigkeit der Schaltmatrix höher einzustufen, weil sie nicht die Komplexität des zentralen Systems im Stern besitzt.

(PS6) Maschenstruktur

Die Maschenstruktur bietet ein Höchstmaß an Verbindungen und Robustheit. Durch die hohe Anzahl an notwendigen Verbindungswegen $(n*(n-1)/2)$ und Verbindungselementen $(n-1)$ an den Knoten scheidet diese Struktur meist wegen Kostengründen aus.

2.2.2.2 Bekannte Mischstrukturen in der Prozeßautomatisierung

Entsprechend der Entwicklung in der Prozeßautomatisierung, haben sich in der Praxis folgende Mischstrukturen herausgebildet <Lauber 76>:

(MS1) Dezentrale Strukturen von Prozeßautomatisierungssystemen bei der herkömmlichen Steuerungs-, Meß- und Regelungstechnik mit Einzelgeräten

(MS2) Prozeßautomatisierungssysteme mit zentraler und dadurch bedingt auch serieller Informationsverarbeitung
- Zentrales Prozeßrechensystem mit Umschaltmöglichkeit auf dezentrale Einzelgeräte (Backup-Geräte)
- Mehrrechnersysteme wie
  . Bereitschafts-Rechensystem
  . Doppelrechnersystem mit Aufteilung der Automatisierungsaufgaben
  . Dreirechnersysteme

(MS3) Prozeßautomatisierungssysteme mit dezentraler Informationsverarbeitung
- Prozeßrechensysteme mit hierarchischer Struktur der Informationsverarbeitung
- Dezentrale Struktur mit Sammelleitung
- Dezentrale Rechnernetzwerke

Während die Kosten linear mit der Zahl der Einzelgeräte ansteigen, sinkt die Zuverlässigkeit des Betriebs grundsätzlich mit zunehmender Anzahl von Einzelgeräten bzw. Bauelementen. Im allgemeinen führt ein Ausfall eines Einzelgerätes noch nicht zu einem völligen Betriebsausfall. Erst wenn mehrere Einzelgeräte gleichzeitig ausfallen (wobei "gleichzeitig" hier auch bedeuten kann, daß nach dem Ausfall eines Einzelgerätes weitere Einzelgeräte ausfallen, bevor das zuerst ausgefallene instandgesetzt ist), kann es zu einem Betriebsausfall kommen. Da die Wahrscheinlichkeit, daß zwei oder mehr Einzelgeräte gleichzeitig ausfallen, sehr gering ist, kann man sagen, daß bei der Einzelgerätetechnik die Voraussetzungen für eine sehr hohe Zuverlässigkeit des Betriebs des technischen Prozesses vorliegen.

Der Gesichtspunkt der Kosten sprach früher bei der Automatisierung von technischen Prozessen mit vielen zu verarbeitenden Signalen (trotz der hohen Verkabelungskosten) für den Einsatz eines zentralen Prozeßrechners. Weiterhin ergibt sich durch die entstehende Verknüpfung autonomer Teilprozesse die Möglichkeit einer globalen Optimierung des Betriebes des technischen Prozesses. Gleichzeitig mit der Verknüpfung von autonomen Teilprozessen verringert sich aber die Zuverlässigkeit des Betriebes wesentlich. Der Gesichtspunkt der Zuverlässigkeit spricht also gegen den Einsatz von zentralen Prozeßrechnern. Im Gegensatz zu (S1), wo die Informationsverarbeitung dezentral und parallel erfolgt, ist sie hier zentral und seriell, was zum einen die Forderung nach Einhaltung der zulässigen Antwortzeiten ("Rechtzeitigkeit") verschärft und zum anderen das Problem der zeitlichen Koordinierung ("Gleichzeitigkeit") erst mit sich bringt (siehe auch Kapitel 2.3.2 und 2.4.2).

Durch den Einsatz dezentraler Prozeßrechner (Mikroprozessoren) lassen sich die Vorteile eines zentralen Prozeßrechners mit den Vorteilen einer dezentralen Verarbeitungsstruktur verbinden. Gegenüber den starren Lösungen zur Erhöhung der Zuverlässigkeit (Doppel- oder Dreirechnersysteme) eröffnet sich hier durch den Einsatz der Rekonfiguration als Fehlertoleranztechnik eine flexiblere benutzer- und anwenderorientierte Möglichkeit zur Steigerung der Zuverlässigkeit, Sicherheit und Verfügbarkeit. Ein sich abzeichnendes Architekturprinzip ist die problemangepaßte Dezentralisierung der Hardware mit Bussystemen, auf die wir nun näher eingehen wollen.

2.2.2.3 Problemangepaßte Dezentralisierung der Hardware

Eine Randbedingung für diese Arbeit war die Forderung nach anwendungsorientierter Forschung, genauer gesagt, Untersuchung und Erarbeitung von Methoden zur (eventuell nachträglichen) fehlertoleranten Gestaltung von großen Automatisierungsanlagen, angefangen bei der einzelnen Maschine, über ganze Werkhallen bis hin zum gesamten Betrieb. Gleichzeitig bedeutet dies, daß man die bereits vorhandenen Strukturen nicht durch völlig neue Strukturen wird ersetzen können; vielmehr wird hier versucht, durch eventuelle Hardwareergänzungen und mittels neuer Software die in den Strukturen vorhandenen Redundanzformen für die Fehlertoleranztechnik der Rekonfiguration sinnvoll zu nutzen.

Auf Grund der Erfolge von arbeitsteiligen Führungskonzepten findet man in den meisten Betrieben eine hierarchisch gegliederte Organisations- und Bearbeitungsstruktur. Die Aufgaben innerhalb eines Betriebes werden in einzelne Teilaufgaben unterteilt und auf verschiedenen Ebenen angesiedelt. Also bietet sich ebenfalls ein hierarchisch strukturiertes Prozeßrechensystem an (siehe auch Kapitel 4). An dieser Stelle ist es wichtig zu bemerken, daß Hierarchie hier nicht in der Form "Befehlsgeber-Befehlsempfänger" (Master-Slave) interpretiert werden soll, sondern Hierarchie bedeutet auch "in Schichten aufgebaut" (sinnvolle Arbeitsteilung).

Auf dem Gebiet der Fehlertoleranztechnik wurden schon einige Erfolge erzielt; allerdings beschäftigen sich die vorgestellten Verfahren und Systeme immer nur mit _einer_ Art von Fehlern. Wir wollen hier einen Schritt weitergehen, um eine Struktur zu finden, die den Einsatz aller bekannten Fehlertoleranzmethoden - bei Verwendung von Standardmoduln - unterstützt oder zumindest nicht verhindert. Weitere Forderungen an diese Struktur sind:

(F1) Einfache Einbringung von Redundanz

(F2) Problemlose Anpassung an einen sich ändernden technischen Prozeß

(F3) Einfache Erweiterbarkeit

(F4) Lokalität der Auswirkungen bei einer vorgenommenen Änderung oder Erweiterung. Hinter dieser Forderung verbirgt sich zudem die Verhinderung der Fortpflanzung von Fehlern.

(F5) Wirtschaftlichkeit, d.h. möglichst keine Hardware-Sonderentwicklungen, sondern Verwendung von Standardmoduln.

Diese Forderung wird weiter untermauert durch zwei Gesichtspunkte, welche in den Fachtagungen "Prozeßrechner 1984" in Karlsruhe und "Personal-Realtime-Computing 1985" in Neubiberg mehrfach diskutiert wurden:

- Kosten: Es wurde mehrmals bemerkt, daß die Prozeßautomatisierung von den Entwicklungen in der Konsumelektronik abhängig ist. Denn erst durch die Massenproduktion in der Konsumelektronik werden bestimmte Entwicklungen in der Prozeßautomatisierung kostenmäßig realisierbar.

- Durchdringung: Durch die Massenproduktion und den serienmäßigen Einsatz von Moduln samt einer Vielzahl von Anwendungen ergibt sich für diese eine enorme Durchdringung und ein sehr hoher Testüberdeckungsfaktor, wie dies für Spezialentwicklungen schwerlich oder nie erreicht wird <Weinert 86>.

Diese Sicht wird noch unterstützt durch die Erkenntnis, daß die Diversität nicht das erhoffte Allheilmittel - einmal ganz abgesehen von den Kosten - ist. In <Knight; Leveson 85> konnte die Annahme nicht bestätigt werden, daß Programme, die unabhängig voneinander entwickelt wurden, bei denselben Eingangsdaten auch unabhängig voneinander ausfallen (fundamentales Axiom der N-Versionen Programmierung).

(F6) Dem Benutzer muß es möglich sein, den Grad der Redundanz selbst festzulegen (Hardware: Prozessoren, Verbindungen, Speicher, Standard- und Prozeßperipherie; Software: Rechenprozesse, Information, Datenhaltung, Kommunikation). In einem ersten Schritt soll der Benutzer in die Lage versetzt werden, (sukzessive) ein Prozeßrechensystem zu konfigurieren, mit dem es möglich ist, alle Hardwareausfälle mindestens einmal zu tolerieren. Die softwaremäßige Unterstützung für die Rekonfiguration wird in Kapitel 5 besprochen.

Mit der Umsetzung dieser Forderungen bezüglich der problemangepaßten Dezentralisierung der Hardware beginnen wir auf der untersten Ebene, d.h. bei den einzelnen Maschinen (kleinster zu automatisierender Teilprozeß). Prinzipiell benötigt man an Hardware Prozessoren, Speicher, Prozeßperipherie, Standardperipherie, Stell- und Meßglieder (Instrumentierung). Prozessor und Speicher seien auf Einplatinenrechnern mit mehreren Schnittstellen (Standardperipherie und Kommunikationskanäle) zusammengefaßt. Die Instrumentierung des technischen Prozesses soll nicht mehr weiter betrachtet werden. Also haben wir an Hardware auf der Operationsebene die folgenden kleinsten rekonfigurierbare oder ersetzbare Einheiten (SRU-smallest replaceable or reconfigurable unit):

(E1) Einplatinenrechner

(E2) Prozeßperipheriemodule

(E3) Standardperipheriemodule - speziell Sekundärspeicher für die Daten- und Programmcodehaltung (Floppy- und Hard-Disk)

Aus Gründen der Flexibilität, Modularität und Wirtschaftlichkeit sind standardisierte Schnittstellen für die oben aufgezählten Module notwendig. D.h., es wird sich auf jeden Fall um Bussysteme handeln, über deren Art (seriell, parallel) und deren Protokolle (synchron, asynchron) hier weiter nichts gesagt werden soll; zum einen, weil es für die folgenden Betrachtungen nicht wesentlich ist und zum anderen, weil die Auswahl sehr stark von der Anwendung abhängt. Damit ergibt sich eine erste einfache Hardwarestruktur (Bild 2.3) für ein Prozeßrechensystem auf der Operationsebene. Eine sehr gute Zusammenfassung über parallele und serielle Bussysteme in Theorie und Praxis ist in <Färber 84b> zu finden.

Prinzipiell kann man mit Hilfe dieser Struktur (Bild 2.3) viele der heute bekannten Fehlertoleranzmethoden implementieren. Die "kritische Komponente" dieser Struktur ist jedoch der Bus. Um ein Versagen des Busses tolerieren zu können, bietet sich an, entweder ein Doppel- oder sogar Mehrbussystem einzusetzen (Tandem 16 Non-Stop), oder die ganze Struktur mehrfach vorzusehen. Für die erste Alternative benötigt man Spezialmodule mit z.B. Doppelbusanschluß. Wegen der anfangs erwähnten Randbedingung und aus Wirtschaftlichkeitsgründen scheidet diese Lösung allerdings aus.

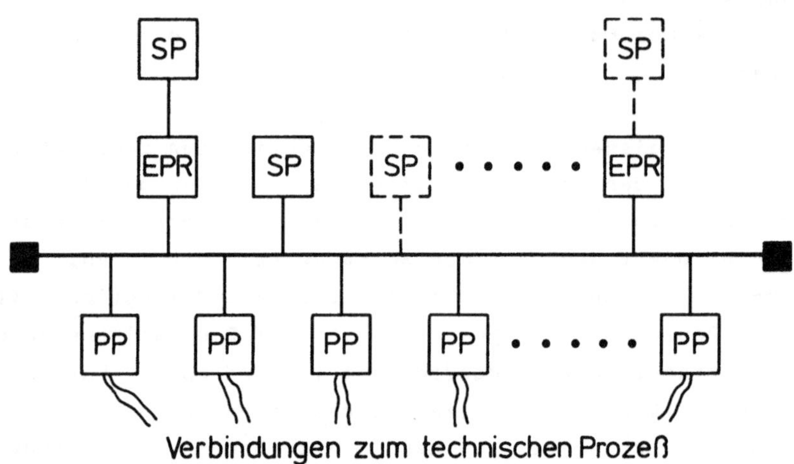


```
EPR - Einplatinenrechner
SP  - Standardperipherie (Sekundärspeicher, Drucker, Terminal, ...)
PP  - Prozeßperipherie (Digital-In, Analog-Out, ...)
```

<u>Bild 2.3:</u> Prozeßrechnerstruktur auf der Operationsebene

Sieht man die ganze Struktur mehrfach vor, so benötigt man auch Kommunikationsmöglichkeiten zwischen den Bussystemen. Des weiteren ist die bis jetzt vorgestellte Struktur analog der bei der Automatisierung mit Einzelgerätetechnik aufgebaut (Kapitel 2.2.2.2). Also wird man die Struktur von Bild 2.3 auf der nächsthöheren Ebene noch einmal vorsehen, wobei die verwendeten Komponenten - Bussystem, Standardperipherie und Einplatinenrechner - eventuell leistungsfähiger sind, und eine weitere Komponente zur Buskopplung hinzukommt. Die Möglichkeit des Anschlusses von Prozeßperipherie ist nun auch auf der Dispositionsebene vorhanden, hier je doch vornehmlich für Fehlertoleranzmaßnahmen und erst in zweiter Linie zur direkten Steuerung und Regelung des technischen Prozesses, denn die eigentlichen Aufgaben auf der Dispositionsebene sind Lenkung und Überwachung des Betriebs. Somit erhält man die in Bild 2.4 dargestellte Struktur hierarchischer Busse (siehe auch <Färber 84a>).

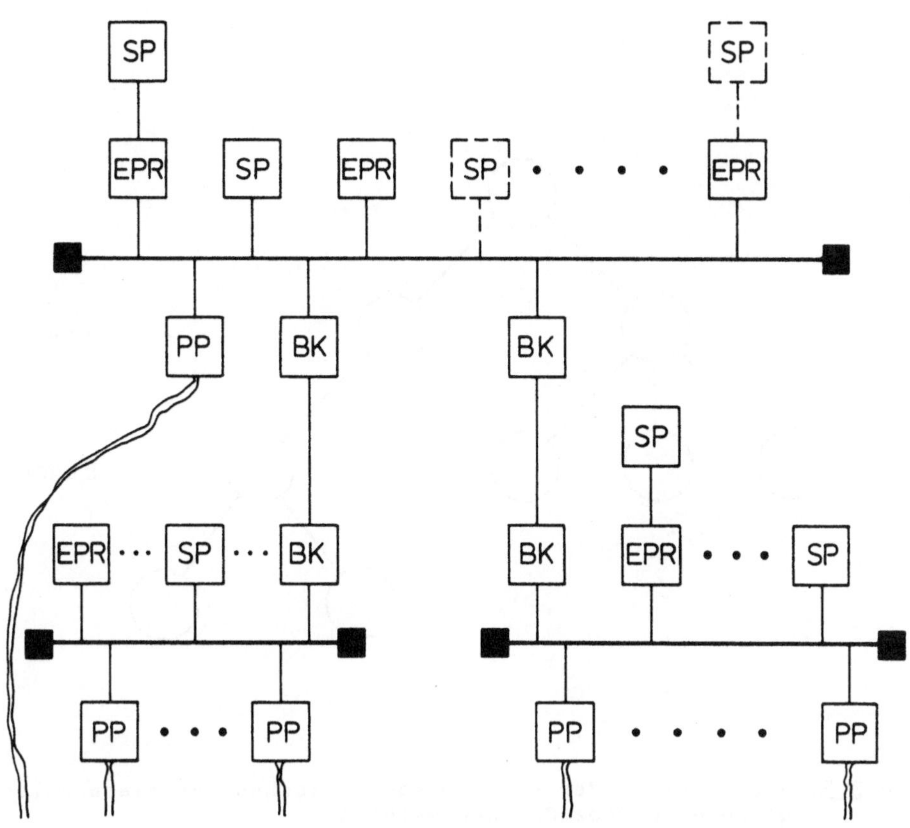

EPR – Einplatinenrechner
SP – Standardperipherie (Sekundärspeicher, Drucker, Terminal, ...)
PP – Prozeßperipherie (Digital-In, Analog-Out, ...)
BK – Buskoppelelemente (können ebenfalls auf der Basis eines Einplatinenrechners aufgebaut sein)

<u>Bild 2.4:</u> Bus- und Prozeßrechnerhierarchie

Unter Berücksichtigung von Kapitel 1.1 sind hinsichtlich der bidirektionalen Verbindungen zwischen den Ebenen einige Einschränkungen zu machen. Die Verbindungen sind entsprechend den Regeln für einen Baum aufzubauen (Bild 2.5):

(R1) Zwischen Bussen auf derselben Ebene gibt es keine Verbindung

(R2) Von einem Bus der Ebene i existiert genau eine Verbindung zu einem Bus der Ebene i+1. Verbindungen von einem Bus der Ebene i zu mehreren Bussen der Ebene i+1 sind erlaubt.

(R3) Verbindungen von zwei oder mehreren Bussen der Ebene i zu einem Bus der Ebene i+1 sind verboten.

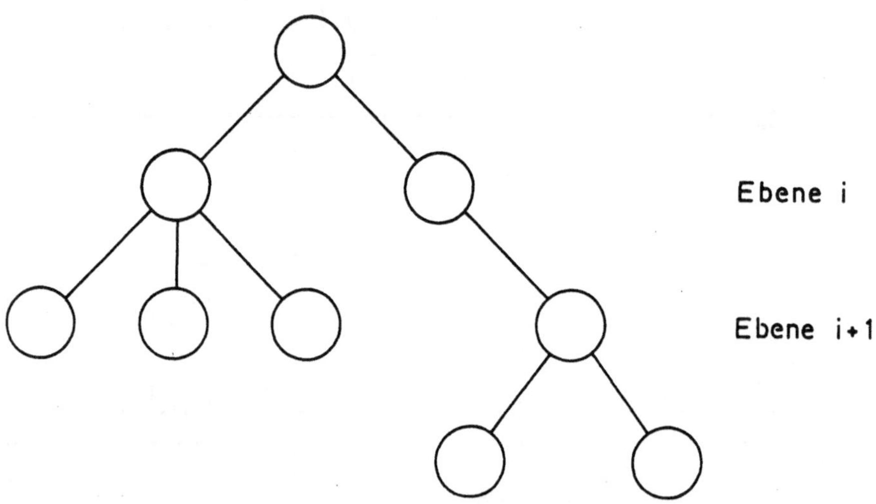

Bild 2.5: Baumstruktur der Verbindungen zwischen den hierarchisch angeordneten Prozeßrechensystemen

Zwischen den (Bus-)Systemen der Operations- und Dispositionsebene ergeben sich somit Punkt-zu-Punkt Verbindungen. Diese Struktur ermöglicht einerseits, daß Informationen über den technischen Prozeß direkt von der Dispositionsebene beschafft werden können, und andererseits einen indirekten Zugriff der Dispositionsebene über die Prozeßperipherie der Operationsebene <Rzehak 85>. Neben den genannten Vorteilen gibt es auch in dieser Struktur noch kritische Komponenten - die bidirektionalen Verbindungen zwischen den Ebenen. Um auch ein Versagen dieser kritischen Komponenten tolerieren zu können, bieten sich für einen alternativen Kommunikationskanal standardisierte Local-Area-Network-Systeme an. Somit ergibt sich folgende, Redundanz bereitstellende, hierarchisch verteilte Prozeßrechner-Netzstruktur (Bild 2.6).

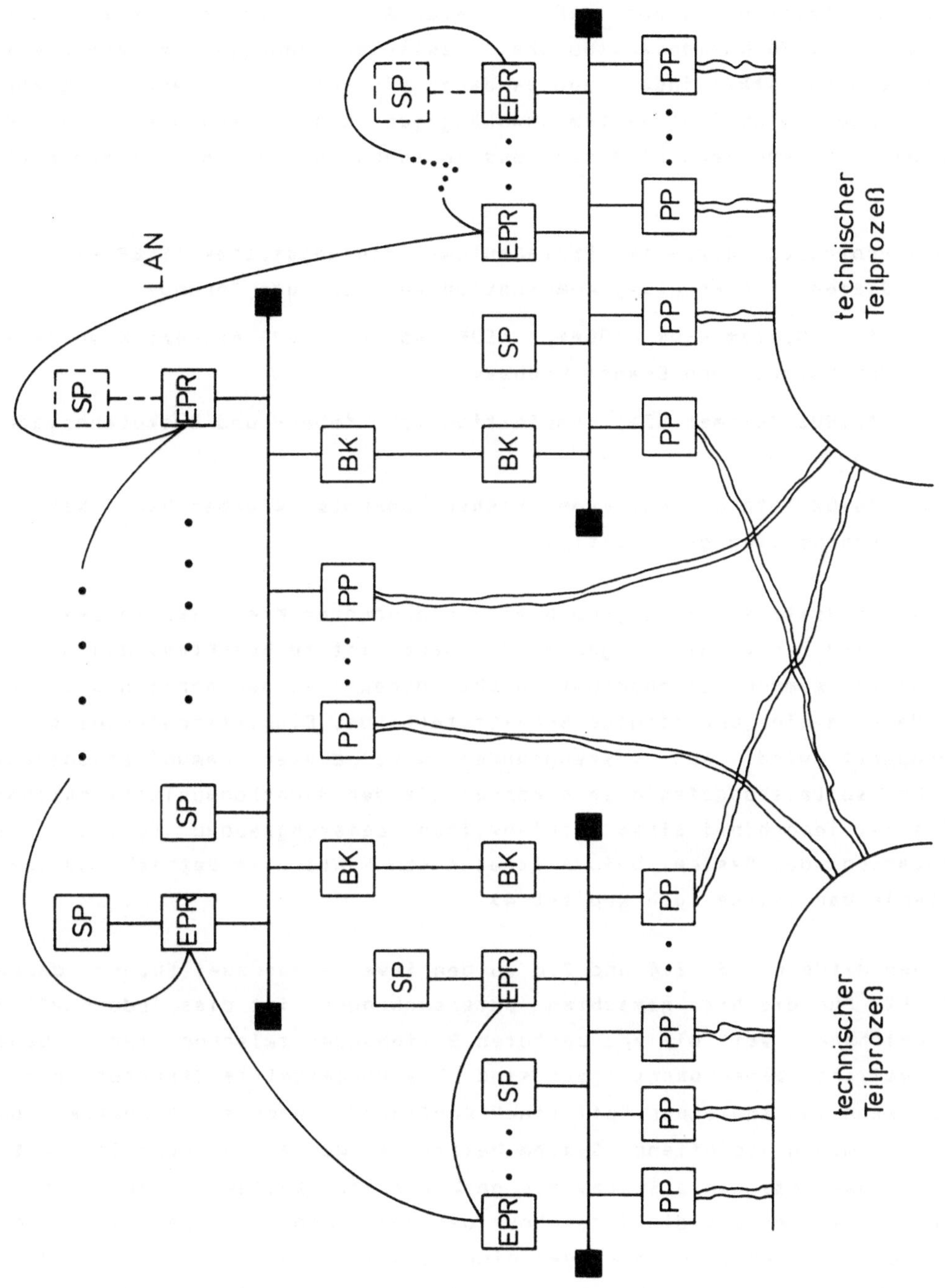

EPR - Einplatinenrechner
SP - Standardperipherie (Floppy-, Hard-Disk, Terminal, Drucker, ..)
PP - Prozeßperipherie (Analog/Digital-Wandler, Digital-IN, -OUT,
      Analog-IN, -OUT, Zähler, ..)
BK - Buskoppler (kann ebenfalls mit einem EPR realisiert sein)

Bild 2.6: Fehlertolerante problemangepaßte Prozeßrechnerstruktur

Aus der Tatsache heraus, daß in vielen Anwendungsbereichen ein Groß-
teil des Informationsaustausches zwischen räumlich konzentrierten
Teilnehmern stattfindet und es daher sinnvoll ist, diese Teilnehmer
mit einem vom übrigen System unabhängigen Bus zu verbinden, wurde die
Kombination von verschiedenen Bussen schon in einigen Systemen realisiert:

(B1) Prozeßbus CS275 im Prozeßautomatisierungssystem TELEPERM M von
     Siemens <Fäber 84b>; Kombination von Nah- und Fernbus.

(B2) CAMAC-System <EUR 4100e>, <EUR 4600e>, <EUR 6500e>; Kombination
     von Dataway und Branch Highway

(B3) FASTBUS <Rimmer 85>; Kombination von Kabel- und Backplanesegmen-
     ten

(B4) PROVOX Data Highway von Fisher Conrols <Färber 84b>; Nah- und
     Fernbus sind gleichartig.

In allen Systemen fehlt jedoch ein redundanter Kommunikationsweg, wie
er in Bild 2.6 vorgeschlagen wird. Dabei ist zu beachten, daß der redundante Kommunikationskanal nicht direkt an den horizontalen Bus,
sondern an eine unabhängige Schnittstelle des Einplatinenrechners an-
gekoppelt wird. Aus Kostengründen wird dieser Kommunikationskanal
nicht so leistungsfähig sein können wie der Hauptkommunikationskanal.
Dies ist jedoch bei einem stufenweisen Leistungsabbau (graceful degradation) des Systems beim Auftreten von Fehlern im Betrieb durchaus
tolerierbar (siehe auch Kapitel 4).

In den Bildern 2.3, 2.4 und 2.6 wurden jeweils nur zwei Ebenen dargestellt. Für die hier gemachten Untersuchungen ist dies jedoch völlig
ausreichend, weil die erarbeiteten Beziehungen zwischen zwei Ebenen
auf weitere Ebenen übertragbar sind. Die vorgestellte Struktur in Bild
2.6 kann während einer "off-line" Konfigurationsphase hardware- und
softwaremäßig als offenes System betrachtet werden, während in der Betriebsphase das ganze System als geschlossenes System betrachtet wird.
D.h. die Anzahl und die Bezeichner der Rechenprozesse, Dateien und die
zugehörigen Operationen liegen eindeutig fest; ebenso sind die Hard-
wareressourcen fix und bekannt. Im Rahmen der Untersuchungen zur Fehlertoleranz werden im weiteren nur die geschlossenen Prozeßrechensysteme berücksichtigt, da sie für Realzeitaufgaben die adäquaten Prozeßrechensysteme darstellen <Brinch 78>, <Enslow 78>.

2.3 Prozeßrechner

Bedingt durch die Forderung des Realzeitbetriebs von digitalen Datenverarbeitungsanlagen waren einige hardware- und softwaremäßigen Entwicklungen notwendig, welche in den folgenden Unterkapiteln näher erläutert werden.

2.3.1 Charakteristische Hardware-Merkmale von Prozeßrechnern

Nach <Lauber 76> sind Prozeßrechner frei programmierbare digitale Datenverarbeitungsanlagen mit folgenden speziellen Hardware-Eigenschaf-
ten:

(H1) Kurzwort-Maschine (Wortlänge zwischen 8 und 32 bit)
(H2) Einzelbit-Verarbeitungsmöglichkeit
(H3) Unterbrechungswerk für die Durchschaltung externer Unterbre-
     chungssignale (Interrupts)
(H4) Einrichtung zur Ein- und Ausgabe von Prozeßsignalen

Schaut man sich moderne Mikroprozessoren (z.B. die Serie 680xx von
Motorola oder die Serie 80x86 und 80x88 von Intel) an, so kann man all
die oben beschriebenen Merkmale finden. Auf der Basis der Serie MC
680xx bekommt man je nach Leistungsbedarf Prozessoren mit 8-, 16- und
32-bit breitem externen Datenbus und interner 32-bit Struktur, die
alle die Möglichkeit der Einzelbitverarbeitung zur Verfügung stellen.
Durch die Entwicklungstendenzen moderner Standardperipherie ist es
notwendig, daß Unterbrechungswerke in Prozessoren vorhanden sind.
Reicht die Anschlußkapazität des Prozessors nicht aus, so stehen (kas-
kadierbare) Interruptcontroller (Intel 8259A, MC 68153) zur Verfügung
die zusätzlich bis zu acht Interruptprioritäten für den Prozessor verwalten.

In älteren Prozessrechnern (z.B. PE 32xx) findet man noch spezielle
Befehle für die Ein-/Ausgabe zwischen einem Arbeitsregister und der
Peripherie. Der Ablauf eines Ein-/Ausgabe-Befehls entspricht völlig
dem eines normalen "Laden"- bzw. "Speichern"-Befehls zwischen einem
Arbeitsregister und einer Zentralspeicherstelle. Jedoch muß die im Befehl enthaltene Adresse unterschiedlich interpretiert werden. Während
ein Befehl "Laden" bzw. "Speichern" die Adresse der Speicherzelle angibt, in die geschrieben oder aus der gelesen werden soll, enthält ein

E/A-Befehl die Adresse der peripheren Einheit, an die ein Wort ausgegeben oder von der es übernommen werden soll.

Durch die Möglichkeit der direkten Adressierung sehr großer Adressräume (beim MC68000 16 MByte) wird in modernen Mikroprozessoren nur noch die Technik des <u>Memory-Mapped I/O</u> verwendet. Das hat zum einen eine Vereinfachung des Befehlssatzes zur Folge, und zum anderen bringt es den Vorteil, daß Peripherie-Geräteadressen bei Bedarf relativ leicht im Adressraum verschoben werden können. Memory-Mapped I/O ist eine Technik, bei der mittels normaler Schreib-/Lesezyklen Ein-/Ausgabevorgänge angestossen werden. Die angesprochenen Adressen dürfen nicht durch den Zentralspeicher belegt sein, denn hinter diesen Adressen stehen spezielle Register von Peripheriegeräten. Zwischen modernen Mikroprozessoren und Prozeßrechnern besteht bezüglich der Hardware-Struktur kein prinzipieller Unterschied.

2.3.2 Charakteristische Software-Merkmale von Prozeßrechnern

Zur Erfüllung von Automatisierungsaufgaben gehört nicht nur eine erweiterte Rechnerhardware, sondern auch die Umsetzung der Aufgabenstellung in ein Automatisierungs-Programmsystem. Dabei lassen sich bezüglich des Einflusses von Zeitbedingungen zwei Arten von Aufgabenstellungen und damit zwei Arten der Programmierung unterscheiden:

(A1) Aufgaben, bei denen der Zeitpunkt der Datenverarbeitung das Ergebnis <u>nicht</u> beeinflußt. Beispiele sind Berechnungen aus dem kaufmännischen oder technisch-wissenschaftlichen Bereich. Bei Lösung einer Differentialgleichung oder eines Gleichungssystems hängen die Ergebnisse nicht davon ab, ob das Lösungsprogramm morgens oder abends durchgeführt wird. Bekannte Betriebsarten von Datenverarbeitungsanlagen für die Lösung solcher Aufgaben sind der Stapelbetrieb (batch mode) und der Teilnehmerbetrieb (time sharing mode).

(A2) Aufgaben, bei denen der Zeitpunkt von Bedeutung ist, an dem die Eingabe, Verarbeitung und Ausgabe von Daten durchgeführt wird. Die Betriebsart von Datenverarbeitungsanlagen zur Lösung dieser Aufgabenklasse nennt man <u>Realzeitbetrieb</u>.

In beiden Fällen sollen Programme den vorgesehenen Lösungsweg so beschreiben, daß die richtige Lösung mit möglichst geringem Aufwand an

Rechenzeit und Speicherplatz ermittelt wird <Lauber 76>. Durch die heute immer noch anhaltende rasante Entwicklung in der Halbleitertechnik kann man die Forderung nach speicherplatzsparenden Lösungen fallen lassen. Dagegen ist aber unbedingt ein klarer Aufbau der Programme entsprechend den Methoden und Regeln des Software-Engineering zu fordern. Gerade auf dem Gebiet der Zuverlässigkeit wird es zunehmend wichtig, die Richtigkeit und Fehlerfreiheit von Programmen zu beweisen (formale Korrektheitsbeweise, Verifikation). Dazu sind klare und einfache Strukturen notwendig und keine trickreichen Organisationen zur Speicherplatzersparnis. Ähnlich verhält es sich mit der Rechenzeit; jedoch geht der Gewinn an Rechengeschwindigkeit durch die Automatisierung von immer zeitkritischeren technischen Prozessen wieder verloren. Mit dem Übergang von der Einrechnerlösung zur Mehrrechnerlösung ist es auch hier zwingend, dem klaren logischen Aufbau den Vorrang zu geben.

Im Realzeitbetrieb hält die Datenverarbeitungsanlage Schritt (schritthaltende Verarbeitung) mit den direkt gekoppelten physikalischen Vorgängen, die sie erfassen, steuern oder regeln soll. Dabei wird das Rechensystem gezwungen, sich diesen externen Vorgängen anzupassen (modifiziert nach <Levi 81>, <Rzehak a>). Beim Realzeitbetrieb kommen neben der Richtigkeit und der klaren Strukturierung der Lösung zwei zeitabhängige Forderungen für den Programmablauf hinzu:

(F1) Einhaltung der vorgegebenen Erfassungs- und/oder Antwortzeiten (Rechtzeitigkeit), und

(F2) die zeitliche Koordination von beteiligten Rechenprozessen derart, daß für jeden einzelnen Rechenprozeß die Forderung (F1) erfüllt wird (Gleichzeitigkeit).

zu (F1):
Die Daten müssen innerhalb einer maximalen Erfassungszeit eingelesen und abgespeichert werden, damit sie nicht verlorengehen. Die Daten können zu beliebigen Zeitpunkten anfallen (asynchrone äußere Ereignisse), oder zyklisch zu vorgegebenen Zeitpunkten erfaßt werden (synchrones Zeitraster). Innerhalb einer vorgegebenen Antwortzeit müssen aus den Eingangsdaten Resultate errechnet und entsprechend an den technischen Prozeß weitergeleitet sein. Ebenso wie die maximale Erfassungszeit wird auch die maximal zulässige Antwortzeit durch den zu automatisierenden technischen Prozeß bestimmt. Ist der technische Prozeß von periodischer Natur, so wird die Antwortzeit durch die Zykluszeit vorgegeben. Durch den Einsatz von sogenannten "Sample-and-Hold"-Verstärkern kann man das Problem der Einhaltung von Erfassungszeiten

in den Griff bekommen. Wird also die maximal zulässige Erfassungszeit nicht eingehalten, so sind (möglicherweise) die eingelesenen Daten falsch. Genauso sind die aus den korrekten Eingabedaten erzielten Resultate unbrauchbar oder sogar falsch, wenn sie zu spät, also erst nach der zulässigen Antwortzeit zur Verfügung stehen. Es können dann Situationen entstehen, in denen der ordnungsgemäße Ablauf des technischen Prozesses nicht mehr gewährleistet ist. Das Resultat sind entweder Fehlfunktionen oder gar Gefahren.

zu (F2):

Die gleichzeitig ablaufenden Vorgänge des technischen Prozesses müssen alle erfaßt und bearbeitet werden. Gegebenenfalls müssen die entsprechenden Reaktionen des Prozeßrechensystems ebenfalls gleichzeitig erfolgen. Die Forderung nach Gleichzeitigkeit kann bei Einrechnersystemen nur makroskopisch erfüllt werden. Intern laufen die entsprechenden Rechenprozesse mikroskopisch sequentiell ab. Im allgemeinen sind jedoch die Zeitabstände zwischen den verschiedenen Programmabläufen klein gegenüber der für den technischen Prozeß charakteristischen Zeit (Zykluszeit). Daher ist man berechtigt, von Gleichzeitigkeit zu sprechen <Levi 81>. Trotzdem ist es treffender, den in der Literatur verwendeten Begriff "Gleichzeitigkeit" durch "zeitliche Koordination" zu ersetzen.

Ein Betriebssystem, das einem Rechensystem ermöglicht, im Realzeitbetrieb zu arbeiten, wird Realzeitbetriebssystem genannt. Aus dieser Betriebsform ergab sich der Begriff des Realzeitsystems. In der Literatur wird das Realzeitsystem als Oberbegriff in die Dialogsysteme und in die Prozeßrechensysteme unterteilt.

Diese Unterteilung nach der Art der Rechensysteme erscheint nicht ganz glücklich, denn die Definition des technischen Prozesses ist so weit gespannt, daß auch die Dialogsysteme darunterfallen. Auch ergeben sich aus dem Größenunterschied in den Reaktions- bzw. Antwortzeiten keine prinzipiellen Unterschiede. Bei näherer Betrachtung kann man jedoch Unterschiede finden, die sich auf das Verhalten von technischen Prozessen zurückführen lassen. Für ein Dialogsystem ist keine Prozeßperipherie notwendig, denn dieser technische Prozeß existiert erst durch den Prozeßrechner; er hat keine Eigendynamik. Das wiederum beeinflußt die Wiederanlaufmethoden bei Fehlertoleranzmaßnahmen. Es ist nämlich möglich, ein Dialogsystem auf einen zeitlich früheren fehlerfreien Zustand zurückzusetzen (Backward-Recovery), was bei der Automatisierung sich selbst dynamisch verändernder technischer Prozesse nicht möglich ist. Hier bietet sich nur ein Vorsetzen (Forward-Recovery) auf einen Zustand an, der vom System noch nicht erreicht wurde, oder ein Einlesen von Prozeßdaten, mit denen die Steuerung und Regelung des technischen Prozesses wieder aufgenommen werden kann. Für das Vorsetzen des technischen Teilprozesses ist allerdings Vorwissen über das Verhalten des technischen Teil- bzw. Gesamtprozesses notwendig. D.h. es wird hierzu prinzipiell keine generellen, sondern immer nur anwendungsabhängige Lösungen geben.

2.4 Realzeitbetriebssysteme

In <Levi 81> werden Entwurfs- und Gestaltungsrichtlinien von Realzeitbetriebssystemen vorgestellt, so wie sie von technischen Prozessen im allgemeinen vorgegeben werden.

2.4.1 Entwurfs- und Gestaltungsrichtlinien

Das Zusammenwirken eines technischen Prozesses und eines Prozeßrechensystems läßt sich nach der in Bild 2.7 gezeigten Art schematisieren.

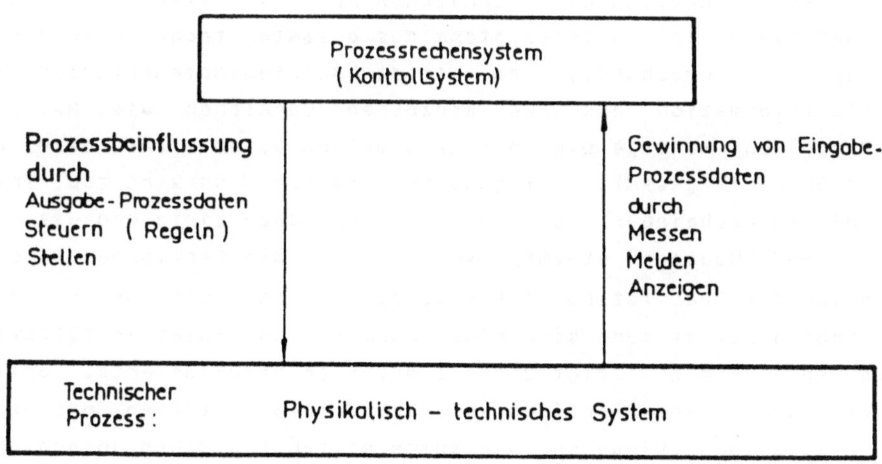

Bild 2.7: Wechselwirkung zwischen technischem Prozeß und Prozeßrechensystem (aus <Krüger 73>)

Der technische Prozeß besteht aus einer Reihe von weitgehend unabhängigen Subsystemen (Einzelgerätetechnik). Diese Unabhängigkeit spiegelt sich in der Instrumentierung (Meßglieder, Stellglieder) wieder. Aus der Sicht des Kontrollsystems wird somit das physikalisch-technische System durch eine Menge von physikalisch unabhängigen Meß- und Stellgliedern dargestellt (Bild 2.8).

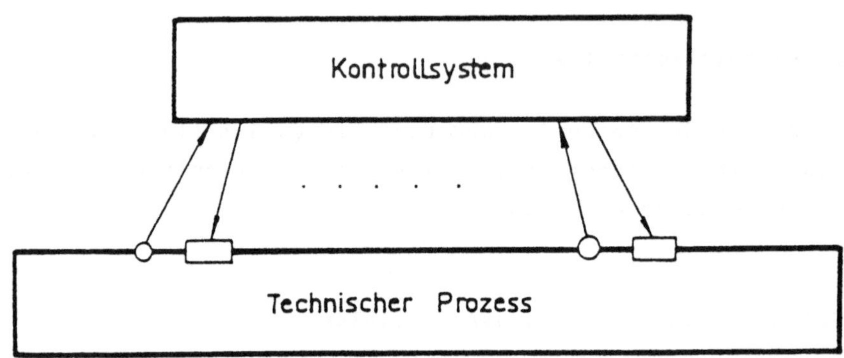

Bild 2.8: Technischer Prozeß, dargestellt durch unabhängige Meß- und Stellglieder (aus <Levi 81>)

Bei genauerer Betrachtung des technischen Prozesses stellt sich jedoch heraus, daß die einzelnen Teilsysteme des gesamten technischen Prozesses **logisch** nicht unabhängig sind. In der Betriebsdatenerfassung z.B. stammt die Information aus den einzelnen Bereichen wie Material, Lager, Maschinen, Montage usw. Die gesammelten Daten dienen dazu, eine Übersicht über die gesamte Fertigung zu erhalten. So wird z.B. Information, die aus scheinbar unabhängigen technischen Einzelprozessen wie "Material" und "Montage" stammt, sowohl für die Fertigungssteuerung als auch für die Qualitätskontrolle benötigt. Aber auch über den technischen Prozeß selbst kann sich eine Kopplung von einzelnen Teilsystemen ergeben. Bild 2.9 zeigt die hierarchisch strukturierte, logische Organisationsform eines Fertigungsbetriebes. Die einzelnen Komponenten stehen in Relation zueinander. Die aufgezeigten logischen Abhängigkeiten verlangen Kontrollinstanzen, die die Aktivitäten der physikalisch unabhängigen Subsysteme steuern. Die Kontrollinstanzen haben die Aufgabe, die Datenerfassung und die nachfolgend einzuleitenden Reaktionen zu koordinieren. Den einzelnen Schichten sind folgende Aufgaben zugeteilt:

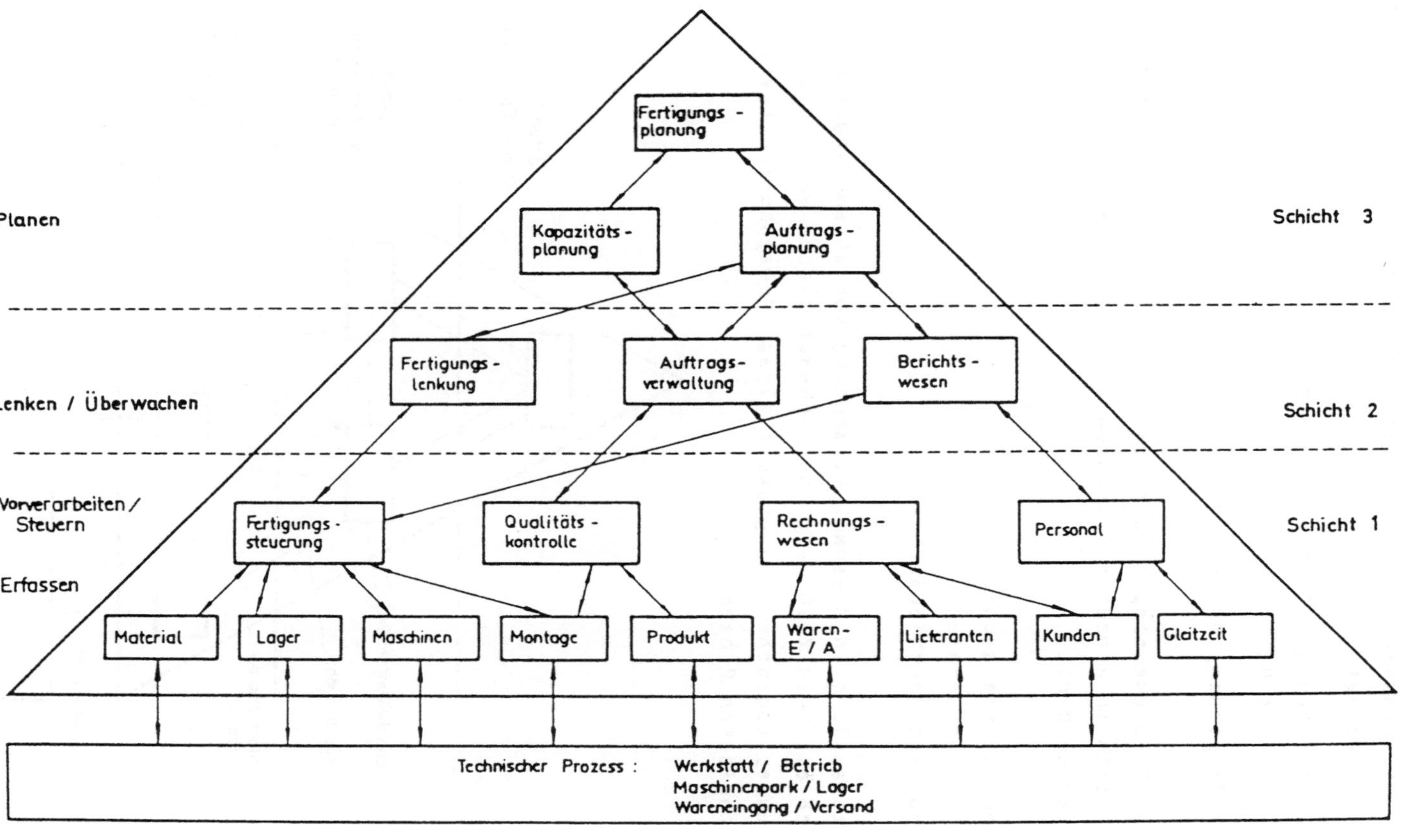

Bild 2.9: Hierarchisches Kontrollsystem für die Fertigungsautomatisierung (aus <Levi 81>)

Schicht 1: Erfassen, Vorverarbeiten, überwachen von Stör- und Gefahrenmeldungen

Schicht 2: Führungsaufgaben wie Störungsanalyse und Komponentenüberwachung

Schicht 3: Planen, Optimieren

Moderne Führungskonzepte unterteilen die Aufgaben innerhalb eines Betriebs stets in einzelne Teilaufgaben, die in verschiedenen Ebenen angesiedelt werden:

(H1) Kontrollhierarchie
(H2) Informationshierarchie
(H3) Organisationshierarchie

Uns interessiert in diesem Zusammenhang vor allen Dingen die Kontrollhierarchie. Bild 2.10 zeigt auf schematisierte Weise die hierarchisch aufgebaute, logische Abhängigkeit eines Prozeßkontrollsystems für einen technischen Prozeß.

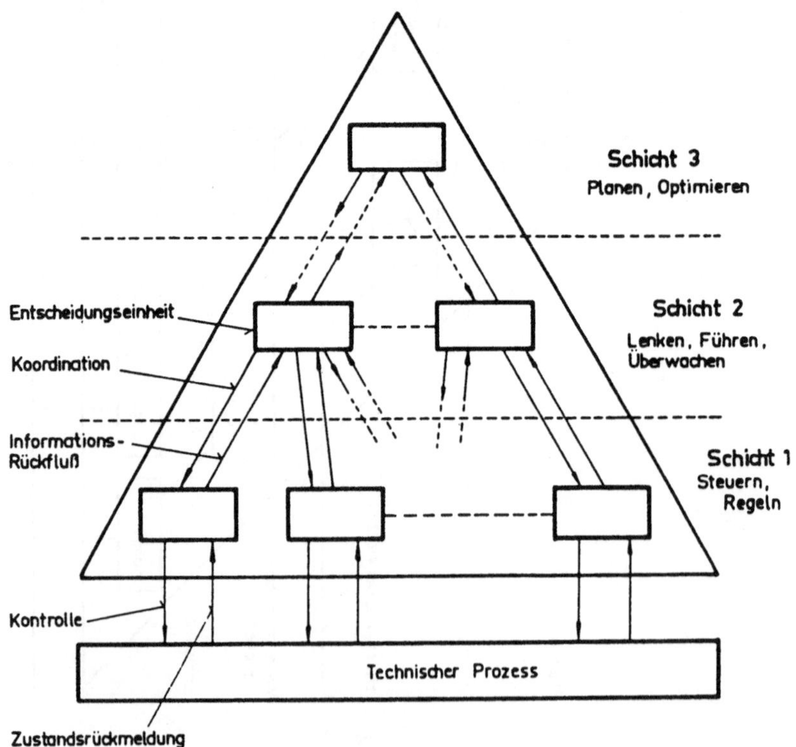

<u>Bild 2.10:</u> Hierarchisches Kontrollsystem für technische Prozesse (aus <Levi 81>)

In der Regel wird diese logische Struktur durch eine entsprechende Rechnerhierarchie begleitet:

(R1) Schicht 1: Operationsrechner
(R2) Schicht 2: Dispositionsrechner
(R3) Schicht 3: Strategierechner

Die Hierarchieschichten bestehen aus horizontal angeordneten Entscheidungseinheiten (Instanzen). Diese sind logisch weitgehend unabhängig voneinander. Sie können parallel operieren und bedürfen selten und nur zu bestimmten Zeitpunkten (Konfliktfällen) der Koordination. Im allgemeinen wird diese Steuerung in Konfliktfällen durch Instanzen der nächsthöheren Schicht durchgeführt.

Die logische Struktur der Kontrollhierarchie und die Parallelität bei technischen Prozessen läßt sich nach <Levi 81> folgendermaßen in eine rechnerinterne Softwarestruktur abbilden: Man ordne den Funktionseinheiten der Kontrollhierarchie auf der rechnerinternen Seite funktionelle Arbeitseinheiten, sogenannte Rechenprozesse, zu. Die einfachste Art der Zuordnung ist dabei eine 1:1-Abbildung. Bild 2.11 verdeutlicht diese Zuordnung; dabei stellt die obere "Pyramide" die entsprechende Software-Strukturierung dar.

Rechenprozesse (Tasks) bilden die adäquate Modellierung der gleichzeitigen und weitgehend unabhängigen Funktionsabläufe der physikalischen Umwelt. Sie können bei entsprechender Hardware gleichzeitig oder zeitlich verzahnt ausgeführt werden. Ihre Geschwindigkeit ist im allgemeinen unbestimmt. Sie sind zumindest konzeptionell voneinander unabhängig und erfüllen deshalb die gleichen Voraussetzungen, die von den Instanzen (Entscheidungseinheiten) der Kontrollhierarchie erfüllt werden.

Die logische Abhängigkeit zwischen den Rechenprozessen spiegelt sich in einem geeigneten Synchronisationsmechanismus wieder. Dabei wird unter Synchronisation ganz allgemein eine erzwungene Reihenfolge der Aktionen in den einzelnen abhängigen Rechenprozessen verstanden. Die Kommunikation zwischen den Rechenprozessen ist nur mit entsprechenden, wohldefinierten Synchronisationsinstrumenten möglich. Besonders zu erwähnen ist, daß es gegenüber dem Stapel- und Teilnehmerbetrieb, wo die einzelnen Rechenprozesse auf keinen Fall miteinander in Kontakt treten dürfen, im Realzeitbetrieb eine unabdingbare Voraussetzung ist, daß die Rechenprozesse miteinander kommunizieren können.

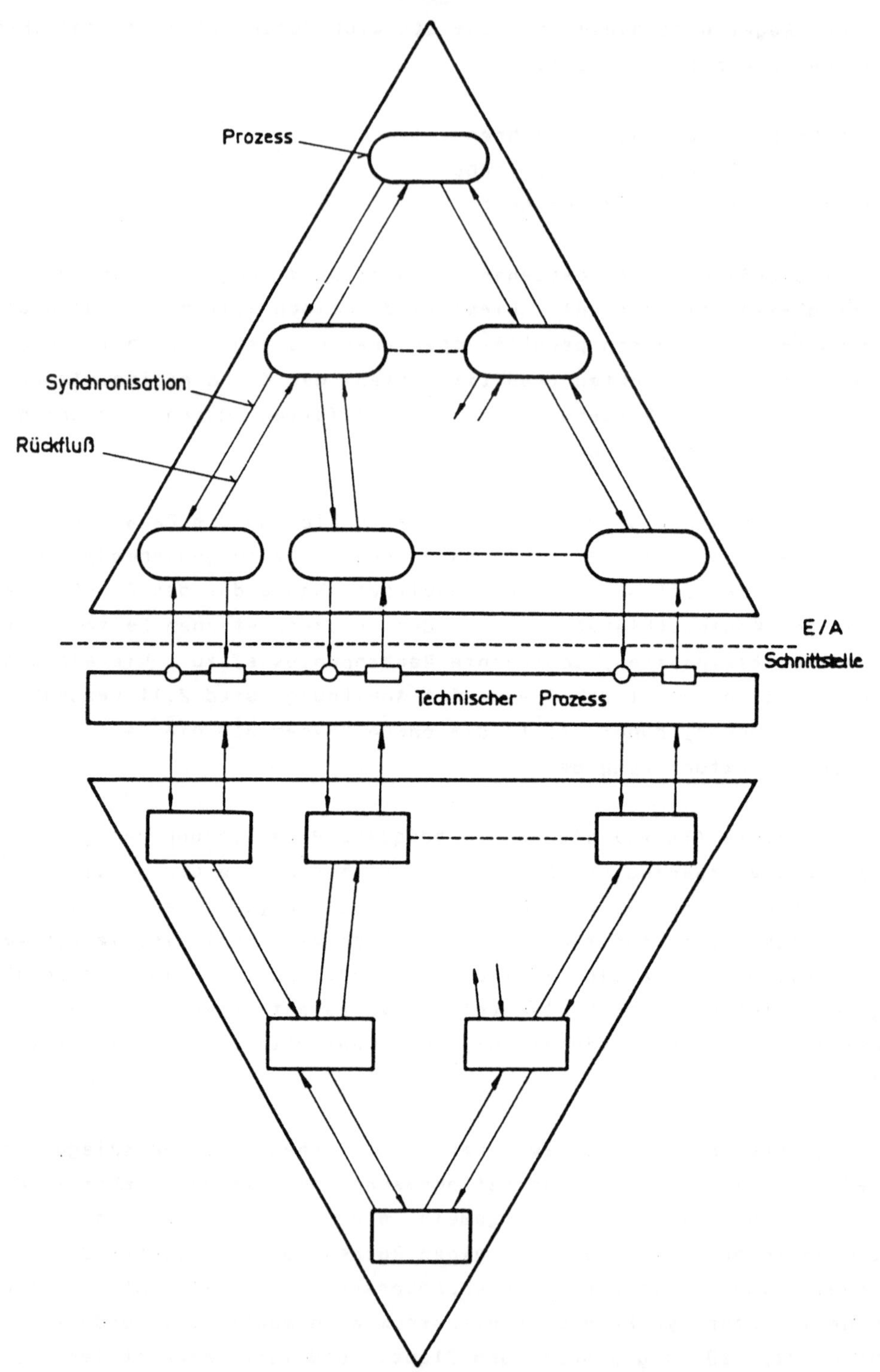

Bild 2.11: Eindeutige Softwaremodellierung der Kontrollhierarchie.
Oben Rechenprozesse, unten Kontrollinstanzen (aus <Levi 81>)

Das hier beschriebene Modell für die Strukturierung der Software durch Rechenprozesse gilt ganz allgemein. Es ist auf keinen bestimmten Rechner oder Rechnertyp zugeschnitten; ja, es hängt noch nicht einmal von einer bestimmten Rechnerkonfiguration ab (z.B. zentral oder dezentral), und damit auch nicht vom Ort, an dem die Rechenprozesse ablaufen <Levi 81>.

2.4.2 Realzeitbedingungen im Beispiel

Zusammenfassend werden anhand eines Beispiels diejenigen Begriffe bezüglich des Realzeitbetriebs demonstriert, die einerseits durch das Realzeitbetriebssystem unterstützt, aber auch andererseits durch den Anwender beachtet werden müssen. Bild 2.12 zeigt die prinzipiellen zeitlichen Verhältnisse für die Wechselwirkung zwischen technischem Prozeß und Prozeßrechnersystem, wobei hier zur Vereinfachung vorerst nur von einem Prozeß ausgegangen wird. Durch bestimmte Vorgänge (Ereignisse) auf der Prozeßseite (etwa das Auflaufen eines Schrittmotors an seinen Endwertschalter) wird eine Reaktion des Prozeßrechensystems erforderlich. Der technische Prozeß löst über einen Unterbrechungseingang der Prozeßperipherie einen Alarm beim Prozeßrechner aus.

Nun könnte es natürlich sein, daß der Prozeßrechner in diesem Zeitpunkt andere, vielleicht wichtigere, Aufgaben zu erledigen hat. Es wird also eine Wartezeit entstehen, deren Dauer von der Wichtigkeit des Alarms abhängt. Wird der Alarm vom Rechner angenommen, so erfolgt zunächst eine Alarm-Analyse, wobei festgestellt wird, woher der Alarm kommt und welche Bedeutung er hat. Danach erfolgt eine Datenerfassung, welche den Prozeßrechner über den neuen Zustand des Prozesses informiert. Die eingelesenen Daten werden verarbeitet und das Ergebnis in Form von Steueranweisungen im nächsten Schritt als Reaktion des Prozeßrechners auf den Alarm des technischen Prozesses ausgegeben.

Erläuterungen zu Bild 2.12:

$T_p(T_z)$ - Die Prozeßzeit, welche den mittleren Abstand zwischen zwei Ereignissen auf Seiten des technischen Prozesses kennzeichnet - bei periodischen Ereignissen auf Seiten des technischen Prozesses auch Zykluszeit T_z genannt.

T_{PA} - Die prozeßbedingte maximal zulässige Antwortzeit für einen entsprechenden Eingriff (Rechner, Mensch) auf ein Ereignis im technischen Prozeß.

T_{PE} - Die prozeßbedingte maximal zulässige Erfassungszeit, nach der die Daten eingelesen sein müssen.

$E_i(t)$ - Ereignis E im technischen Teilprozeß i zum Zeitpunkt t

P1   - Unterbrechungssignal kommt aus dem Unterbrechungswerk an

T1   - Durchlaßzeit $T1 \in (0,\infty]$
T1 geht gegen ∞, wenn die Priorität der laufenden Automatisierungsprogramme immer höher ist, als die der betrachteten Alarmpriorität.

P2   - Unterbrechungssignal wird zum Leitwerk durchgeschaltet

T2   - Latenzzeit $T2 \in [0,$ maximale Befehlsführungszeit$]$

P3   - An einer unterbrechbaren Stelle wird das laufende Programm unterbrochen und ein unterbrechungsbehandelndes Programm des Betriebssystems gestartet.

T3   - Erkennungszeit (hardware- und betriebssystemabhängig)

P4   - Ausführung des ersten Befehls des spezifischen Antwortprogramms

T4   - Ausführungszeit

T41 Vorbereitungszeit (hardware- und betriebssystemabhängig)
T42 Datenaufnahmezeit (hardware- und betriebssystemabhängig)
T43 Verarbeitungszeit (hardware- und antwortprogrammabhängig)
T44 Datenausgabezeit (hardware- und betriebssystemabhängig)

P5   - Ende des spezifischen Antwortprogramms

T5   - Rückkehrzeit (hardware- und betriebssystemabhängig)

P6   - Erster Befehl eines nächsten Automatisierungsprogramms

T_F - Freie Zeit für weitere Automatisierungsprogramme

T_W - Wartezeit

T_R - Reaktionszeit

T_E - Erfassungszeit

T_A - Antwortzeit

T_U - Unterbrechungszeit

T_G - Gesamtbelegungszeit des Prozeßrechners für die Bearbeitung des Ereignisses $E_i(t)$

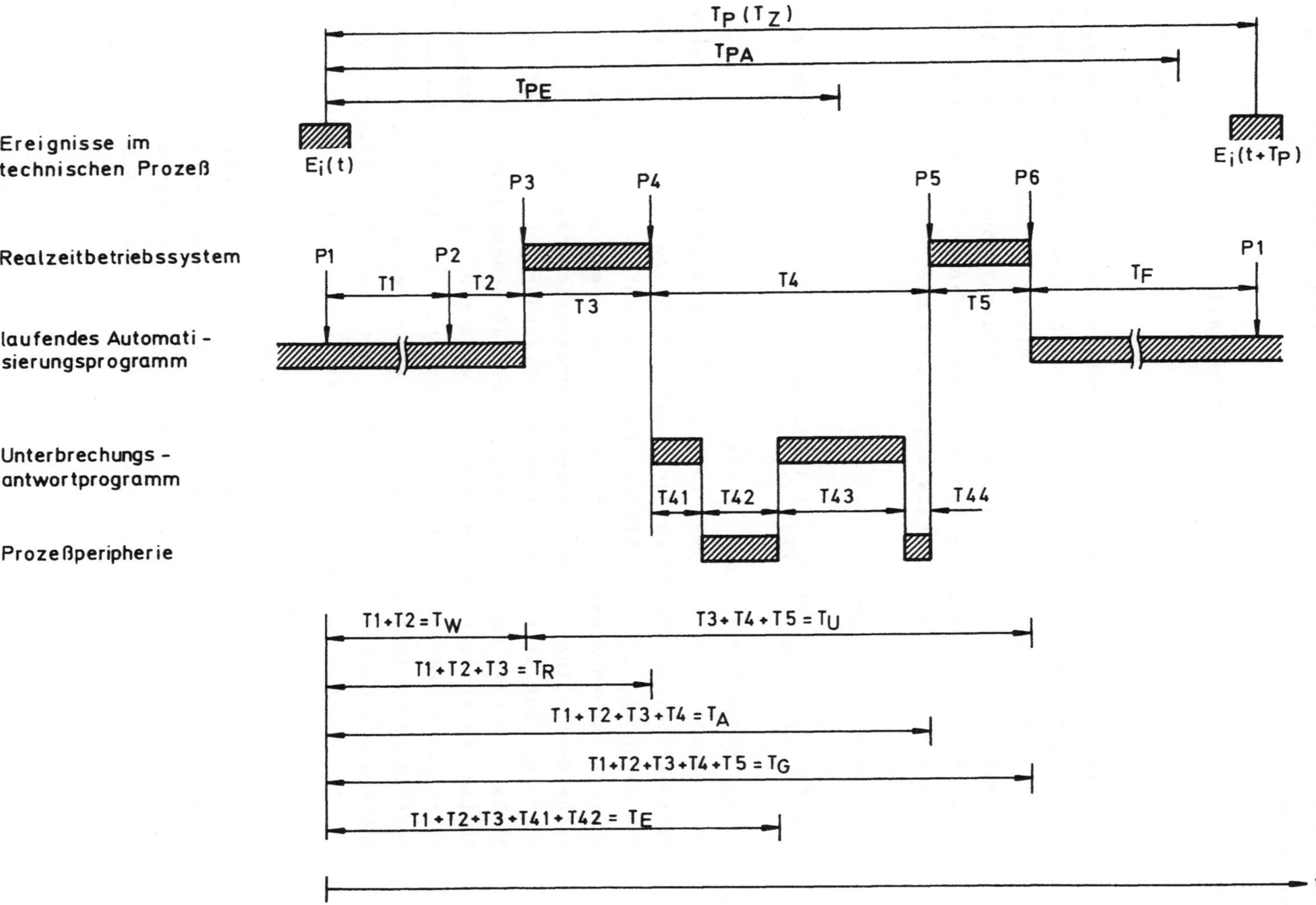

<u>Bild 2.12:</u> Charakteristische Zeitintervalle in der Prozeßautomatisie-rung

Damit ein Realzeitbetrieb garantiert werden kann, müssen die folgenden
beiden Bedingungen erfüllt sein:

(B1) Einhaltung der Erfassungs- und Antwortzeit

$$T_A <= T_{PA} \wedge T_E <= T_{PE} \qquad \text{Gleichung (2.1)}$$

Der Rechner muß innerhalb der maximal zulässigen Zeiten die Daten
eingelesen und ein Stellsignal ausgegeben haben (Gleichung
(2.1)). Der typisch zentral organisierte Prozeßrechner hat im
allgemeinen mehrere Teilautomatisierungsaufgaben zu bearbeiten,
also muß für jeden Rechenprozeß die Bedingung (B1) für sich
alleine erfüllt sein. Daraus ergibt sich die

(B2) zeitliche Koordination

$$T_{Ai} <= T_{PAi} \wedge T_{Ei} <= T_{PEi} \; ; \; i = 1,2, \ldots \qquad \text{Gleichung (2.2)}$$

Da es, bedingt durch die Preisentwicklung auf dem Hardware-Sek-
tor, heute möglich ist, analog zur Einzelgerätetechnik jedem
technischen Teilprozeß seinen Prozeßrechner zu "spendieren", wird
die Bedingung der "zeitlichen Koordination" (Gleichung (2.2)) im
obigen Sinn an Bedeutung verlieren. Denkt man aber an die räumliche Verteiltheit eines modernen Prozeßrechensystems, so ist es
wichtig, daß alle dezentralen Prozeßrechner "gleichzeitig" eine
globale Sicht über das verteilte Prozeßrechensystem für eventuelle Rekonfigurationsmaßnahmen erhalten. Da diese Bedingung
nicht zu jedem Zeitpunkt zu gewährleisten ist, muß es zumindest
möglich sein, festzustellen, daß zu einem Zeitpunkt t die globale
Sicht eines Knotens nicht konsistent mit dem tatsächlichen globalen Zustand des Rechnernetzes ist <Hartlmüller 88>, <Chandy; Lamport 85>.

Die relative Belastung des Prozeßrechners durch einen bestimmten Rechenprozeß i wird durch das Verhältnis T_{Ui}/T_{Pi} (Unterbrechungszeit zur
Prozeßzeit) bestimmt. Summiert man die relative Belastung aller
gleichzeitig laufenden Rechenprozesse auf, so ergibt sich die Gesamt-
belastung für den Prozeßrechner zu

$$\sum_{i=1}^{n} T_{Ui} / T_{Pi} <= 1 \qquad \text{Gleichung (2.3)}$$

Diese Zeitbedingung (Gleichung (2.3)) ist eine notwendige, aber keine hinreichende Bedingung dafür, daß alle Aufgaben unter Realzeitbedingungen abgearbeitet werden können. Beim Realzeitbetrieb muß auch für den ungünstigsten Fall gewährleistet sein, daß die Antwortzeit kleiner ist als die durch den technischen Prozeß vorgegebene Zeitspanne. In Konfliktfällen bilden entsprechende Prioritätseinstufungen der einzelnen Rechenprozesse und eine geringe Auslastung (30-50%) des Prozeßrechensystems die geeigneten Instrumente, die Durchführung eines Realzeitbetriebs zu garantieren.

2.4.3 Realzeitprogrammierungsverfahren

Zur Erfüllung der Anforderungen an Rechtzeitigkeit und Gleichzeitigkeit der Programmabläufe gibt es zwei Programmierungsverfahren <Lauber 76>:

(V1) Die synchrone Programmierung, auch serielle Programmierung genannt, und.

(V2) die asynchrone Programmierung oder Parallelprogrammierung.

Bei der _synchronen_ Programmierung geht man von der Forderung nach Einhaltung von Zeitbedingungen bei _zyklisch_ auszuführenden Automatisierungsfunktionen aus. Die zur Verwirklichung der Automatisierungsfunktionen erforderlichen Teilprogramme werden mit einem Zeitraster T synchronisiert. T liegt im allgemeinen zwischen 1 ms und 100 ms, was ca. 1000 Maschinenbefehlen pro Zeitsegment entspricht. Dieses Zeitraster wird mit Hilfe einer Realzeit-Uhr gewonnen, die in bestimmten Zeitabständen ein Unterbrechungssignal zum Aufruf der Teilprogramme erzeugt. Innerhalb der synchronen Programmierung muß nocheinmal unterschieden werden in:

(V11) Im Fall einer Organisation innerhalb einer Coroutinenumgebung <Stoll 85> ist die Reihenfolge der verschiedenen Teilprogramme fest vorgegeben. Hat man drei Regelprogramme mit den Zykluszeiten T, 2T und 5T, so werden nach dem Eintreffen eines Unterbrechungssignals alle Teilprogramme, deren Zykluszeitzähler abgelaufen ist, aufgerufen und dann eventuell in einer Warteschleife auf das nächste Unterbrechungssignal gewartet. Die Einhaltung der Zykluszeiten (Rechtzeitigkeit) wird nur dann gewährleistet, falls die Summe der Rechenzeiten aller im ungünstigsten Fall zusammentreffender Programme höchstens dem Zeitabstand T entspricht (Gleichung (2.4)), d.h. dieses Verfahren eignet sich nur für kurze Automatisierungsprogramme. Die zeitliche Koordination (hier: Einhaltung der Zykluszeit für jedes Automatisierungsprogramm alleine) kann nur dann erfüllt werden, falls eine Schwankung von maximal +/-T in der Zykluszeit bei Automatisierungsfunktionen mit großer Zykluszeit akzeptiert werden kann - oder anders ausgedrückt, falls T klein ist im Vergleich zu den Zeitkonstanten des Prozesses (Gleichung (2.5)). Im Zusammenhang mit Bild 2.12 gilt: T1 = T2 = T3 = T5 = 0

<u>Einhaltung der Zykluszeit:</u>

$$\sum_{i=1}^{n} T_{4i} <= T \qquad\qquad \text{Gleichung (2.4)}$$

<u>Zeitliche Koordination:</u>

$$T_z +/- T \approx T_z \qquad\qquad \text{Gleichung (2.5)}$$

(V12) Durch die Verwendung eines Time-share-Betriebssystems ist es möglich, auch Automatisierungsprogramme mit größerer Ausführungszeit als T ($T_4 > T$) ablaufen zu lassen. Den einzelnen Teilrechenprozessen wird hier jeweils ein bestimmter Anteil an Rechenzeit zugeteilt. Ist die Zeitscheibe eines Teilrechenprozesses abgelaufen, so wird er unterbrochen, und das nächste Programm wird gestartet. Dadurch kann die Einhaltung der Rechtzeitigkeitsbedingung nicht mehr garantiert werden. Eine notwendige, jedoch keine hinreichende Bedingung ist die Erfüllung der geordneten Antwortzeitreihe <Rzehak a>.

In beiden Fällen (V11) und (V12) lassen sich Automatisierungsfunktionen, die auf Grund von zeitlich nicht vorhersehbaren Signalen (Unterbrechungen) ablaufen sollen, nur umständlich und unbefriedigend verwirklichen. Durch die Abfrage (Polling) der zeitlich nicht vorhersehbaren Signale bei jedem Durchlauf wird erstens unnötig Rechenzeit verbraucht, und zweitens erkennt man eine Änderung der Signale im ungünstigsten Fall um die Zeitspanne T verzögert. Besonders letzterer Fall kann bei zeitkritischen technischen Prozessen zu Schwierigkeiten führen.

Bei der <u>asynchronen</u> Programmierung wird versucht, die Forderungen nach Einhaltung der Antwort- und Erfassungszeiten und die zeitliche Koordination der Automatisierungsprogramme zu erfüllen, ohne den Ablauf der einzelnen Teilautomatisierungsprogramme starr vorzugeben.

In diesem Ansatz sind also weder die Startzeiten der Automatisierungsprogramme, noch die Reihenfolge ihres Ablaufs vorgeschrieben. Dadurch bedingt wird es "Konfliktfälle" geben, in denen mehrere Anforderungen zur Verwirklichung paralleler ablaufender Automatisierungsfunktionen zeitlich zusammentreffen. Für diese Konfliktfälle muß eine Strategie festgelegt werden, nach der zu verfahren ist. Eine mögliche Strategie besteht z.B. darin, jedem Teilautomatisierungsproramm eine Priorität zuzuordnen, und die Aufeinanderfolge der Programmabläufe im Konfliktfall in der Reihenfolge dieser Prioritäten durchzuführen, wobei Teilautomatisierungsprogramme höherer Priorität solche mit niedrigerer Priorität unterbrechen können. Bei dieser Strategie wird die Forderung nach Rechtzeitigkeit umso besser erfüllt, je höher die Priorität des Teilrechenprozesses ist. Technische Teilprozesse, welche häufig eine Reaktion des Prozeßrechners benötigen, lösen im allgemeinen nur kurze Verarbeitungsvorgänge (siehe T_4 in Bild 2.12) aus, sind aber zeitkritisch. Dehalb wird man den zugeordneten Teilrechenprozessen eine hohe Priorität geben. Rechenprozesse, deren zugeordnete technische Teilprozesse nur selten ein Eingreifen des Prozeßrechners erfordern, haben im allgemeinen eine längere Verarbeitungszeit T_4 und daher eine niedrigere Priorität.

Die zeitliche Koordination bei der Durchführung der Automatisierungsfunktionen wird durch eine ineinander verschachtelte Ausführung der Rechenprozesse erreicht. Dabei wird die Antwortzeit von Rechenprozessen mit niedrigerer Priorität durch das Einschieben von Rechenprozessen mit höherer Priorität verlängert. Die Aufeinanderfolge der Programme ist nicht deterministisch, sondern stellt sich dynamisch ein, also je nach dem zeitlichen Eintreffen der Unterbrechungssignale. Der wirkliche zeitliche Ablauf kann sich gegenüber den theoretischen Zeitbedingungen so verschieben, daß sich Rechenprozesse gegenseitig überholen. Muß für bestimmte Rechenprozesse eine feste Reihenfolge eingehalten werden, so muß dies mit geeigneten Synchronisationsmechanismen erzwungen werden. Weitere Strategien zur Erfüllung der Realzeitbedingungen sind in <Rzehak a> zu finden.

3. Ein konsistentes und erweiterbares Begriffsgebäude für fehlertolerante Rechensysteme

Die grundlegenden Begriffe im Zusammenhang mit fehlertoleranten Rechensystemen werden in der Literatur derzeit noch sehr uneinheitlich definiert und benützt, und führen so ganz zwangsläufig zu Mißverständnissen. Um jedoch geeignete Fehlertoleranztechniken zu entwickeln, zu klassifizieren und zu bewerten, ist es unbedingt notwendig, diejenigen Fehler, welche toleriert werden sollen, genau und eindeutig zu spezifizieren. Zu der eigentlichen Schwierigkeit, die richtigen und treffenden Definitionen anzugeben, kommt für den deutschsprachigen Raum noch erschwerend hinzu, daß die ersten Aktivitäten auf dem Gebiet der Fehlertoleranz <von Neumann 56> und somit auch die entsprechenden Begriffe aus dem englischsprachigen Raum kommen. Für die Lösung dieser Problematik hat man prinzipiell zwei Möglichkeiten:

(M1) Man übernimmt die englischsprachigen Begriffe und ordnet ihnen eine deutschsprachige Bedeutung zu.

   Vorteil:

   Es werden einheitliche Buchstabenfolgen im Englischen wie im Deutschen verwendet.

   Nachteil:

   Die oft aufgepropften Bedeutungen im Deutschen führen zu Mehrdeutigkeiten im Gebrauch der Begriffe.

(M2) Man entwirft in jeder Sprache mit ihrer eigenen Vielfalt und ihrem Nuancenreichtum eine Begriffswelt und trifft eine Abmachung in Form z.B. einer Tabelle, in der die Entsprechungen einander gegenübergestellt sind.

   Vorteil:

   Die Begriffe sind in der jeweiligen Sprache semantisch eingebettet und haben somit eine feste Bedeutung.

Für die folgenden Ausführungen wird, auf Grund des eindeutigen Vorteils, die Möglichkeit (M2) verwendet.

3.1 Der Begriff "Fehler"

Im Rahmen dieser Arbeit sei "FEHLER" folgendermaßen definiert <Wahrig>.

Definition 3.1:

FEHLER - Abweichung vom Richtigen

Der Begriff "das Richtige" ist ebenso wie der Begriff "Fehler" nicht operationell, d.h. es gibt kein Verfahren oder keinen Algorithmus, der immer eindeutig entscheidet, was richtig und was falsch ist. Der Idealvorstellung, das "Richtige" immer eindeutig zu bestimmen, ist man damit nicht näher gekommen. Die Definition 3.1 für Fehler wurde eingeführt, um von der Möglichkeit der deutschen Sprache Gebrauch machen zu können, nämlich durch Aneinanderfügen von zwei Substantiven neue Worte (plus Bedeutung) zu bilden oder das erste Substantiv durch das zweite näher zu spezifizieren.

Beispiel: "Realisierungsfehler"

Abweichung zwischen der entworfenen und der realisierten Funktion (siehe Kapitel 3.4).

Durch diese Art der Begriffsbildung ist das im folgenden angegebene Begriffsgebäude um das Wort "Fehler" jederzeit erweiterbar (siehe auch Kapitel 3.1.1.2, Definition 3.2-3.4).

Man mag nun einwenden, "Abweichung vom Richtigen" sei eine sehr schwammige Definition, aus der nicht hervorgehe, wie groß die Abweichung sein darf. Entsprechend Bild 3.1 muß man diese Grenzen für jeden Betrachtungs- und Anwendungsfall neu festlegen. Denn es ist bestimmt nicht gerechtfertigt, von einem nicht funktionierenden Rechensystem zu sprechen, wenn bei zwei vorhandenen Editoren (zeilen- und bildschirmorientiert), z.B. der bildschirmorientierte Editor nicht fehlerfrei arbeitet (tolerierbare Abweichung). Demgegenüber wird man auf der Hardwareebene bei integrierten Schaltkreisen sehr wohl die Aussage "funktioniert/funktioniert nicht" verwenden. Geht der Bereich der "tolerierbaren Abweichung" in Bild 3.1 gegen null, so haben wir wieder die bekannten Verhältnisse wie beim Boolschen Zuverlässigkeitsmodell <Rzehak b>.

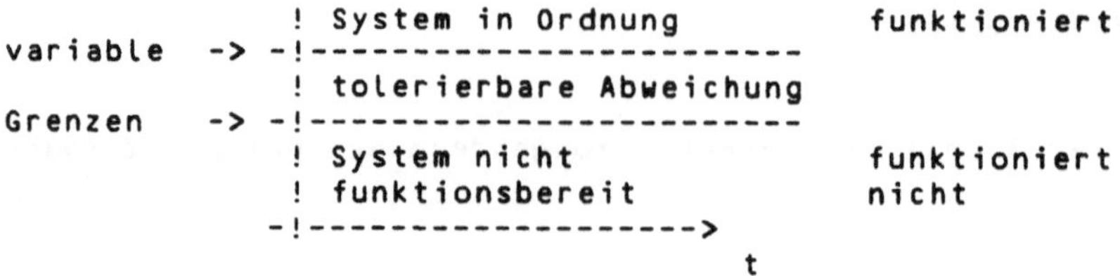

<u>Bild 3.1:</u> Abstraktionsabhängige Grenzen

Die Einführung von mehr als drei Zustandsräumen ist hier ohne weiteres möglich, falls dies für die weitere Entwicklung und Klassifizierung von Fehlertoleranzmethoden für verteilte Prozeßrechensysteme und für eine verfeinerte Terminologie notwendig sein sollte. Zur Lösung der Problematik, das "Richtige" zu bestimmen, wird in der Literatur eine sogenannte "Authoritative System Reference" vorgeschlagen. Eine kurze Beschreibung ist in Kapitel 3.1.1.1 zu finden, da in dieser Arbeit noch öfter darauf Bezug genommen wird.

Eine weitere Schwierigkeit bei der Begriffsbildung und -interpretation ergibt sich auch noch aus der Geschichte dieser Teilwissenschaft. Die meisten Begriffe, Definitionen und Modelle, wie z.B. Zuverlässigkeit, Verfügbarkeit, Boolsches Zuverlässigkeitsmodell usw., stammen aus der Zeit, als die Steuerung, Regelung und überwachung von technischen Prozessen ausschließlich mit festverdrahteter Hardware realisiert wurde. Aber durch den Einsatz frei programmierbarer Datenverarbeitungssysteme kommt erstens eine ganz neue Qualität von Fehlern hinzu und zweitens wird deutlich, daß in der Hardwarezuverlässigkeit bestimmte, auch dort vorhandene Fehlerklassen überhaupt nicht berücksichtigt wurden, wie z.B. die Entwurfsfehler.

Die Frage ist nun, ob es sinnvoll ist, für alle in der Fehlertoleranz neu zu beschreibenden Dinge das Begriffsgebäude für die Hardware zu erweitern, oder ob es nicht besser ist, ein Begriffssystem wie in Bild 3.2 dargestellt aufzubauen, denn unabhängig davon, wie man z.B. Zuverlässigkeit definiert, wird man Unterschiede zwischen der Hardware-, Software- und Systemzuverlässigkeit machen müssen. Denn in der Softwarezuverlässigkeit gibt es kein Versagen bezüglich des Alterungsprozesses, wie dies aus der Hardwarezuverlässigkeit bekannt ist, und bei der Systemzuverlässigkeit muß man sich vor Augen halten, daß ein System eine wohl organisierte Anordnung von Hardware- und Softwarekomponenten ist.

Bei der Interpretation von Bild 3.2 erkennt man zwei Grundbegriffsge-
bäude für Hardware und Software, die eine gemeinsame Schnittstelle
haben. Und wie oben schon erwähnt, entsteht das technische Datenverarbeitungssystem erst durch die Kombination von Hardware und Software.
Dementsprechend baut der Begriffsblock für Rechensysteme auf diesen
beiden Bereichen auf und hat entsprechende Schnittstellen zu ihnen.
Die in den Definitionen 3.1 bis 3.4 angegebenen Begriffe fallen in die
gemeinsame Basis.

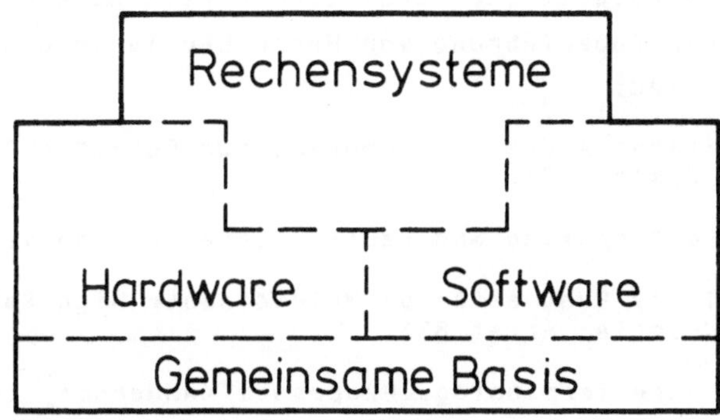

<u>Bild 3.2:</u> Begriffsblöcke und Schnittstellen für den Aufbau einer kon-
sistenten Terminologie in der Fehlertoleranztechnik

3.1.1 Fehlerursache, Fehlerausprägung, Versagen - Fault, Error, Failure

Wie schon im vorhergehenden Abschnitt erwähnt, ist das Ziel dieser Be-
griffsdefinitionen, eine einheitliche Basisterminologie für Hardware,
Software und Rechensysteme zu erhalten. In der englischsprachigen Literatur sind derzeit keine einheitlichen Definitionen bekannt. Sehr
treffend ist die Situation in <Morgan 82> zusammengefaßt: Was des einen "error" ist, ist des anderen "fault". Die vorgestellten Modelle
und Definitionen spiegeln die unterschiedliche Orientierung der Ar-
beitsgruppen wieder. Einige bevorzugten ein Top-Down-Vorgehen, d.h.
ausgehend von der Ebene der Benutzer arbeiteten sie sich bis zur Hard-
ware-Ebene hinunter. Andere begannen auf der physikalischen Ebene und
arbeiteten entsprechend dem Bottom-Up Verfahren nach oben. Die entstandenen Modelle und Definitionen sind jedoch so speziell und diversitär, daß sich keine Überdeckung ergab.

3.1.1.1 Diskussion der in der englischsprachigen Literatur vorgestellten Definitionen

Derzeit stehen folgende Vorschläge zur Diskussion:

(V1) The Four-Universe Information System Model for the Study of Fault-Tolerance <Avizienis 82>

(V2) The Failure-Fault Model <Kopetz 82>

(V3) Hier sind im wesentlichen drei Veröffentlichungen zu nennen, welche unter der Federführung von Herrn Laprie in den letzten Jahren erschienen sind:

- Dependability: A Unifying Concept for Reliable Computing <Laprie; Costes 82>.

- Dependable Computing and Fault-Tolerance <Laprie 84>.

- Dependability Evaluation of Maintainable High Safety Control Systems <Laprie; Arlat 85>.

(V4) Fault Tolerance Terminology Proposals <Anderson; Lee 82>

(V5) Fundamental Concepts of Fault Tolerant Computing: Progress Report <Lee; Morgan 82>

zu (V1):

Dieses Papier beschreibt eine Sicht, die sich über die letzten 20 Jahre hinweg seit den Anfängen fehlertoleranter Hardwaresysteme entwickelt hat. Avizienis führt die 4 Ebenen (Universen) "External" (User's), "Informational", "Logical" und "Physical" ein. Ein unerwartetes und unvorhergesehenes Verhalten des Systems auf der User-Ebene nennt er "undesired event". In jeder Ebene gibt es nun eine Anzahl von "undesired events", und es werden feste Begriffe dafür vergeben. Die folgende Wirkungskette wird dazu benutzt, "undesired events" in allgemeiner Form in jedem Universum zu benennen:

failure	->	fault	->	error	->	crash
physical		logical		informational		external
universe		universe		universe		universe

Für die "undesired events" auf der logischen Ebene (faults) wird noch eine ausführliche Einteilung nach Dauer, Art und Wert angegeben:

- permanent faults
- transient faults

- intermittent bzw. pseudotransient faults
- physical faults
- human-made faults

zu (V2):

Kopetz stellt ein Modell und eine Terminologie vor, welche auch den Forderungen von Realzeitsystemen Rechnung tragen. Hier wird unterschieden zwischen einem "failure" und einem "fault". Ein "failure" ist ein Ereignis, das zu irgendeinem Zeitpunkt in der realen Zeit eintrifft, während ein "fault" einen Zustand beschreibt; genauer gesagt ein Attribut eines Objektes, welches für eine gewisse Zeitdauer gültig ist. Ein Zustandswechsel ist ein Ereignis. Somit können zwei Ereignisse bzw. Punkte auf der Zeitachse mit jedem "fault" assoziiert werden. Ein "fault"-Startereignis und ein "fault"- Endereignis. Ein "failure" ist immer ein "fault"- Startereignis. Ein "fault"-Endereignis kann z.B. eine Reparatur sein. Somit ergibt sich in diesem Modell eine Kette von Ursachen und Wirkungen, also von "failure" und "fault". Im "failure-fault" Modell gibt es nur zwei Basiskonzepte:

- "failure" als ein "schlechtes" Ereignis und
- "fault" als einen Zustand, den man nicht haben will.

Für diese beiden Basiskonzepte gibt es laut Kopetz viele verschiedene Bezeichnungen in der Literatur. In Form einer kleinen Tabelle gibt er eine Zuordnung zwischen den Begriffen des "failure-fault" Modelles und den Begriffen aus der Literatur.

```
error              : "fault" in der Informationsstruktur
software bug       : "fault" im "initialization state"
data base error:     "fault" im "history state"
mistake            : Menschlicher "failure"
crash              : Berechneter "failure"
```

In seiner Modellbeschreibung definiert Kopetz eine Komponente als eine Maschine mit zwei Datenstrukturen (<u>i-state</u> und <u>h-state</u>), die eine vorgegebene Berechnung ausführen kann. Der i-state (initialization state) beschreibt den Inhalt eines Schreib-Lese-Speichers, welcher durch Berechnungen nicht geändert wird (Kode, permanente Datenstrukturen). Der h-state (history state) enthält alle relevanten Informationen einer Komponente, welche sich im Verlaufe der Zeit (die Sequenz der Berechnungen seit der Initialisierung) angesammelt haben.

zu (V3):

Laprie führt den Begriff "dependability" ein:

"Computer system DEPENDABILITY is the quality (trustworthiness and continuity) of the delivered service such that reliance can justifiable be placed on this service."

Der Begriff "service" umschreibt das (Sub-)Systemverhalten, so wie es vom Benutzer wahrgenommen wird.

Laprie spricht von "failure", wenn "delivered service" vom "specified service" abweicht, wobei "service specification" der von allen Beteiligten akzeptierten Beschreibung von "expected service" entspricht. Die Begriffe "fault" und "error" werden nicht mehr fest an bestimmte Abstraktionsebenen geknüpft. Mit dem Begriff "error" beschreibt Laprie die Manifestation eines "fault" im System, und "failure" beschreibt die Manifestation von "error" bezüglich "service". Der Grund für einen "error" im phänomenologischen Sinn ist ein "fault".

Der Begriff "dependability" wurde von Laprie aus zwei Gründen eingeführt; zum einen, um die bestehende Unsicherheit zwischen den Bedeutungen des Begriffs Zuverlässigkeit im allgemeinen (zuverlässige Systeme) und als mathematisches Maß (Systemzuverlässigkeit) zu beseitigen, und zum anderen, um zu zeigen, daß Zuverlässigkeit, Verfügbarkeit, Sicherheit, Wartbarkeit, usw. quantitative Maße sind, welche alle mit dem selben Attribut eines Systems zusammenhängen - nämlich "dependability" (übersetzungsvorschlag: Verläßlichkeit). Als Maßzahlen für "dependability" werden die Wahrscheinlichkeiten für

- reliability (Zuverlässigkeit):
  measure of the continuous service accomplishment (time to failure)

- availability (Verfügbarkeit):
  measure of service accomplishment with respect to accomplishment-interruption alterance

- maintainability (Wartbarkeit):
  measure of continuous service interruption (time to restoration)

verwendet.

Durch die Erweiterung des Boolschen Zuverlässigkeitsmodells ist Herr Laprie in der Lage, für Systeme, bei denen nicht jeder Ausfall katastrophale Folgen hat, safety (Sicherheit) als weiteres Maß anzugeben.

Boolsches Zuverlässigkeitsmodell

Das Boolsche Zuverlässigkeitsmodell (Bild 3.3) kennt zwei Zustandsklassen, a für "accomplishment" und i für "interruption". Die zwei Zustandsübergangsfunktionen lauten f für "failure" und r für "restoration". Somit gilt für die Systemzustandsfunktion Z(t)   (a,i).

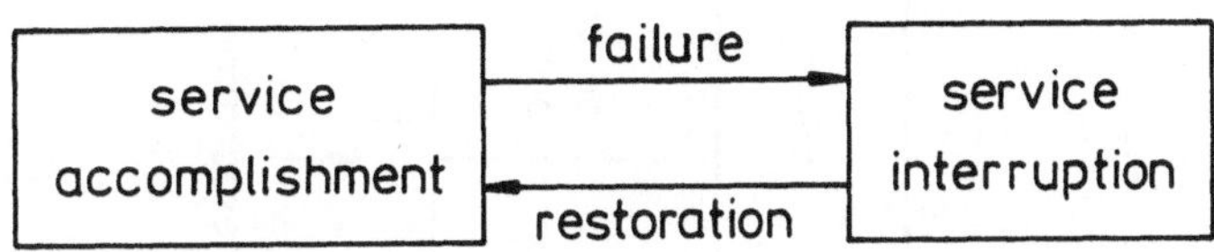

Bild 3.3: Zustandsklassen und Zustandsübergangsfunktionen im Boolschen
Zuverlässigkeitsmodell

In Bild 3.4 ist Z(t) graphisch dargestellt. Für eine Behandlung mit statistischen Methoden muß die Annahme gemacht werden, daß ein System nach seiner Wiederherstellung als vollständig neuwertig betrachtet werden kann. Somit sind t_{0a}, t_{0a1}, t_{0a2}, .. in ihrer Bedeutung identisch, entsprechendes gilt für t_{0i}, t_{0i1}, t_{0i2}, .. . Ebenso muß man für die statistische Auswertung der Bereiche "service accomplishment" und "service interruption" den zeitlichen Nullpunkt neu festlegen; dies wird in Bild 3.4 durch t_{0a} und t_{0i} gekennzeichnet.

Somit gilt:

Reliability (Zuverlässigkeit)
$$R(t) = P(Z(T) = a, \forall T \varepsilon (t_{0a}, t)) \qquad \text{Gleichung (3.1)}$$

Availability (Verfügbarkeit)
$$A(t) = P(Z(t) = a; Z(T) \varepsilon (a,i), \forall T \varepsilon (t_{0a}, t()) \qquad \text{Gleichung (3.2)}$$

Hinter der Gleichung (3.2) steht die Annahme, daß ein System nach einer Reparatur wieder als neuwertig betrachtet wird.

Unavailability (Nichtverfügbarkeit)
$$UA(t) = P(Z(t) = i; Z(T) \varepsilon (a,i), \forall T \varepsilon (t_{0a}, t()) \qquad \text{Gleichung (3.3a)}$$

$$UA(t) = 1 - A(t) \qquad \text{Gleichung (3.3b)}$$

Maintainability (Wartbarkeit)
$$M(t) = P(Z(t) = a; Z(T) = i, \forall T \varepsilon (t_{0i}, t()) \qquad \text{Gleichung (3.4)}$$

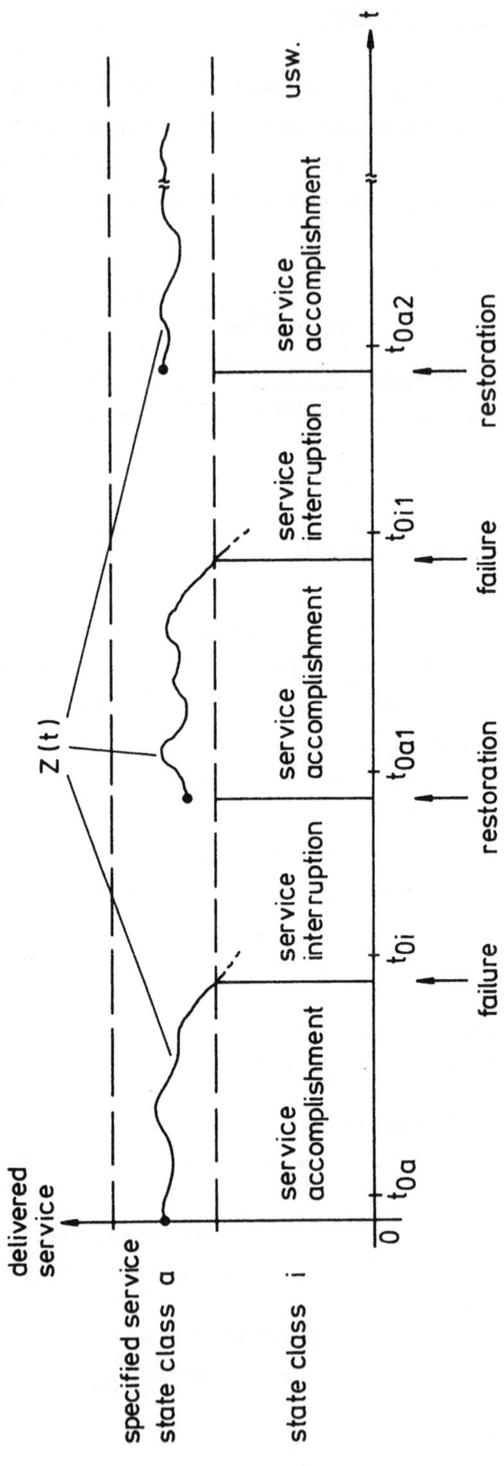

Bild 3.4: Darstellung der Systemzustandsfunktion Z(t)

Hinter Gleichung (3.4) steht die Forderung, daß ein System reparierbar sein muß.

Repairability (Reparierbarkeitsbedingung)

$$\exists \tau \in)t_{0i}, t) \; : \; Z(\tau) = a \; \Big| \; Z(t_{0i}) = i \qquad\qquad \text{Gleichung (3.5)}$$

Safety (Sicherheit)

$$S(t) = A(t) \qquad\qquad\qquad\qquad \text{Gleichung (3.6)}$$

Erweitertes Modell nach Laprie

Innerhalb der Zustandsklasse i (interruption) wird nocheinmal unterschieden zwischen den beiden Zustandsklassen b für "benign interruption" und c für "catastrophic interruption" (Bild 3.5).

Zustandsklassen:
    a - accomplishment
    b - benign interruption
    c - catastrophic interruption

Zustandsübergangsfunktionen:
    bf - benign failure
    cf - catastrophic failure
    r - restoration

Systemzustandsfunktion:
    $Z(t) \in (a, b, c)$

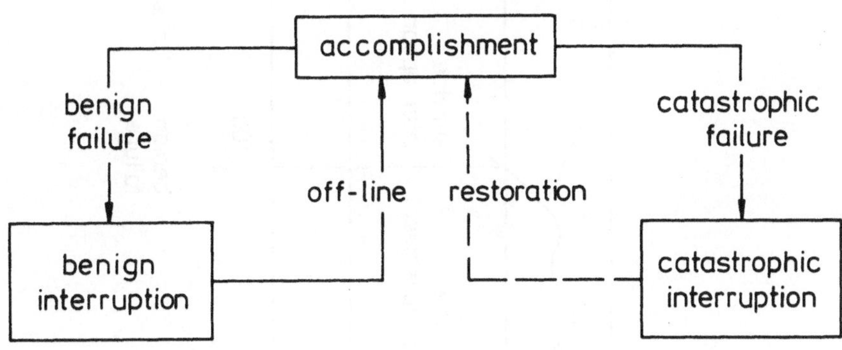

Bild 3.5: Zustände und Übergänge im erweiterten Modell (aus <Laprie; Arlat 85>)

In Bild 3.5 wurde der Übergang von Zustandsklasse c nach Zustandsklasse a deshalb durch einen unterbrochenen Pfeil dargestellt, weil nach einem katastrophalen Versagen des Systems die Wiederherstellung (restoration) des Systems gegenüber der Beseitigung der Folgen des Versagens meist von untergeordneter Bedeutung ist. Die Bemerkungen zu Bild 3.4 gelten entsprechend auch für Bild 3.6.

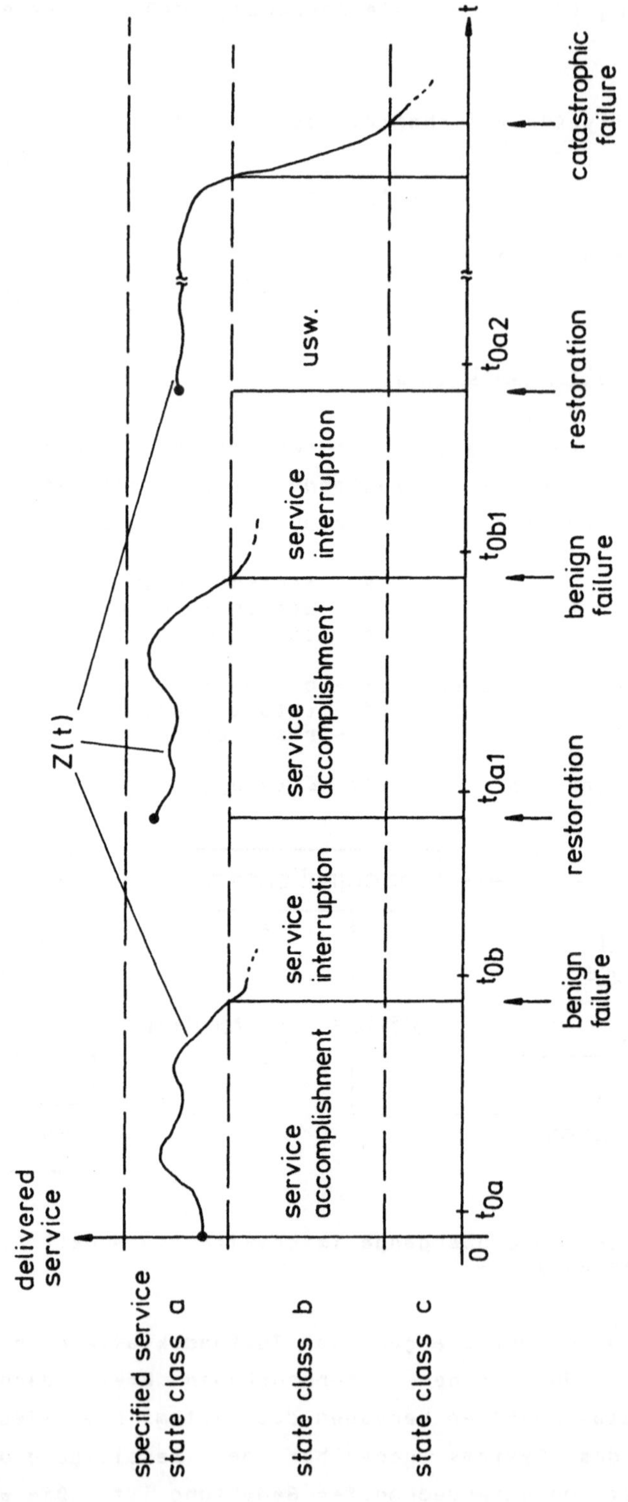

Bild 3.6: Darstellung von Z(t) im erweiterten Modell

Somit gilt:

Reliability (Zuverlässigkeit)
Gleichung (3.1) gilt unverändert

Safety (Sicherheit)
$$S(t) = P(Z(T) \in (a,b), \forall T \in (t_{0a}, t)) \qquad \text{Gleichung (3.7a)}$$
oder
$$S(t) = P(Z(T) \neq c, \forall T \in (t_{0a}, t)) \qquad \text{Gleichung (3.7b)}$$

Die klassischen Angaben für "Verfügbarkeit" und "Nichtverfügbarkeit" sind wegen der gemachten Einschränkung nach einem katastrophalen Versagen bedeutungslos.

$$A(t) = P(Z(t) = a; Z(T) \in (a,b,c), \forall T \in (t_{0a}, t() \qquad \text{Gleichung (3.8)}$$
$$UA(t) = P(Z(t) \in (b,c); Z(T) \in (a,b,c) \forall T \in (t_{0a}, t() \quad \text{Gleichung (3.9a)}$$
$$UA(t) = 1 - A(t) \qquad \text{Gleichung (3.9b)}$$

Was hier interessiert, ist die Verfügbarkeit bzw. Nichtverfügbarkeit des Systems vor einem katastrophalen Versagen. Mit

MAT - Mean Accomplishment Time

    Durchschnittliche Zeit, in der das System vor einer Katastrophe in der Zustandsklasse a verweilt.

$$MAT = \int_{0}^{\infty} P(Z(t) = a; Z(T) \in (a,b), \forall T \in (t_{0a}, t))dt \qquad \text{Gleichung (3.10)}$$

MBT - Mean Benign interruption Time

    Durchschnittliche Zeit, in der das System vor einer Katastrophe in der Zustandsklasse b verweilt.

$$MBT = \int_{0}^{\infty} P(Z(t) = b; Z(T) \in (a,b), \forall T \in (t_{0a}, t))dt \qquad \text{Gleichung (3.11)}$$

MST - Mean Safe Time

    Durchschnittliche Zeit, in der das System vor einer Katastrophe in den Zustandsklassen a oder b verweilt (sichere Zustandsklassen).

$$MST = \int_{0}^{\infty} S(t)dt \qquad \text{Gleichung (3.12a)}$$

$$MST = MAT + MBT \qquad \text{Gleichung (3.12b)}$$

ergibt sich

AC - Availability before Catastrophic failure

$$AC = \frac{MAT}{MST} \qquad \text{Gleichung (3.13)}$$

und

UAC - UnAvailability before Catastrophic failure

$$UAC = 1 - AC \qquad \text{Gleichung (3.14a)}$$

$$UAC = \frac{MBT}{MST} \qquad \text{Gleichung (3.14b)}$$

Weitere Ausführungen zu der Berechnung dieser "dependability"-Größen sind in <Laprie; Arlat 85> zu finden.

zu (V4):
Ende der siebziger Jahre entwickelte eine Gruppe von Wissenschaftlern unter der Leitung von Melliar-Smith und Randell an der Universität Newcastle upon Tyne ein Systemmodell und eine Terminologie für "software fault tolerance". Anderson und Lee beschreiben in diesem Bericht die neuesten Entwicklungen an diesem Modell. Speziell werden die drei Begriffe "fault", "error" und "failure" definiert und gegenseitig abgegrenzt. Als "failure" wird die erste Abweichung eines Systems von dem durch die Spezifikation vorgeschriebenen Verhalten bezeichnet. Bei der Systembeschreibung werden sogenannte

- interne Zustände (internal states)
- externe Zustände (external states)
- und Zustandsübergangsfunktionen (transition between states)

unterschieden.

Ein "system failure" ist durch das Vorhandensein eines "defects" im System begründet. Solche Mängel bzw. Unzulässigkeiten werden "fault" genannt, wenn sie innerhalb einer Komponente oder des Designs auftreten, und "errors", wenn der Systemstatus nicht in Ordnung ist. Bei den Zustandsübergangsfunktionen wird dann noch zwischen "valid" und "erroneous" übergängen unterschieden. Ein "erroneous" übergang ist ein interner Zustandsübergang, welcher zu einem "failure" führen kann. Ein "erroneous" Zustand ist ein interner Zustand, welcher durch eine Sequenz von "valid" Übergängen zu einem "failure" führen kann.

Das von Anderson und Lee vorgeschlagene Modell der "authoritative specification" ist sehr ähnlich dem der "Authoritative System Reference" von Lee und Morgan. Auf das Modell der "Authoritative System Reference" wird unter (V5) näher eingegangen, da es die größeren Akzeptanzchancen besitzt. Weiterführende Informationen über das Modell der "authoritative specification" sind in <Anderson; Lee 81> zu finden.

zu (V5):
Dieser Bericht beschreibt den Stand der Integrationsarbeit, die von einem gemeinsamen Unterausschuß des IEEE Technical Committee on Fault Tolerant Computing und der IFIP Working Group 10.4 bisher geleistet wurde. Da in diesem Ausschuß hauptsächlich die Autoren und Autorengruppen der eingangs aufgezählten Vorschläge mitarbeiten, ist der Einigungsprozeß sehr langwierig und schwer. Im wesentlichen konnte man sich bisher auf folgende Punkte einigen:

(E1) Authoritative System Reference (ASR)

The Authoritative System Reference for a system can be envisioned as a model of correct system behaviour· against which the actual behaviour of the system can be compared. The ASR is assumed to be definitive, and its validity is never questioned.

(E2) Failure

A Failure of a system is an event that occurs when the behaviour of that system deviates from that required by its Authoritative System Reference.

(E3) Cause of Failure

Hier konnte man sich nur auf die System/Subsystem-Hierarchie und auf verschiedene Abstraktionsebenen als Hilfsmittel für die Suche der Ausfallursachen einigen. Wie schwierig eine Einigung ist, sieht man daran, daß für die Beschreibung der Verbindungen und Wechselwirkungen zwischen Systemen und Subsystemen der neutrale Begriff "glue" (Leim) verwandt wurde.

Zu (E1) ist anzumerken, daß die Existenz einer "Authoritative System Reference" eine nie erreichbare Zielvorstellung ist. Daher ist es besser, wie in <Robinson 82> vorgeschlagen, von einem "Authoritative

System Reference Process" zu sprechen. Eine "Authoritative System Reference" symbolisiert den Prozeß (das Vorgehen), dessen Ergebnis die Entscheidung ist, ob die Interpretation der Spezifikation oder die Spezifikation selbst falsch ist. Dieser Prozeß betrifft all jene Parteien, die in der Lage sind, die vorhandenen Spezifikationen oder das vorhandene System/Subsystem zu verändern. Sollte sich durch Verhandlungen keine Einigung erzielen lassen, so hat man noch die Möglichkeit einer gerichtlichen Klärung der Differenzen. Eine "Authoritative System Reference" kann demnach als ein Modell mit korrektem Systemverhalten betrachtet werden, welches zur Entscheidungsfindung herangezogen werden kann, um die korrekten Ausgaben eines Systems als Antwort auf die Eingaben zu bestimmen. In <Robinson 82> wird noch der Begriff der "Authoritative Subsystem Reference" (ASuR) eingeführt. Dies erscheint als nicht notwendig, da die Begriffe System und Subsystem rekursiv und vom Standpunkt abhängig sind.

3.1.1.2 Basisdefinitionen für den deutschen Sprachraum

Es werden im folgenden einige Basisdefinitionen für den deutschsprachigen Raum angegeben, die unabhängig von Hardware, Software, Abstraktionsebene oder einem speziellen Standpunkt gültig sind. Weiterhin wird anhand konkreter Beispiele gezeigt, wie vorhandene, meist abstraktionsabhängige Begriffe mit festgelegter Bedeutung in das von den Basisdefinitionen aufgespannte Begriffsgebäude eingefügt werden können. Für jede "Abweichung vom Richtigen" laut der Definition 3.1 gibt es eine Ursache. Somit ergibt sich

<u>Definition 3.2:</u>

    FEHLERURSACHE   - die Ursache (der Grund) für die
      (FAULT)   "Abweichung vom Richtigen"

Leider sieht man an einem nicht richtig arbeitenden Programm nicht sofort die Fehlerursache, sondern man muß aus dem beobachtbaren Fehlverhalten auf die Fehlerursache schließen. Liegt die Fehlerursache in der Hardware (z.B. Materialermüdung), so verwendet man im deutschen Sprachgebrauch zur näheren Kennzeichnung auch den Begriff Defekt (defect). Der Begriff Irrtum (mistake) wird verwendet, wenn die Fehlerursache in der Bedienung des Systems von Menschenhand, sei es wegen Unachtsamkeit oder Unwissen, zu suchen ist. Diese Klasse von Fehlerursachen wird in dieser Arbeit nicht weiter untersucht.

Bedingt durch die Fehlerursache kann und muß man nun ein anderes
Verhalten des Systems/Subsystems beobachten. Das führt uns auf die
nächsten zwei Definitionen.

<u>Definition 3.3:</u>

    FEHLERAUSPRÄGUNG - die wahrnehmbare Auswirkung der Fehlerursache
      (ERROR)

Wobei wahrnehmbar heißt: Direkt oder mit Hilfe von Meßgeräten wahrnehmbar für die fünf Sinne des Menschen.

<u>Definition 3.4:</u>

    VERSAGEN   - die verabredete und damit die erwartete Lei-
    (FAILURE)   stung wird vom System/Subsystem nicht erbracht

Ziel der Fehlertoleranz ist es, innerhalb der Betriebsphase ein Versagen auf der Benutzerebene zu verhindern, selbst wenn Subsysteme versagen. Versagt eine Funktion, die nur in Hardware realisiert ist, so
spricht man auch von Ausfall. Man sieht schon an diesen wenigen Beispielen, daß es für das Gebiet der Hardware wesentlich mehr eingeführte Begriffe gibt, was doch auf die eingangs erwähnten Anfänge der
Fehlertoleranz zurückzuführen ist.

Bemerkungen zu den Definitionen 3.1 bis 3.4:

Bezogen auf das Gebiet der Prozeßautomatisierung wird der Vorschlag
der "Authoritative System Reference" für die weiteren Betrachtungen in
dieser Arbeit übernommen. Demnach ist in den Definitionen 3.1 und 3.2
"Abweichung vom Richtigen" durch "Abweichung von der Authoritative
System Reference" zu ersetzen. Der Begriff Fehler wird also nur dazu
verwendet, um die Tatsache zu beschreiben, daß eine Abweichung
zwischen tatsächlichem Systemverhalten und der "Authoritative System
Reference" vorliegt. Geht man nun einen Schritt weiter und versucht
analytisch, diese Abweichung von der "Authoritative System Reference"
zu untersuchen, so muß man zwischen Fehlerursache und Fehlerausprägung
sehr genau unterscheiden. Eine Fehlerursache wird durch ihre Fehlerausprägung erkennbar. Im allgemeinen steht man jedoch vor dem Problem,
aus der Fehlerausprägung die Fehlerursache zu bestimmen (siehe Kapitel
3.3). Weiterhin ist die Feststellung wichtig, daß die einer Fehlerausprägung zugeordnete Fehlerursache die Fehlerausprägung einer vorangegangenen Fehlerursache sein kann, usw. Diese Rekursion wird man bei

der Fehlersuche so lange betreiben müssen, bis man die zuletzt gefundene Fehlerursache beseitigen oder tolerieren kann. Zur Abgrenzung der beiden Begriffe Fehlerausprägung und Versagen gilt: Nicht bei jeder Fehlerausprägung spricht man von einem Versagen, nur wenn die Fehlerausprägung im Sinne einer Authoritative System Reference nicht mehr akzeptierbar ist, spricht man von Versagen.

In den von den Basisdefinitionen 3.1 - 3.4 aufgespannten Begriffsraum lassen sich die oft mehrdeutig verwendeten Begriffe aus dem Gebiet der Fehlertoleranz eindeutig einordnen. Die englischen Begriffe in Klammern sind Übersetzungsvorschläge zu den Arbeiten von Herrn Laprie <Laprie 84>.

3.2 Redundanz

Dieser Begriff ist im allgemeinen von der Informationstheorie her bekannt <DIN 44301>. Die Redundanz R ist gleich der Differenz von Entscheidungsgehalt H_0 und mittlerem Informationsgehalt H (Entropie).

$$R = H_0 - H \hspace{4cm} \text{Gleichung (3.15.)}$$

Mit anderen Worten: Bei der Datenübertragung ist sie derjenige Teil der Nachricht, welcher ohne Verlust an essentieller Information vernachlässigt werden kann (Beispiele: Parity-Bit, CRC-Bits). Diese Redundanz - genauer gesagt Informationsredundanz - ist zwar die bekannteste Form von Redundanz, aber nicht die einzige. Weitere Redundanzdefinitionen, wie z.B. Entscheidungs- und Coderedundanz, sind in <Lotze> zu finden. Eine gute und allgemeinere Definition für Redundanz findet man in der Norm <DIN 40042>.

Redundanz - <u>Funktionsbereites</u> Vorhandensein von mehr als für die vorgesehene Funktion notwendigen <u>technischen</u> Mitteln.

Auf den zweiten Blick erkennt man, daß diese Definition eigentlich für "technisch nützliche Redundanz" steht. Denn erstens gibt es auch in der Natur Redundanz, und zweitens ist nicht immer der Fall gegeben, daß die "mehr vorhandenen Mittel" auch funktionsbereit und somit nützlich sind. Streicht man die beiden unterstrichenen Worte, so erhält man wohl die allgemeinste Definition für Redundanz.

Beispiel für unnütze Redundanz

Betrachten wir eine zweispurige Brücke mit einer Tragfähigkeit von einer Megatonne, an die eine vierspurige Straße hinführt. Wenn ein Pkw nach dem anderen auf der Brücke steht, so sei die Brücke nur zu einem Zehntel belastet. Ist nun das Verkehrsaufkommen größer als die Durchsatzkapazität der Brücke, so entsteht ein Stau. Mit der Redundanz in der Tragfähigkeit der Brücke könnte man wesentlich schwerere, aber nicht mehr Autos über die Brücke bringen. Für das Ziel, mehr Autos über die Brücke zu bringen, ist die Redundanz in der Tragfähigkeit der Brücke unnütz. In den weiteren Betrachtungen wird die unnütze Redundanz ausgeklammert.

3.2.1 Orthogonale Redundanzgrundformen für fehlertolerante Rechensysteme

Für technische informationsverarbeitende Systeme gibt es drei orthogonale Grundformen von Redundanz:

(G1) Information
(G2) Hardware (allgemein Materie)
(G3) Zeit

Wie wir noch sehen werden, lassen sich alle heute bekannten Fehlertoleranz- und Perfektionsmethoden auf diese drei Redundanzformen zurückführen.

3.2.1.1 Information

Zur Redundanzform Information gehört auch die Software. Dies soll anhand eines Beispiels <Faust> gezeigt werden: Ein Sender S schickt an i Empfänger E_i, $i=1,2, \ldots$ dieselbe Nachricht N. Da jede Nachricht stets an einen Träger (Materie, Energie) gekoppelt ist, sei bei diesem Beispiel der Träger ein Brief (Bild 3.7).

Bei der Betrachtung von Bild 3.7 erkennt man, daß die Information bzw. der Informationsgehalt einer Nachricht mehrere Dimensionen umfaßt:

(D1) Die <u>syntaktische</u> Dimension

    - Der Empfänger muß die Nachricht empfangen und empfangen können,
      d.h. er braucht technische Einrichtungen.

    - Zwischen Sender und Empfänger muß eine Verabredung über die
      verwendeten Zeichen vorliegen (Code).

(D2) Die <u>semantische</u> Dimension

    - Die Information muß sinnvoll und wahr sein (Wahrheitsgehalt).
    - Die Behebung einer Unkenntnis.

(D3) Die <u>pragmatische</u> Dimension

    - Die Bedeutung der Information für den Empfänger.

    - Eine eventuelle Verhaltensänderung des Empfängers auf Grund der
      Information.

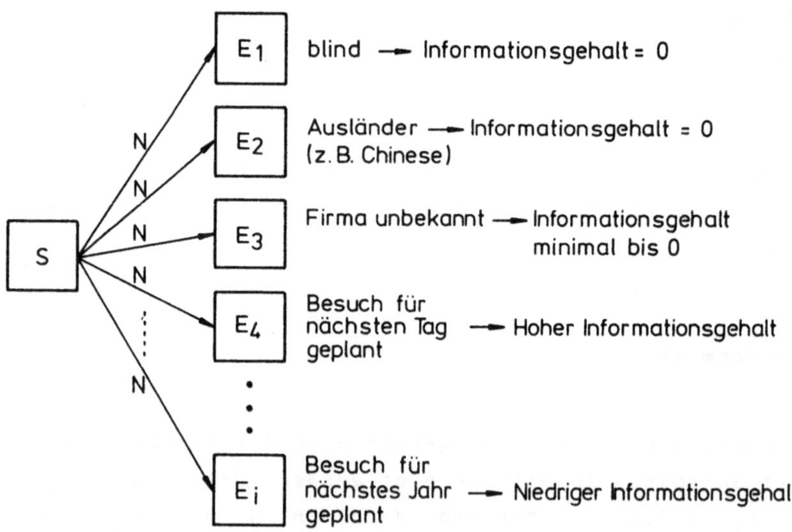

<u>Bild 3.7:</u> Informationsgehalt für verschiedene Empfänger

Die umschließende Wissenschaft für diese drei Dimensionen (Teilgebiete) ist die Kybernetik <Wiener 68>. Die Kybernetik vereinigt diese getrennten Forschungsgebiete, indem sie das allen Gemeinsame aufzeigt
und beispielsweise die Gesetzmäßigkeiten von Steuer- und Regelungs-
vorgängen untersucht, wie sie in technischen Apparaturen einerseits

und im menschlichen und tierischen Organismus andererseits vorkommen. Für das Teilgebiet Nachrichtenübermittlung (syntaktische Dimension) schufen die Amerikaner C. Shannon und W. Weaver 1948 eine allgemeine, mathematische Theorie, die Informationstheorie. Wie wir aber an unserem kleinen Beispiel gesehen haben, umfaßt der Begriff Information bzw. Informationsgehalt mehr. Es muß daher exakt unterschieden werden zwischen der Informationstheorie

> "Als die Lehre über die quantitativen Zusammenhänge bei der Gewinnung (Abtasttheorem) und Verarbeitung (Übertragung, Speicherung, Empfang und Umformung) von Informationen"

und der Kybernetik

> "Als die umfassende Wissenschaft über die Wechselwirkungen dynamischer gekoppelter Systeme, die Nachricht bzw. Information austauschen."

Die syntaktische Dimension ist also durch die "quantitative" Informationstheorie recht umfassend abgedeckt. Ob man die semantische Dimension technisch beherrschen können wird, muß die Zukunft zeigen. Die pragmatische Dimension war bisher für die Wissenschaft nur dann interessant, wenn der Mensch Empfänger von Information war, da seine Verhaltensänderung im allgemeinen unbestimmt ist. Ähnliche Situationen sind in Zukunft auch bei lernfähigen Systemen (wissensbasierte Systeme) denkbar. Mit der Verhaltensänderung von Systemen - allerdings ist diese vorher genau bestimmt - befaßt man sich auf dem Gebiet der Fehlertoleranztechnik. Und genau hier spielt die Software eine entscheidende Rolle, denn mit ihr ist es auf Grund einer Nachricht (Interrupt, Trap, Message) möglich, daß ein System sein Verhalten ändert (z.B. Rekonfiguration mit anschließendem Wiederanlauf).

3.2.1.2 Hardware

Die zweite Redundanzgrundform stellt die Hardware (allgemein: Materie) dar. Hierbei ist mehr Hardware im betrachteten System vorhanden, als zur Erfüllung der eigentlichen Aufgabe notwendig wäre. Dabei ist es gleichgültig, ob das Mehr an Hardware bewußt in das System eingebracht wird, oder aber durch konstruktive Randbedingungen inherent im System vorhanden ist (verteilte Rechensysteme). Ein Beispiel für das bewußte Einbringen von mehr Hardware ist die überdimensionierung bei der Perfektionsstrategie. Als weiteres Beispiel läßt sich anführen, daß bei den m-aus-n-Systemen zum Zwecke der Fehlertoleranz die Hardware ganz oder teilweise mehrfach bereitgestellt wird, wobei hier für die Fehlererkennung und Fehlerbehandlung noch die Hardware des Voters hinzukommt, falls dieser in Hardware realisiert ist.

3.2.1.3 Zeit

Die Zeit als dritte Redundanzgrundform eignet sich beonders gut zur Fehlerbehandlung bei transienten Fehlern: Die fehlgelaufene Aktion wird noch einmal wiederholt. Allerdings muß dieses Mehr an Zeit, die für die Wiederholung benötigt wird, auch zur Verfügung stehen, was bei Prozeßautomatisierungssystemen besonders beachtet werden muß. An dieser Stelle ist darauf hinzuweisen, daß alle Fehlertoleranztechniken zusätzlich Zeit benötigen (z.B. Rekonfiguration), jedoch ist bei einigen Techniken diese Zeit vernachlässigbar klein (z.B. Voting).

3.2.2 Höhere Redundanzformen

Für die Realisierung von Fehlertoleranztechniken reicht es im allgemeinen nicht aus, nur eine der Redundanzgrundformen einzusetzen, sondern es müssen meist alle drei kombiniert verwendet werden. Bei den fehlerkorrigierenden Codes werden z.B. benötigt:

(F1) bei paralleler übertragung: Hardwareredundanz in Form von zusätzlichen Leitungen zur übertragung der Sicherungsstellen; zusätzliche Hardware und Zeit zur Berechnung der Kontrollbits.

(F2) bei serieller übertragung: Zeitredundanz für die übertragung und Berechnung der zusätzlichen Kontrollbits, und wiederum zusätzliche Hardware zur Berechnung der Kontrollbits.

In beiden Fällen benötigt man Information z.B. über das verwendete Generatorpolynom, und Informationsredundanz in Form der zusätzlich zu übertragenden Kontrollbits. Höhere Redundanzformen werden durch unterschiedliche Kombination der drei Redundanzgrundformen erzeugt. Im Sinne der Informatik sind es vor allem Strukturen und Funktionen, welche die höheren Redundanzformen darstellen. Wie sich die Strukturen und Funktionen aus den drei Redundanzgrundformen zusammensetzen, bleibt hierbei unberücksichtigt.

3.2.3 Diskussion in der Literatur verwendeter Begriffe im Zusammenhang mit Redundanz

Im folgenden wird eine Liste mit Begriffen für Redundanzformen diskutiert, wie sie in der Literatur zu finden sind:

(B1) Hardware-Redundanz
(B2) Statische Redundanz
(B3) Maskierende Redundanz
(B4) Dynamische Redundanz
(B5) Funktionsbeteiligte Redundanz
(B6) Nicht-funktionsbeteiligte Redundanz
(B7) heiße Reserve (hot standby)
(B8) kalte Reserve (cool standby)
(B9) Coderedundanz
(B10) Zeitredundanz
(B11) Informationsredundanz im allgemeinen Sinn
(B12) Software-Redundanz
(B13) Datenredundanz
(B14) Funktionelle Redundanz
(B15) Programmredundanz
(B16) Strukturelle Redundanz
(B17) Eigenredundanz

Für die große Anzahl von zum Teil nichtssagenden und zum Teil falschen Begriffen und für ihre verwirrenden Interpretationen gibt es eine Reihe von Gründen:

(G1) Die Begriffsentwicklung fand zweimal statt: zunächst bei der Entwicklung von Fehlertoleranztechniken für die Hardware (Begriffe (B1) - (B10)) und nochmals bei der Entwicklung von Fehlertoleranztechniken für die Software (Begriffe (B11) - (B17)).

(G2) In der Literatur wurde bei der Beschreibung von Fehlertoleranztechniken nie sauber unterschieden zwischen Fehlererkennung, -lokalisierung und -behandlung. So wurden einfach dominierende Attribute bzw. Erscheinungsformen der Fehlererkennung, -lokalisierung und -behandlung zur Begriffsbildung herangezogen (statisch, maskierend, dynamisch, funktionsbeteiligt, ...).

Eine Klassifizierung in statische bzw. dynamische Redundanz ist nach <Anderson; Lee 81> ausschließlich von der Struktur des betrachteten Systems abhängig und nicht von der Art der Benutzung der Redundanz. Damit sind diese beiden Begriffe nur lokal gültig und somit recht wenig aussagekräftig. Der Begriff "maskierende Redundanz" ist völlig falsch, da die Maskierung ein Fehlerbehandlungsverfahren und somit Aufgabe des Voters ist. In diesem Zusam-

menhang ist auch auf den ebenfalls völlig falschen Begriff Redundanz"verfahren" <Echtle; Görke; Marhöfer 83> hinzuweisen. Der Begriff Verfahren ist der Fehlererkennung, -lokalisierung und
-behandlung zuzuordnen, wozu man in aller Regel verschiedene Redundanzformen benötigt.

(G3) Die Bildung der Begriffe fand auf verschiedenen Abstraktionsebenen statt, so daß diese mit zu vielen Inhalten und Bedeutungen
beladen wurden. Diese Tatsache soll an den beiden Begriffen
"Strukturelle Redundanz" und "Funktionelle Redundanz" exempla-
risch herausgearbeitet werden, da es, wie bereits eingangs erwähnt, vor allem Strukturen und Funktionen sind, die im Sinne der
Informatik redundant ausgelegt werden können. In der Literatur
findet man sehr unterschiedliche und ungenaue Angaben gerade zu
diesen beiden Begriffen <Echtle; Görke; Marhöfer 83>, <Seifert
81>. Geht man unvorbelastet an diese Begriffe und schaut in einem
deutschen Wörterbuch <Wahrig> nach, so findet man unter den
Stichworten

(S1) strukturell - die Struktur betreffend
                  - der Struktur nach

(S2) funktionell - eine Funktion betreffend
                  - auf einer Funktion beruhend.

Das bedeutet für die Begriffe

(B1) Strukturelle Redundanz - Redundanz in der Struktur
(B2) Funktionelle Redundanz - Redundanz in der Funktion

nicht mehr und nicht weniger.

Zur Verdeutlichung werden die Unterschiede und gegenseitigen Abhängigkeiten der strukurellen und funktionellen Redundanz anhand eines Beispiels dargestellt. Es sollen drei Rechensysteme A, B und C miteinander verbunden werden. Jedes Rechensystem soll mit jedem anderen durch
eine bidirektionale Verbindung (a-b), (a-c) und (b-c) kommunizieren
können (Bild 3.8).

Fällt nun die Verbindung (a-b) aus, so können Rechensystem A und B
über Rechensystem C und die Verbindungen (b-c) und (a-c) miteinander
kommunizieren, falls die Verbindungen (b-c) und (a-c) noch freie über-
tragungskapazität haben und im Rechensystem C die entsprechenden Funk-

tionen/Rechenprozesse zur Weiterleitung von Nachrichten von A nach B
und umgekehrt vorhanden sind. Weiterhin müssen auch in den Rechensystemen A und B entsprechende Funktionen vorhanden sein, so daß nach
Ausfall der Verbindung (a-b) die Kommunikation über Rechensystem C abgewickelt werden kann und muß.

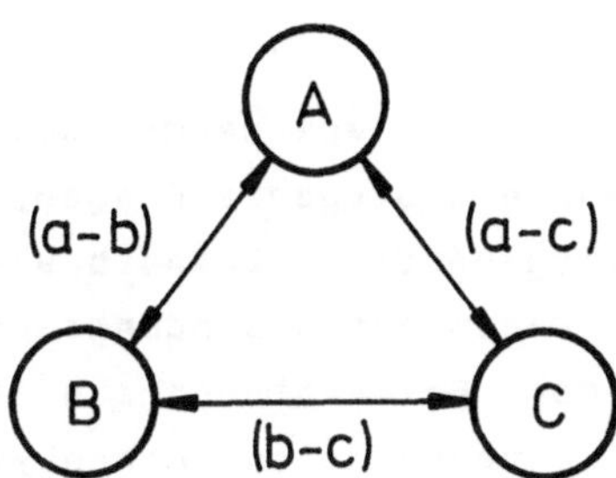

<u>Bild 3.8:</u> Beispiel für die Erklärung der Begriffe strukturelle und
funktionelle Redundanz

In unserem Beispiel ist noch ein zweiter Fall denkbar, und zwar daß
z.B. Rechensystem B ausfällt. Ist in den beiden Rechensystemen A und C
noch genügend Verarbeitungskapazität frei, so ist es möglich, daß diese beiden Rechensysteme die Aufgaben von Rechensystem B mit übernehmen, falls entsprechende Vorkehrungen/Funktionen dazu vorhanden sind.
Man kann also festhalten: Strukturelle Redundanz wird zum Zwecke der
Fehlertoleranz durch funktionelle Redundanz nutzbar. Wichtig ist in
diesem Zusammenhang der Einschub "zum Zwecke der Fehlertoleranz", denn
strukturelle Redundanz findet man auch auf dem Gebiet der Perfektion
in Form von Überdimensionierung.

Zum Begriff der "Strukturellen Redundanz" sind noch zwei Bemerkungen
zu machen. Zum einen handelt es sich bei der "Strukturellen Redundanz"
um einen sehr allgemeinen Begriff, denn Strukturen findet man in Daten, Rechenprozessen, Rechensystemen usw., und zum zweiten gibt es einen Zusammenhang zwischen den Begriffen "Strukturelle Redundanz" und
"Eigenredundanz" <Maehle 82>. Die in dem vorangegangenen Beispiel vorgestellte strukturelle Redundanz war inherent durch Randbedingungen im
System vorhanden (siehe Aufgabenstellung), so daß man auch von Eigenredundanz sprechen kann. Würde man allerdings zusätzliche Kommunikationswege (a-b)', (a-c)' und (b-c)' oder weitere Rechensysteme A', B'
und C' vorsehen, dürfte man nicht mehr von Eigenredundanz sprechen.

3.3 Perfektion und Fehlertoleranz

Um das Versagen eines Systems/Subsystems zu verhindern, gibt es zwei Ansätze:

(A1) Perfektion und
(A2) Fehlertoleranz

Was perfektioniert und was toleriert werden soll und vor allem in welchen Zeiträumen, sind sehr grundlegende Fragen, besonders auch für die Definition eines Begriffsgebäudes. Deshalb werden diese Fragen nun ausführlich behandelt. Wegen der Anwendungsabhängigkeit von Fehlertoleranztechniken wird der Betrachtungsraum auf Prozeßautomatisierungssysteme und die dafür verwendeten Rechensysteme beschränkt.

3.3.1 "Lebenslauf" eines Prozeßautomatisierungssystems

Für die Betrachtung der Zeiträume (Phasen) wird der "Lebenslauf" eines Prozeßautomatisierungssystems, wie in <Lauber 76> vorgeschlagen, etwas modifiziert übernommen (Bild 3.9).

(P1) Konzeptphase

In dieser Phase wird geklärt, ob ein Prozeßrechnereinsatz wirtschaftlich sinnvoll ist und welches Lösungskonzept in Frage kommt.

(P2) Definitions-/Angebotsphase

Hier werden die Einzelheiten des gewählten Automatisierungskonzepts so weit ausgearbeitet, daß Pflichtenhefte (andere Benennungen: Lastenhefte, Spezifikationen) für eine Ausschreibung vorliegen. Die Angebotsphase endet mit der Auftragsvergabe.

(P3) Entwicklungs-/Implementierungsphase

In dieser Phase erfolgt die Entwicklung der Automatisierungsprogramme und eventuell erforderlicher Adaptionsgeräte, sowie der Einbau der Fühler und Stellglieder in den Prozeß und die Verkabelung.

(P4) Test-/Anlaufphase / Inbetriebnahme

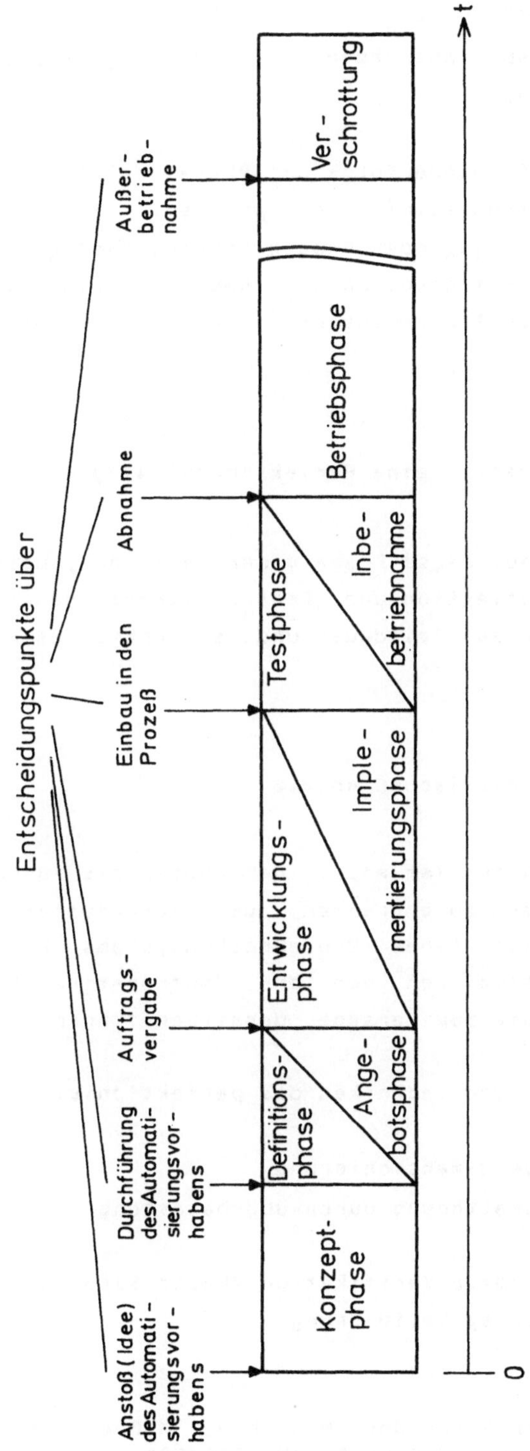

Bild 3.9: Die zeitlichen Phasen des "Lebenslaufs" eines Prozeßautomatisierungssystems

(P5) Betriebsphase

Normalbetrieb, Ausnahmebetrieb, Wartung, Anpassung an Änderungen des Prozesses.

Die zeitliche Aufeinanderfolge der Phasen sollte theoretisch auch der Folge der Bearbeitungsstufen entsprechen. In der Praxis werden aber leider in später liegenden Phasen Erkenntnisse gewonnen, die Rückwirkungen auf vorausliegende Phasen haben können. Dadurch bildet sich - wenn auch äußerst unerwünscht[1] - ein teilweiser iterativer Ablauf der Bearbeitung.

3.3.2 Fehlertoleranz - eine Perfektionsstrategie ?

Um eine Antwort auf diese Frage geben zu können, wollen wir zuerst die beiden Ansätze Perfektion und Fehlertoleranz näher analysieren, vor allem im Hinblick auf Zeitdauer und Zeitpunkte des Einsatzes der beiden Ansätze.

3.3.2.1 Perfektionistischer Ansatz

Ziel dieses Ansatzes ist es, in den Phasen bis zur Abnahme (Bild 3.9) geeignete Maßnahmen zu ergreifen, um sicherzustellen, daß innerhalb der Betriebsphase eines Prozeßrechensystems keine Fehlerursachen (Gründe für ein Abweichen von der "Authorative System Reference") vorhanden sind, die zum Versagen desselben führen können.

Bekannte Methoden und Techniken des perfektionistischen Ansatzes:

Für Hardware - Überdimensionierung
             - Voralterung durch Überbelastung

Für Software - Formale Verifikation <Paul; Siegert 85>
             - Tests, Validierung

----

1) Es liegt in der Natur des Menschen, daß es ihm nie gelingen wird, auf Anhieb etwas Perfektes zu erzeugen. D.h. man sollte keine Idealmodelle entwickeln, die nicht der Art des Menschen und der Natur entsprechen, sondern man muß genau den entgegengesetzten Weg einschlagen und Modelle (z.B. mit Iteration) entwickeln, die dem Menschen und somit seiner Natur entsprechen.

Eine pragmatische Methode für Hard- und Software ist die iterative Beseitigung von Fehlerursachen und der potentiellen Möglichkeit von Fehlerursachen auf Grund von Ergebnissen der Testphase (Bild 3.9, 4. Phase) oder von Rückmeldungen aus der Betriebsphase (Bild 3.9, 5. Phase). Mögliche Aktionen sind:

- Verbesserung der Konstruktion
- Verbesserung der Herstellungsverfahren
- Verwendung besser geeigneter Materialien
- Korrektur der Algorithmen usw.

Das Ziel der völligen Fehlerfreiheit (keine Abweichung von der "Authoritative Systems Reference") wird nicht ad hoc, sondern erst nach und nach erreicht. Diese pragmatische Methode kann nur in Massenproduktionen sinnvoll eingesetzt werden. Sofern das betrachtete Prozeßautomatisierungssystem an Mensch und Umwelt irreversible Schäden verursachen kann, werden zusätzlich die kritischen Stellen während der Betriebsphase (Bild 3.9) - meist manuell - überwacht und getestet, um die Sicherheit gewährleisten zu können.

<u>Beispiel:</u>

Beim Brückenbau versucht man, durch überdimensionierung das Versagen der Brücke zu vermeiden. Die Fehlerursachen

- physikalisch : Erdbewegung, Erdbeben
- chemisch   : Oxidation von Stahl

kann man durch überdimensionierung nicht ausschalten. Deswegen überprüft der TüV (Technischer überwachungsverein) die Brücke in periodischen Abständen nach Fehlerausprägungen (Risse, Absenkung des Fundaments, Roststellen, usw.). Sind die Fehlerausprägungen so massiv, daß das Versagen der Brücke (Einsturz) befürchtet werden muß, wird die Brücke gesperrt und repariert oder abgerissen. Im zweiten Fall wird also der Lebenszyklus des Systems Brücke abgeschlossen (Bild 3.9, Verschrottung).

An diesem praktischen Beispiel sieht man drei Dinge:

(D1) Der Perfektion sind durch physikalische, chemische und biologische Gesetze bezüglich der Hardware (allgemein Materie) und durch Unzulänglichkeiten menschlichen Denkens bezüglich des System-/Subsystem-Entwurfs (Hardware und Software) Grenzen gesetzt.

(D2) Bei Hardware-Fehlern kommt die Größe Zeit mit ins Spiel. Die Eigenschaft Fehlerfreiheit muß ein System/Subsystem während seiner Betriebsphase aufrecht erhalten. D.h. die einzelnen Subsysteme bzw. die Systemkomponenten müssen eine wesentlich größere mittlere Lebensdauer haben als die geplante Betriebsdauer des betrachteten Systems. Die Beendigung der Betriebsphase bei einem negativen Ergebnis des Überwachungsvorgangs ist eine praktische Vorgehensweise, um Fehlerfreiheit während der Betriebsphase zu garantieren.

(D3) Software unterliegt diesen physikalischen, chemischen und biologischen Gesetzen nicht. Darin liegt eine große Chance und zugleich eine große Schwierigkeit. Wenn wir es geschafft haben, ein Programm fehlerfrei zu bekommen, bleibt es für die spezifische Aufgabe und Umgebung fehlerfrei. Die Schwierigkeit ist nur, die Fehlerfreiheit zu beweisen bzw. festzustellen.

3.3.2.2 Fehlertolerierender Ansatz

In <NTG 3004> wird entsprechend <Avizienis 83> Fehlertoleranz folgendermaßen definiert:

"Fähigkeit eines Systems, auch mit einer begrenzten Zahl fehlerhafter Subsysteme seine spezifizierte Funktion zu erfüllen."

Diese Definition ist im Hinblick auf die Zeitkomponente für unsere Zwecke zu allgemein. Ziel der Fehlertoleranz ist es, das Auftreten von Fehlern - Abweichungen von der "Authoritative System Reference" während der Betriebsphase eines Systems (Bild 3.9) zu tolerieren. Mit anderen Worten, das System soll seine spezifizierte Leistung aufrecht erhalten, obwohl Fehler - Abweichungen von der "Authoritative System Reference" - innerhalb der Betriebsphase auftreten oder vorhanden sind. Da diese hohe Anforderung nicht immer zu erfüllen ist, wird sie dahingehend gelockert, daß nicht das ganze System versagen soll (darf), wenn ein Subsystem auf Grund einer Fehlerursache versagt. Diese abgeschwächte Anforderung ist unter dem Stichwort "Graceful Degradation" oder "Fail Soft" bekannt.

Die in der Überschrift von Kapitel 3.3.2 gestellte Frage kann somit folgendermaßen beantwortet werden: Auf niedrigeren Ebenen implementierte Fehlertoleranzmaßnahmen äußern sich im allgemeinen auf höheren

Ebenen wie die Ergebnisse von Perfektionsmaßnahmen (aber nie umgekehrt). Beispielsweise kann ein fehlerkorrigierender Speicher als ein "perfekter" Speicher angesehen werden, sofern die Betriebsdauer wesentlich geringer als die mittlere Lebensdauer ist. Trotzdem sind die beiden Ansätze komplementär zueinander, da im einen Fall versucht wird, daß in der Betriebsphase keine Fehler auftreten, während im anderen Fall ganz bewußt in Kauf genommen wird, daß Fehler in der Betriebsphase vorhanden sind bzw. auftreten.

Da sich die beiden Ansätze nicht widersprechen, wird man vernünftigerweise beide Ansätze kombiniert verwenden. Will man in der Betriebsphase (Bild 3.9) Fehler - Abweichungen von der "Authoritative System Reference" - erkennen und tolerieren, muß man schon in den Phasen 1-4 (Bild 3.9) entsprechende Vorkehrungen treffen <Goldberg; Kautz; Lamport; Neumann 79>. Im nächsten Abschnitt wird sehr ausführlich auf Fehlertoleranzmethoden eingegangen. Mit Hilfe der Definitionen 3.1 bis 3.4 und einer genauen Analyse der notwendigen Arbeiten zur Erzielung von Fehlertoleranz kann ein Rahmen für ein Klassifizierungsschema für Fehlertoleranzmethoden angegeben werden.

3.3.3 Ein Klassifizierungsschema für Fehlertoleranztechniken

Die Definitionen 3.2 und 3.3 sind die Basis für ein Klassifikationsschema für Fehlertoleranzmethoden. Es ergeben sich daraus zwei prinzipielle Möglichkeiten, die für alle Fehlerbehandlungstechniken gelten:

(M1) Man toleriert eine Fehlerursache, indem man die Fehlerausprägung maskiert oder korrigiert, so daß die erwartete Leistung vom System/Subsystem erbracht wird, oder

(M2) man bestimmt durch die Analyse der Fehlerausprägung die Fehlerursache und beseitigt diese dann mit geeigneten Maßnahmen.

Bevor wir zum nächsten Teil für unser Klassifikationsschema kommen, schauen wir uns in einem Begriffsdiagramm an, welche Arbeiten notwendig sind, um Fehlertoleranz zu erreichen (Bild 3.10).

Fehlertoleranzmethoden

Fehlertoleranzmethode ist der überbegriff für die beiden Teilgebiete der Fehlerdiagnose und der Fehlerbehandlung.

Fehlerdiagnose

Fehlerdiagnose wird wohl immer der erste Schritt in einer Fehlertoleranzmethode sein, obwohl es Fehlertoleranzmethoden gibt, bei denen man diese Trennung zwischen Fehlerdiagnose und Fehlerbehandlung nicht sehr leicht erkennen kann (Voter in m-aus-n-Systemen). Die Fehlerdiagnose gliedert sich wiederum in zwei Untergruppen auf, und zwar in die Fehlererkennung und die Fehlerlokalisierung.

Fehlererkennung

Durch die Fehlerausprägung (Definition 3.3) wird ein Fehler - Abweichung von der "Authoritative System Reference" - erkennbar. Fehlerausprägungen können nach ihren zeitlichen Erscheinungsformen unterteilt werden:

(E1) permanent
(E2) transient
(E3) intermittierend

Diese Unterteilung bezieht sich nur auf die Fehlerausprägungen und nicht auf Fehlerursachen, denn die Fehlerursachen sind, wenn überhaupt, dann nur permanent vorhanden.

zu (E1):

Die permanente Fehlerausprägung, auch

- zeitlich ununterbrochene andauernde Fehlerausprägung
- ständig beobachtbare Fehlerausprägung
- ständige Fehlerausprägung
- bleibende Fehlerausprägung

genannt.

Beispiele:

Hardware - gebrochene Leitung
- "stuck-at"-Fehler bei integrierten Schaltkreisen.

Software - eine boolsche Funktion gibt immer den negierten Wert zurück, da bei der Programmierung der Rückgabeparameter die Werte "TRUE" und "FALSE" vertauscht wurden.

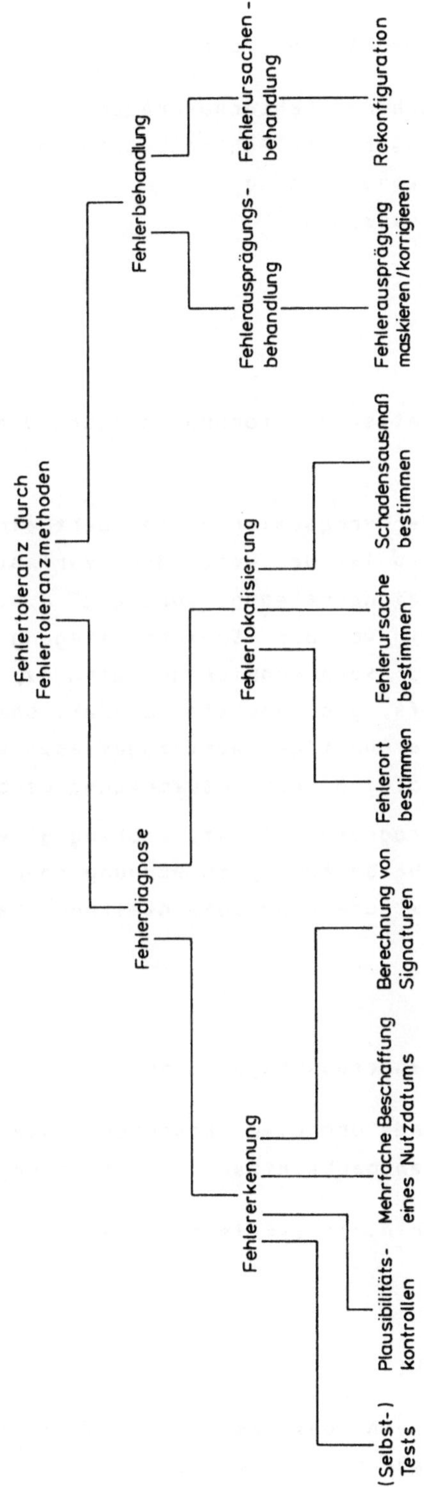

Bild 3.10: Aktionen zur Fehlertoleranz

zu (E2):

Die transiente Fehlerausprägung, auch

- zeitlich vorübergehende Fehlerausprägung
- nicht ständig beobachtbare Fehlerausprägung
- vergängliche Fehlerausprägung
- flüchtige Fehlerausprägung

genannt.

<u>Beispiele:</u>

Hardware - elektromagnetische Störung auf Grund eines Einschaltvorganges.

Software - wurde bei der Progammierung der Wert einer Variablen nicht vorbelegt, so ist der Wert der Variablen von der vorangegangenen Speicherbelegung abhängig. D.h. das Programm liefert abhängig von der Speicherbelegung falsche oder richtige Werte. Noch schwieriger wird es, wenn während eines Programmlaufs, gleichgültig ob exakt oder nicht, der Variablen ein vernünftiger Wert zugewiesen wird. In diesem Fall läßt sich folgende Fehlerausprägung beobachten:

Der erste Programmlauf ist, abhängig von der vorangegangenen Speicherbelegung, in Ordnung oder nicht; alle weiteren Programmläufe sind bei gleicher Lage im Speicher fehlerfrei.

zu (E3):

Die intermittierende Fehlerausprägung, auch

- zeitlich aussetzende und wiederkehrende Fehlerausprägung
- mit Unterbrechungen beobachtbare Fehlerausprägung

genannt (kann, muß aber nicht zyklisch sein).

<u>Beispiele:</u>

Hardware - Wackelkontakt

Software - immer, wenn eine bestimmte Programmsequenz (z.B. ein Unterprogramm) durchlaufen wird, ist eine Fehlerausprägung beobachtbar.

Für die eigentliche Erkennung von Fehlerausprägungen sind im wesentlichen vier Verfahren bekannt:

(V1) (Selbst-) Test
(diagnostic checks <Anderson; Lee 82>)

Dieses Verfahren wird sehr häufig auf der VLSI-Ebene angewandt. Es wird dabei ein Test bzw. ein Selbsttest gefahren, dessen Ergebnisse bei funktionierendem Testling bekannt sind. Stimmen die Testdaten mit den Zieldaten überein, so geht man davon aus, daß auch die Nutzdaten richtig berechnet werden.

(V2) Plausibilitätskontrollen
(timing checks, reversal checks, reasonableness checks, structural checks <Anderson; Lee 82>)

Hier wird die Vorkenntnis über einen bestimmten Sachverhalt zur Fehlererkennung verwendet. Ist eine Funktion, die abgetastet werden soll, über der Zeit stetig, so darf sich der Abtastwert i+1 nur um einen bestimmten Betrag vom Abtastwert i unterscheiden. Ist eine Funktion innerhalb eines Zyklusses monoton fallend, so muß der Nachfolgerwert immer kleiner als der Vorgängerwert innerhalb dieses Zyklusses sein. Auch die Überprüfung auf minimale und maximale Grenzwerte ist hierzu zu zählen. In den beschriebenen Fällen spricht man auch von der Erhaltung der Datenkonsistenz oder der Erfüllung von Relationsbedingungen. Solche Plausibilitätskontrollen eignen sich recht gut für den "Acceptance Test" bei der Recovery-Block-Methode.

(V3) Mehrfache Beschaffung eines Nutzdatums
(replication checks <Anderson; Lee 82>)

Hierunter fallen Verfahren wie die m-aus-n-Systeme oder das N-Version Programming.

(V4) Berechnung einer Signatur aus dem Nutzdatum
(coding checks <Anderson; Lee 82>)

Die Hauptvertreter dieses Verfahrens sind die fehlererkennenden und die fehlerkorrigierenden Codes.

Allen Verfahren folgt dann ein Vergleich (eventuell auch mehrstufig). Bei einem negativen Vergleich müssen, je nach der gewählten Fehlerbe-

handlungstechnik, weitere Schritte für die Fehlerlokalisierung eingeleitet und die gewählte Fehlerbehandlung durchgeführt werden.

Fehlerlokalisierung

Je nach Wahl der Fehlerbehandlungstechnik sind hier noch verschiedene
Schritte notwendig. Durch Diagnoseschritte (Tests) wird versucht, den
Ort, die Ursache und das Schadensausmaß eines Fehlers zu bestimmen.
Der Fehlerort braucht nur so weit eingegrenzt zu werden, bis man die
kleinste rekonfigurierbare oder ersetzbare Systemkomponente des betrachteten Systems (siehe Kapitel 2) gefunden hat. Diese ist unter dem
Stichwort SRU (Smallest_Replaceable or_Reconfigureable_Unit) bekannt
<Goldmann; Kautz; Lampert; Neumann 79>. Das alles klingt sehr einfach,
ist jedoch eine sehr schwierige Aufgabe. Dasselbe gilt für den Versuch, auf Grund von Fehlerausprägungen die zugehörige Fehlerursache zu
bestimmen.

Für diese Schwierigkeit gibt es mehrerlei Gründe:

(G1) Fehler haben die unangenehme Eigenschaft, sich fortzupflanzen.
     D.h. ein erster Fehler - die primäre Fehlerursache - bewirkt eine
     primäre Fehlerausprägung und, sobald diese aus dem spezifizierten
     Toleranzbereich fällt, ein Versagen des Subsystems i. Dieses Ver-
     sagen des Subsystems i ist ein Fehler - die sekundäre Fehlerur-
     sache - für ein Subsystem j. Diese sekundäre Fehlerursache be-
     wirkt wiederum eine sekundäre Fehlerausprägung und, sobald diese
     aus dem spezifizierten Toleranzbereich fällt, ein Versagen des
     Subsystems j usw. Somit hat man einen Ursachen-Wirkungs-Mechanis-
     mus, wie er im Failure-Fault-Modell in <Kopetz 82> beschrieben
     ist. Eine Möglichkeit, das Fortpflanzen eines Fehlers in den
     Griff zu bekommen ist, jedes Subsystem fehlertolerant auszulegen.
     Es wird sich im Lauf der Arbeit noch zeigen, daß die fehlertole-
     rante Auslegung der Subsysteme die beste Methode ist, um für das
     komplette System Fehlertoleranz zu erzielen.

(G2) Zweitens gibt es im allgemeinen keinen funktionalen, sondern ei-
     nen relationalen Zusammenhang zwischen Fehlerausprägung und Feh-
     lerursache. Oder anders ausgedrückt, man kann nicht eindeutig je-
     der Fehlerausprägung (fa) genau eine Fehlerursache (fu) zuordnen.

Es gibt mehrere Fehlerursachen, die ein und dieselbe Fehlerausprägung haben.

(fu R fa); R - ist mögliche Ursache

Beispiel:

TTL-Signal, positive Logik

Fehlerausprägung:

Signal liegt ständig auf OV

Mögliche Fehlerursachen:

- Leitungsbruch
- Chip defekt
- falsche Verdrahtung
- falscher Schaltungsentwurf
- flascher Meßaufbau usw.

Leitungsbruch ist mögliche Ursache dafür, daß Signal ständig auf
OV liegt.

(G3) Die dritte große Schwierigkeit ist ein Mengenproblem. Wie man aus
dem kleinen vorangegangenen Beispiel ersehen kann, gibt es eine
Unmenge von Fehlerursachen.

Die Lösung für (G3) ist die Einführung von Fehlerursachenklassen.
Durch geschickte Wahl dieser Klassen (SRU, Kommunikationswege)
ist es außerdem teilweise möglich, das Problem von (G2) in den
Griff zu bekommen, nämlich einen funktionellen Zusammenhang zwischen Fehlerausprägung und Fehlerursache(nklassen) herzustellen.

Fehlerbehandlung

Nachdem ein Fehler mittels Fehlerdiagnosetechniken entdeckt wurde,
gibt es zwei Möglichkeiten der Fehlerbehandlung. Man bearbeitet die
Fehlerausprägung, oder man versucht, die Fehlerursache zu beseitigen.

Fehlerausprägungsbehandlung

Für die Fehlerausprägungsbehandlung sind auf den ersten Blick zwei
Vorgehensweisen bekannt:

(V1) Maskierung der Fehlerausprägung

Hierunter fallen folgende Techniken:

- m-aus-n-Systeme
- Aktion wiederholen
- definierter Abbruch einer Aktion

(V2) Korrektur der Fehlerausprägung

Als Techniken werden hier vor allem die fehlerkorrigierenden Codes eingesetzt. Auf den zweiten Blick erkennt man jedoch, daß die fehlerkorrigierenden Codes mathematische Verfahren darstellen, welche auf dem Grundgedanken von Majoritätsvotern aufgebaut sind. Damit sind sie strenggenommen unter die m-aus-n-Systeme unter (V1) einzuordnen.

Fehlerursachenbehandlung

Man beseitigt die Fehlerursache aus dem betrachteten System, indem man

- fehlerhafte Systeme/Subsysteme isoliert und neue bzw. alternative Systeme/Subsysteme einbringt, oder
- alternative Verbindungswege benutzt.

Dies wird allgemein unter dem Begriff Rekonfigurationsmaßnahmen zusammengefaßt.

Besondere Aufmerksamkeit bei der Fehlerusachenbehandlung ist der Tatsache zu widmen, daß sich Fehler fortpflanzen können. Im allgemeinen verhalten sich Fehler nicht so kooperativ wie in Bild 3.11 a) dargestellt, d.h. sie wandern nicht immer von unten nach oben, sondern man muß damit rechnen, daß sie sich in jeder Richtung fortpflanzen (Bild 3.11 b). Also wird man, um die Fortpflanzung von Fehlern zu verhindern, Barrieren im System errichten. Dazu bieten sich zuerst die horizontalen Grenzen in einem Hardware-/Software-Schichtenmodell an (Bild 3.12). Da die horizontal unterteilende Schichtenstruktur eine vertikale Unterteilung in Systeme/Subsysteme innerhalb einer Schicht nicht einschränkt, wollen wir auch von dieser Möglichkeit (Bild 3.12) Gebrauch machen. Die bei der vertikalen Unterteilung einer Schicht ent-

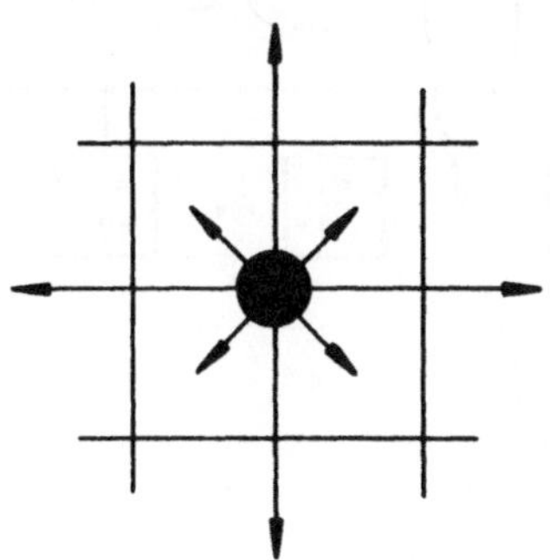

Bild 3.11 a) Optimistische Annahme der Fehlerfortpflanzungsrichtung
durch die Schichten einer Datenverarbeitungsanlage
(modelliert Hardware-Ausfälle)

Bild 3.11 b) Realistische Annahme über mögliche Fehlerfortpflanzungs-
richtungen (ein Fehler kann in jeder Schicht auftreten)

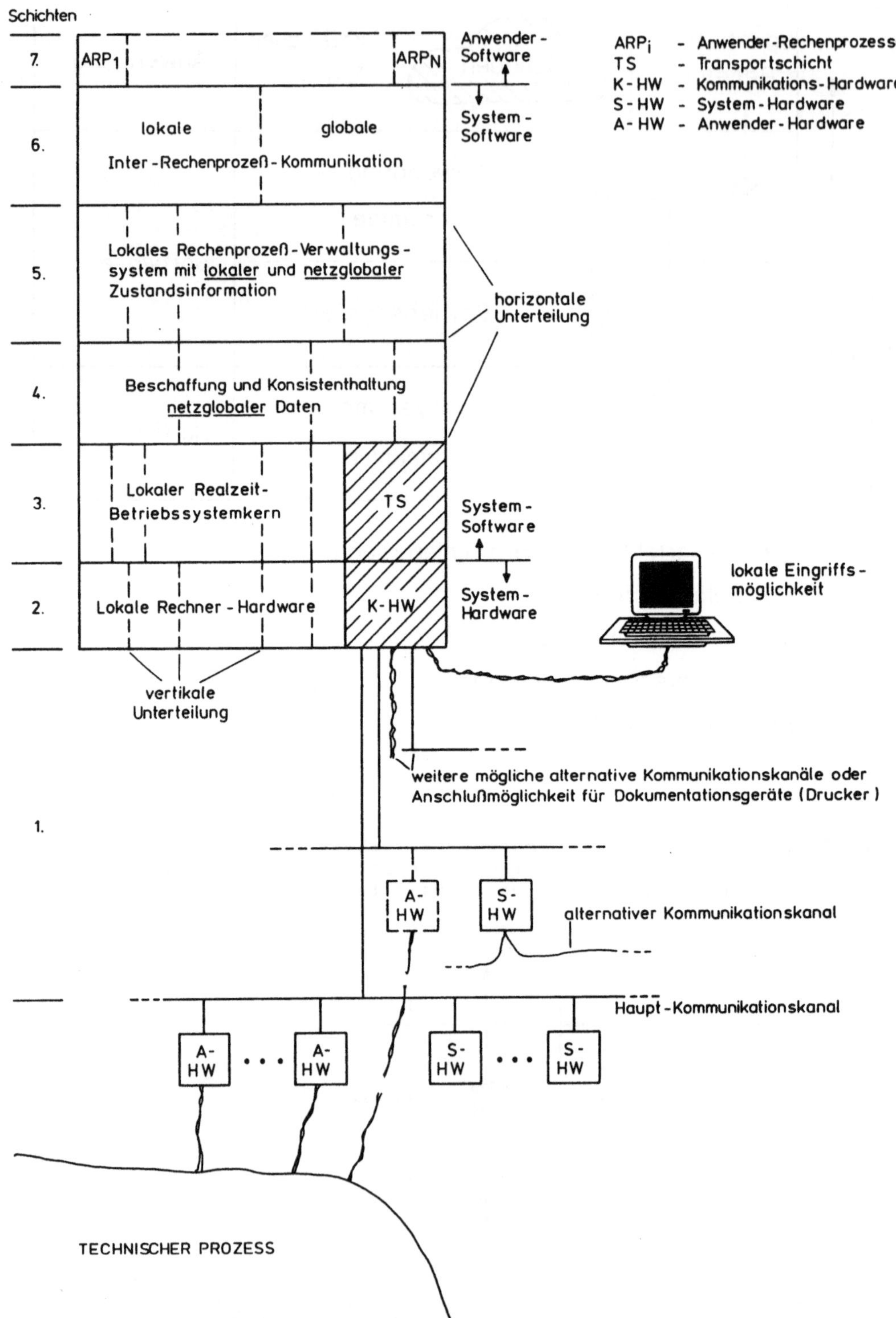

Bild 3.12: Hardware-/Software-Schichtenmodell für verteilte Prozeß-rechnersysteme modifiziert nach <Färber 84a> und <Echtle; Görke; Marhöfer 83>

stehenden Systeme/Subsysteme werden oft auch als Objekte bezeichnet. Es ist also nicht sehr effektiv, im Hinblick auf Fehlertoleranz _eine_ Fehlertoleranzschicht in Bild 3.12 einzuziehen. Vielmehr sollte man innerhalb jeder Schicht die Systeme/Subsysteme und die Kommunikation zwischen den Schichten bzw. den Systemen/Subsystemen fehlertolerant machen. Damit ergibt sich ein Klassifikationsschema für Fehlertoleranzmethoden:

- Fehlertoleranzmethoden für jede Schicht (horizontal) und innerhalb einer Schicht (vertikal),

- Fehlertoleranzmethoden für die Kommunikation von Schicht zu Schicht und von System/Subsystem zu System/Subsystem innerhalb einer Schicht,

wobei für alle Fehlertoleranzmethoden das eingangs Gesagte gilt, nämlich die Zusammenhänge zwischen Fehlerursache, Fehlerausprägung und Versagen.

Es folgen nun noch einige Bemerkungen zu dem Begriff "diversitär". Er ist als Attribut sowohl bei Perfektions- als auch bei Fehlertoleranzverfahren zu finden. Die Methode des "Diversitären Entwurfs" ist den Perfektionsstrategien zuzuordnen, da man sich letztlich auf einen Entwurf einigt. Mit Hilfe des diversitären Entwurfs versucht man, die in der Literatur als "systematisch" bezeichneten Fehler (siehe nächstes Kapitel) zu vermeiden. Trotzdem können noch systematische Fehler in diesem Entwurf und somit im realisierten System vorhanden sein. Geht man einen Schritt weiter und realisiert alle Entwürfe, so erhält man diversitäre Hardware, diversitäre Software <Voges 89> und letztendlich diversitäre Systeme. Setzt man nun diversitäre Hardware in einem 2-aus-3-System ein, so ist man in der Lage, neben Hardware-Ausfällen auch systematische Fehler zu tolerieren.

3.4 Fehlerursachenmodell

3.4.1 Zyklisches Fehlerursachenmodell von der Idee bis zur Inbetriebnahme

Wir beziehen uns wieder auf das Phasenmodell aus Bild 3.9. Aus den menschlichen Tätigkeiten, die in jeder Phase ausgeführt werden müssen, lassen sich typische Fehlerursachenklassen ableiten (Bild 3.13). Nach der Idee für ein Automatisierungsvorhaben und dem Beschluß für den Bau eines Automatisierungssystems wird im allgemeinen ein Pflichtenheft

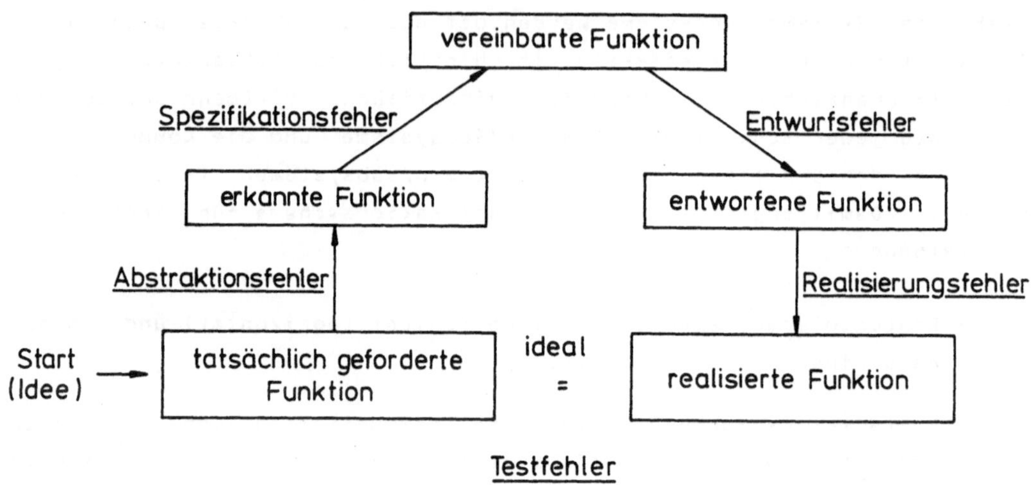

Bild 3.13: Zyklisches Fehlerursachenklassenmodell für die Phasen 1 - 4
in Bild 3.9

erstellt, in dem der Leistungsumfang und die beabsichtigte Funktion
(Zweck) beschrieben werden. Da bis zur Erstellung des Pflichtenheftes
bereits eine Menge von Fehlern gemacht werden können, wird in dem in
Bild 3.13 dargestellten Fehlerursachenmodell die Klasse der Abstraktionsfehler neu eingebracht. Im folgenden werden die in Bild 3.13 dargestellten Fehlerursachenklassen näher erläutert:

(F1) Abstraktionsfehler

Die tatsächlich geforderte Funktion für die Erfüllung des Automa-
tisierungsvorhabens wird nicht richtig erkannt, d.h. die von einem Systemanalytiker erkannte Funktion stimmt nicht mit der tatsächlich geforderten überein.

Wie im letzten Kapitel angedeutet, wird die Technik der Diversität in verschiedenen Phasen verwendet (Bild 3.9). Üblicherweise
wird sie erst nach der Spezifikation eingesetzt, so daß Abstraktionsfehler und Spezifikationsfehler gar nicht oder nur mit viel
Aufwand (materiell und finanziell) und letztlich nur vom Menschen
toleriert werden können. Eine Rechnerunterstützung zur Vermeidung
von Abstraktionsfehlern ist bislang nicht oder nur minimal
vorhanden. Es ist in naher Zukunft vorstellbar, daß diese Lücke
durch die sogenannten Experten- oder wissensbasierenden Systeme
ausgefüllt wird. Der Systemanalytiker wird dabei menügesteuert

durch einen "lebenden" Fragenkatalog geführt. So können Fehler (speziell Unvollständigkeit und Mehrdeutigkeit) bei der Abstraktion vermieden werden, und man erhält gleichzeitig ein Pflichten- bzw. Lastenheft für die weitere rechnergestützte Erstellung der Spezifikation.

(F2) Spezifikationsfehler

In einer Spezifikation (Einzelaufzählung) wird das "Was" beschrieben, also was ein System

- können,
- leisten,
- an Funktionen bereitstellen
  usw.

muß, damit die Idee in die Realität umgesetzt werden kann. Die Aufgaben in der Spezifikationsphase können mit

- Präzisierung,
- Klärung von Randbedingungen und
- Vervollständigung

umschrieben werden. Als Ergebnis erhält man die "vereinbarte Funktion". Daß hier wiederum eine Menge Fehler gemacht werden können, ist bekannt. Beispielsweise kann die Spezifikation unvollständig, mehrdeutig bzw. überspezifiziert oder falsch sein. Hier setzen die meisten Entwicklungs- und Spezifikationswerkzeuge wie z.B. CAMIC/S <Feigelbinder 84> oder EPOS <Göhner 84> ein. Auch das sehr realitätsnahe Modell der "Authoritative System Reference" <Robinson 82> sieht keine Unterstützung im Bereich der Abstraktion vor.

(F3) Entwurfsfehler

Nachdem die erkannte Funktion mittels der Spezifikation festgelegt wurde, wird ein Entwurf - oft auch Design genannt - für die Realisierung der vereinbarten Funktion gemacht. Jeder, der schon einen Entwurf - sei es für Systeme/Subsysteme in Hard- oder Software - gemacht hat, weiß, welche vielfältigen Fehlerursachen hier gemacht werden können:

- Falsche Auslegung der elektrischen Schaltung
- Falsche Interpretation der Spezifikation
  usw.

(F4) <u>Realisierungsfehler</u>

Der nächste Schritt ist die Realisierung des Entwurfs (entworfenes System/Subsystem). Aus der großen Zahl der hierbei möglichen Fehlerursachen sollen einige Beispiele aufgezeigt werden:

- Kodierungsfehler
- Verwechslung von Bauteilen bei der Bestückung einer Platine
- Verwendung eines fehlerhaften Werkzeugs (Kompilierer erzeugt in bestimmten Fällen falschen Kode)
  usw.

(F5) <u>Testfehler</u>

Der letzte Schritt in unserem "Zyklischen Fehlerursachenmodell" ist der Vergleich der realisierten Funktion mit der tatsächlich geforderten Funktion (Validierung). Der Idealfall liegt vor, wenn die realisierte Funktion mit der tatsächlich geforderten Funktion übereinstimmt. In der Praxis wird dieser Vergleich im allgemeinen mit der vereinbarten Funktion durchgeführt. Beispiele für Testfehler sind:

- unvollständiger Test
- falscher Meßaufbau
- falsche Vergleichsobjekte
  usw.

Das Modell hat folgende Vorteile:

(V1) Es ist ohne weiteres möglich, beliebig viele Fehlerursachenklassen einzufügen. Doch wie bei jeder Modellierung wird das Modell um so spezifischer und schwieriger zu handhaben, je genauer man modelliert.

(V2) Dieses Modell gilt für alle Entwicklungsvorgänge wie:

- Systementwicklung
- Subsystementwicklung
- Softwareentwicklung
- Hardwareentwicklung
- Anwendungsentwicklung

3.4.2 Fehlerursachenmodell in der Betriebsphase

Etwas anders ist die Sachlage in der Betriebsphase (Phase 5 in Bild 3.9). Man hat es hier mit einer Mischung von Fehlerursachenklassen und Fehlerausprägungen zu tun. In Bild 3.14 sind die Fehlerursachenklassen, die Fehlerausprägungen der Fehlerursachenklassen aus Bild 3.13, die prinzipiellen Abwehrmöglichkeiten und die möglichen Auswirkungen zusammengestellt. Hinsichtlich der Fehlerursachenklassen ergibt sich nach Bild 3.14 folgende Unterteilung:

(U1) <u>Fehlbedienung</u>

    Hierunter fallen alle Fehler, die bei fehlerfreiem System und/oder fehlerfreier Anwendung bei korrekter Systembeschreibung auf Grund von Unwissen oder Irrtum vom Benutzer gemacht werden. Innerhalb der Fehlerursachenklasse "Fehlbedienung" muß man nocheinmal unterscheiden zwischen

    - Fehlern - Abweichung von der "Authoritative System Reference" - die in der Semantik der Anwendung und der Rechensystemverwendung gemacht werden (z.B. Vertauschung von "delete" und "store"), wobei die Syntax der Anwendung und die Systemverwendung korrekt sind, und

    - Fehlern, die in der Syntax der Anwendung und Systemverwendung gemacht werden (z.B. Angabe eines Ladebefehls ohne Rechenprozeßbezeichner)

Die semantischen Fehler sind wiederum sehr schwer und letztlich nur vom Menschen zu tolerieren. Jedoch kann er dabei vom Rechensystem unterstützt werden. Ansätze dazu sind die Protokollierung und Speicherung aller Schritte mit Zwischenergebnissen während einer Sitzung am Rechensystem (LOGIN bis LOGOUT). Bekanntestes Beispiel ist die "UNDO"-Funktion in Editoren.

(U2) <u>Hardware-Versagen</u>

    Das ist wohl die bekannteste Fehlerursachenklasse. Durch sie wurde die Entwicklung der Fehlertoleranz angestossen.

(U3) <u>Fehlerausprägungen der Fehlerursachen, die bis zur Abnahme des Rechensystems und der Anwendung existieren</u>

    Durch die Fehlerausprägungen in der Betriebsphase werden die Fehlerursachen, welche in den Phasen 1-4 (Bild 3.9) eingebracht wurden, prinzipiell erkennbar. Dasselbe gilt für die Fehlerursachen und die zugehörigen Fehlerausprägungen, die in der Betriebsphase selbst vorhanden sind.

Eine "Verbindung" zwischen Bild 3.13 und 3.14 stellt sozusagen die Klasse der Änderungsfehler dar. Das System wird ausgebaut, neue Leistungen werden gefordert, oder es soll an eine geänderte Umgebung angepaßt werden, und in den meisten Fällen wird der Kreislauf in Bild 3.13 nicht ordnungsgemäß durchlaufen. Aber das sind Probleme des Managements. Die Auswirkungen dieser Änderungsfehler sind dieselben wie die unter Punkt (U3) beschriebenen.

Wir wollen in der weiteren Interpretation von Bild 3.14 fortfahren. Die Fehlertoleranzmethoden sollen wie ein Schutzschild gegen die auftretenden Einfach- und Mehrfachfehler (je nach Redundanzaufwand) wirken und verhindern, daß das Automatisierungssystem versagt. Eine spezielle Art der Fehlertoleranz ist der sogenannte stufenweise Abbau von "unwichtigen" Leistungen und Diensten aus dem vereinbarten Leistungsumfang des Automatisierungssystems (Graceful Degradation). Jedoch sollen die zentralen Leistungen für die Steuerung und Regelung des technischen Prozesses aufrecht erhalten werden.

Ab einer gewissen Zahl an Fehlern ist die Redundanz aufgebraucht, und beim Auftreten eines weiteren Fehlers versagt das System/Subsystem. Je nach Art des technischen Prozesses führt das Versagen zu einem irreversiblen Schaden an Mensch und Umwelt oder "nur" zu einem Verlust von Zeit, Geld und/oder Informationen. Technische Prozesse, die einen sicheren Zustand haben, den sie ohne Rechnersteuerung einnehmen, bezeichnet man als technische Prozesse mit "Fail-Safe"-Verhalten. Diese Eigenschaft nutzt man bei der sogenannten "Fail-Safe"-Technik. Das Automatisierungssystem wird dabei mit der Zielsetzung ausgelegt, daß unabhängig von der Art des Versagens der technische Prozeß auf jeden Fall in seinen sicheren Zustand übergeht. Hierzu ein Beispiel aus der Eisenbahn-Signaltechnik:

Steht das Signal waagerecht, bedeutet dies - HALT. Steht das Signal im Winkel von ca. 45° zur Waagerechten nach oben, bedeutet dies - FREIE FAHRT. Bricht nun das Stahlseil oder fällt die Spannungsversorgung für den Drahtseilwindenmotor aus, so fällt der Arm des Signals auf Grund der Schwerkraft (unverlierbare Eigenschaft) in die waagerechte Lage. Ein Signal darf fälschlicherweise rot, aber nicht grün sein.

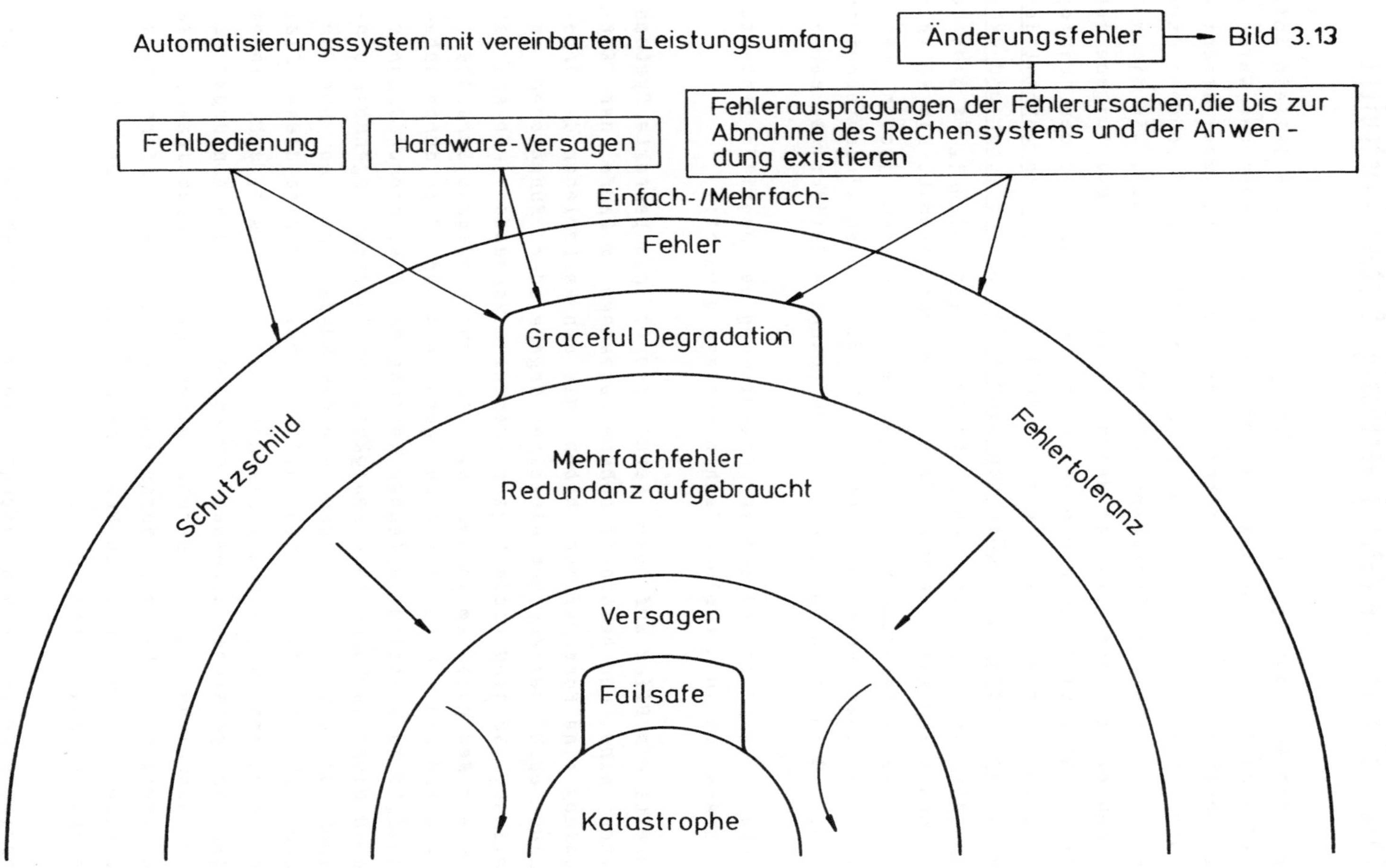

Bild 3.14: Fehlerursachenmodell in der Betriebsphase

4. BIONIK - oder wie die Natur zuverlässige Systeme konstruiert

Bionik - ein Wort aus <u>Bio</u>logie und Tech<u>nik</u> entstanden - ist ein inter-disziplinäres Forschungsgebiet mit dem Ziel, Vorbilder der Natur auf ihre Verwertbarkeit für die Technik hin zu prüfen. Dabei strebt man keineswegs die unkritische Nachahmung der Natur an, sondern sucht vielmehr nach prinzipiellen Erkenntnissen zu der Frage, wie die Natur ihre Probleme in vorbildlicher Weise gelöst hat. Diese Aufgabe führt Techniker dazu, sich für Biologie zu interessieren, und den Biologen regt sie an, sich mit Technik zu beschäftigen. <u>Die in Jahrmillionen der Evolution entstandenen Lösungen sind meist ökologischer und ökonomischer als jene, die der Mensch bisher entwickelt hat.</u> Es gibt un-zählige Analogien zwischen der Natur und der Technik. Die Fälle für eine direkte Übertragung von Lösungen der Natur sind jedoch selten. Sehr viel häufiger merkt man erst nach dem Lösen eines technischen Problems, daß in der Natur bereits eine Lösung existiert <Siemens>.

In <Görke 84> wird einleitend zur Erläuterung des Begriffs Fehlertoleranz ein Ausflug in die biologischen Systeme gemacht:

"Bereits ein Blick auf die Natur lehrt, daß perfekte Systeme selten sind und besonders höhere Lebewesen im Laufe der Entwicklung eine Form gefunden haben, die ein Weiterleben des Organismus auch bei Verlust einzelner Organe oder Funktionen ermöglicht. So sind viele Organe paarweise vorhanden, während das zentrale Nervensystem in der Lage ist, auf verletzte Bereiche zu verzichten und deren Funktion nach einiger Zeit durch unbeschädigte zu ersetzen. Offenbar besteht das Ziel dieser Organismen in einer beschränkten Fähigkeit zur Toleranz gegenüber einzelnen Organausfällen, durch die das Gesamtverhalten nur unwesentlich beeinflußt werden soll. Erreichbar wird dieses Ziel durch eine Art "Überdimensionierung" der Organismen, z.B. indem Organpaare gemeinsam Aufgaben erledigen, für die ein Organ allein ausreichen würde. Darüber hinaus gibt es Funktionen, die wie räumliches Sehen oder Hören intakte Organpaare erfordern, so daß ein Organverlust zu Beeinträchtigungen der ursprünglich vorhandenen Funktionen führen kann.

Technische Systeme haben dagegen in den meisten Fällen die Eigenschaft, aus Kostengründen nur über die minimale Anzahl von Komponenten zu verfügen, die zur Erfüllung der vorgegebenen Auf-

gabe notwendig ist. Jeder Ausfall einer Komponente führt deshalb bei solchen nichtredundanten Systemen zwangsläufig zum System-ausfall, der durch Ersatz oder Reparatur behoben werden muß. Da alle technischen Einrichtungen, besonders elektronische oder mechanische Bauelemente, aber nur über eine begrenzte Lebens-dauer verfügen und ihr Ausfall nicht ausgeschlossen werden kann, werden seit der grundlegenden Analyse von John von Neumann (von Neumann 56) die Möglichkeiten untersucht, ausfalltolerante Sy-steme mit erhöhter Zuverlässigkeit zu entwerfen, die vor allem bei den Weltraumflügen allgemein bekannte Anwendungen gefunden haben."

Da die Natur zuverlässige Systeme mit einer mittleren Lebensdauer von ca. 70 Jahren konstruiert, wollen wir hier einen Schritt weitergehen und <u>die Prinzipien der Fehlertoleranz von biologischen Systemen analy-sieren, um sie bei gegebener technischer Realisierbarkeit auf tech-nische Systeme zu übertragen</u>, zumal die mittlere Lebensdauer von tech-nischen Systemen gerade zwischen 5 und 10 Jahren liegt. Hierzu werden zunächst die Architekturmerkmale und Verarbeitungsprinzipien biolo-gischer Systeme in sehr allgemeiner Form beschrieben, um sie daraufhin auf ihre Verwendbarkeit bei der Prozeßautomatisierung hin zu prüfen.

4.1 Architekturmerkmale und Verarbeitungsprinzipien

Die Biologie erforscht das Lebendige in der Natur. Es ist allerdings bemerkenswert, daß der Zentralbegriff der Biologie, nämlich der Be-griff "Leben" bis heute nicht eindeutig definierbar ist. Leben kann lediglich mit der Aufzählung von Kennzeichen, durch die sich Lebewesen von nicht lebenden Gegenständen unterscheiden, umschrieben werden. Als Kennzeichen des Lebendigen gelten:

(K1) Stoffwechsel
(K2) Wachstum
(K3) Bewegung
(K4) Reizbarkeit
(K5) Fortpflanzung

Alle Erfahrungen der wissenschaftlichen Biologie sprechen dafür, daß die Gesetze der Physik, Chemie und Elektrotechnik auch für Organismen gelten. Doch finden sich bei lebenden Systemen zusätzliche Prinzipien, die nur ihnen eigentümlich sind.

Ein "System", gleichgültig ob belebt oder unbelebt, ist aus Elementen zusammengesetzt, die miteinander in Wechselwirkung stehen. Es zeigt Eigenschaften, die weder an den Einzelelementen zu beobachten noch als bloße Summe von Eigenschaften der Einzelelemente nachzuweisen sind. Systemeigenschaften entstehen erst durch die Wechselwirkung zwischen den Systemelementen. So läßt sich aus Struktur und Funktion der einzelnen Nervenzelle nicht ableiten, daß eine Vielzahl miteinander verknüpfter Nervenzellen in der Form des Gehirns Bewußtsein und Denkvorgänge ermöglichen. Gegenüber nichtlebenden Systemen (z.B. Kristalle, Maschinen) zeichnen sich lebendige Systeme durch eine außerordentlich komplexe Beschaffenheit aus. Dies führt zu einer Reihe von Systemeigenschaften, die sich nicht aus unserer Erkenntnis über den Aufbau der Atome ableiten lassen. Was aber bis jetzt über die Sonderstellung des Lebendigen begründet ausgesagt werden kann, ist lediglich die Feststellung, daß ein lebendiges System Eigenschaften (Gesetzlichkeiten) besitzt, die bei nichtlebenden Systemen unbekannt sind. Die wichtigsten Gesetzlichkeiten des Lebens sind <Linder 71>:

(G1) Reduplikation

(G2) Entwicklung

(G3) Angepaßtsein

(G4) Organische Struktur

(G5) Entropieabnahme

(G6) Fließgleichgewicht

(G7) Psychische Vorgänge

zu (G1):

Jede Zelle eines Lebewesens besitzt ein festgelegtes Programm, das gewissermaßen den Plan für Strukturen und Funktionen des ganzen Individuums enthält. Dieses Programm wird bei der Zellteilung an jede Tochterzelle durch Verdoppelung und anschließende Trennung weitergegeben. Welche Teile des Gesamtprogramms sich in einer Zelle verwirklichen, hängt vom zytoplasmatischen Aufbau der Zellen, von ihrer gegenseitigen Beeinflussung und von Stoffen ab, welche die Zellen als Informationsträger erzeugen. Soweit wir wissen, ist die Gesamtinformation einer Zelle in der Nukleotidsequenz der Desoxyribonukleinsäure (DNS) des Zellkerns und des Zytoplasmas gespeichert. Änderungen der Nukleotidsequenz führen zu Änderungen des Programms, das Prozesse im Individuum verändert. Die Änderungen selbst werden ausgelöst durch mutagene Einflüsse der Umwelt oder durch eine spontane Umordnung der Nukleotide, die in der Struktur der DNS begründet ist. Solche Änderungen sind Ausgangspunkt für die Entwicklung (G2).

zu (G2):

Die Vielfalt der Organismen ist das Ergebnis eines in der Zeit fortschreitenden Prozesses der Neubildung von Formen. Sie hat ihre Grundlage in einer Veränderung der Information der Erbträger. Die durch die genetische Änderung dieser Information entstehenden Varianten werden durch Einflüsse ihrer Umwelt laufend auf ihre Lebenstauglichkeit in dieser Umwelt überprüft und ausgelesen. Diese natürliche Auslese gibt den jeweils am besten an ihre Umwelt angepaßten Lebewesen die Chance, sich über einen längeren Zeitraum fortzupflanzen. Allerdings birgt eine hohe Spezialisierung für die betreffende Lebensform auf lange Sicht auch Gefahren in sich <Lorenz 83>. Mit einer zunehmenden Spezialisierung nimmt die Wahrscheinlichkeit ab, daß bei einer Änderung der Umweltbedingungen überhaupt ein neuer Weg zur Anpassung gefunden werden kann - meist jedoch nicht schnell genug. Die Zahl der Verwendungsmöglichkeiten jeglicher Struktur, auch der eines menschlichen Werkzeugs, nimmt mit seiner Spezialisierung ab. Was den Artenwandel ebenso wie ein menschliches Industrieunternehmen zu den abwegigsten Spezialanpassungen veranlassen kann, ist eine kurzfristige Erhöhung der Überlebenschancen bzw. ein augenblicklicher großer Gewinn.

Übertragen auf die in dieser Arbeit behandelte Problematik bedeutet dies: Verwendung von universellen Prozessoren und Strukturen in Verbindung mit der Rekonfigurationstechnik. Der "Gewinn" eines solchen Netzes ist dann eventuell nicht maximal, auf lange Sicht wird aber die Überlebensfähigkeit des Gesamtnetzes beim Auftreten von Fehlern im Betrieb erheblich gesteigert.

zu (G3):

Auf Grund der Selektion sind alle Lebewesen so beschaffen, daß ihr Bau und ihr Verhalten der Selbsterhaltung und der Erhaltung der Art dienen. Der Fisch ist in allen Einzelheiten der Körperform, der Körperbedeckung, des Bewegungssystems, der Atmung und der Sinnesorgane so vollkommen dem Leben im Wasser angepaßt, daß damit der "Zweck", eben seine Erhaltung im Lebensraum Wasser, erfüllt ist. "Zweckmäßigkeit" bedeutet also für Lebewesen nichts anderes als Angepaßtsein an die Lebensbedingungen mit der Wirkung der Selbsterhaltung. Bau und Funktion aller Lebewesen stehen so ganz und gar im Dienste dieser Anpassung, daß wir beim Auffinden eines bis dahin unbekannten Organs oder einer besonderen Einrichtung sofort nach der Funktion fragen, weil wir als selbstverständlich annehmen, daß alles im Organismus seinen "Zweck" haben müsse. Wenn ein Lebewesen nicht angepaßt, d.h. nicht erhaltungsgemäß eingerichtet wäre, so könnte es nicht bestehen.

Wir sehen, daß Organismen bei Änderungen der Bedingungen mit Regulationen antworten, die ihre Erhaltung sichern. Dazu muß der Organismus in der Lage sein, Änderungen der Außenwelt als Information aufzunehmen und diese so zu verarbeiten, daß die daraus resultierenden Reaktionen der gegebenen Situation entsprechen. Einfache und überschaubare Regulationen setzen schon im molekularen Bereich bei der Steuerung der Genaktivität ein. Sie verflechten sich auf höherer Ebene (Zelle, Organismus) zu einem Netz ineinandergreifender Regulationen, die ganz auf die Erhaltung des Individuums abgestimmt sind. Jeder Ausfall der Regulation führt zum Tod. Besondere Bedeutung für die Regulation in Organismen haben die Regelkreise. Sie wirken meist analog den aus der Technik bekannten selbsttätigen Regelvorgängen. Die Regulation ist immer auf das Ganze abgestimmt. Sie erfaßt zwar oft nur Teilbereiche, doch sind diese durch das Wirkungsgefüge der Systemteile so verkoppelt, daß stets der gesamte Organismus beteiligt ist.

zu (G4):

Wie wir heute wissen, sind die in einem lebenden System ablaufenden Prozesse an Strukturen gebunden. Unter Struktur verstehen wir die gesetzmäßige Anordnung der Grundbestandteile, aus denen ein Gebilde aufgebaut ist. Im Bereich des Anorganischen haben sowohl Kristalle als auch ihre Bestandteile - Moleküle und Atome - Struktur. Im Atom des Elementes Kohlenstoff sind Elektronen, Protonen und Neutronen gesetzmäßig geordnet. Aus der strukturellen Ordnung des Kohlenstoffatoms kann man die Mannigfaltigkeit von Molekülstrukturen des Elementes Kohlenstoff ableiten. Die auf der Grundlage des Kohlenstoffes aufgebauten Verbindungen bilden die materielle Grundlage für den Aufbau der Zelle als Elementareinheit alles Lebendigen. Alles uns Bekannte spricht dafür, daß es Leben nur dort geben kann, wo es Zellen gibt. Aber schon die Zelle ist ein hochgradig strukturiertes System aus Teilbereichen (Kompartimenten), d.h. in Wechselwirkung miteinander stehenden Reaktionsräumen, in denen die für das Lebensgeschehen notwendigen Prozesse geordnet ablaufen. Die aus Zellen aufgebauten Gewebe und Organe sind Strukturen höherer Ordnung, deren Gesamtheit wir Organismus nennen. Die organismische Struktur ist aber nicht statisch wie die eines Kristalls, der in keiner Wechselwirkung mit der Umgebung steht, sondern dynamisch. Infolge des Prinzips der Entwicklung verändert sich die organismische Struktur ständig, erkennbar innen als Zelldifferenzierung, außen als Gestaltwandel des Organismus.

zu (G5):

Es gibt ein allgemeines physikalisches Gesetz der wachsenden Entropie, wonach jeder Körper die Tendenz hat, Unterschiede der Temperatur und des Druckes mit der Umgebung auszugleichen und in chemische Umsetzungen so einzutreten, daß einfache stabile Moleküle entstehen. Das Maximum der Entropie ist erreicht, wenn keine physikalischen und chemischen Veränderungen mehr eintreten und sich der Körper im Gleichgewicht mit seiner Umgebung befindet. In diesem Zustand des thermodynamischen Gleichgewichts herrscht größte molekulare Unordnung. Aus der Sicht der Thermodynamik ist also die Entropie ein Maß für den Grad dieser Unordnung[1]. Je größer die Entropie eines Systems ist, desto größer ist auch die molekulare Unordnung oder um so näher liegt das System dem thermodynamischen Gleichgewicht. Entstehung von organischer Sturktur bedeutet aber Aufbau von Ordnung und Verringerung der (molekularen) Unordnung. Dazu bedarf es einer dauernden Energiezufuhr von außen (Lichtenergie oder energiereiche Nährstoffe). Organismen müssen daher mit der Umwelt in Verbindung stehen. Mit dem Tod tritt ein Zerfall der Strukturen hoher Ordnung zum thermodynamischen Gleichgewicht ein.

zu (G6):

Lebewesen nehmen aus ihrer Umgebung ständig Stoffe auf, wandeln sie im Körper um und geben sie in veränderter Form wieder ab. Weil ständig Stoffe durch ihren Körper fließen, nennt man Organismen "offene Systeme". Das herrschende "Fließgleichgewicht" erhält ihre Strukturen. Ein offenes System im Fließgleichgewicht strebt unabhängig von den Anfangsbedingungen einem konstanten (stationären) Zustand zu, der auch gegen störende Einflüsse von außen aufrechterhalten wird. Dieser Zustand hängt nur von den Systemgrößen des Stofftransports, des Stoffaustausches und den chemischen Reaktionen zwischen den Stoffen ab. Aus dieser Sicht werden viele Prozesse im Organismus wie Stoffwechsel, Wachstum und Formbildung theoretisch deutbar. So laufen z.B. die Stoffwechselvorgänge zwischen Umwelt und Innenwelt einer Zelle oder eines vielzelligen Organismus über Membranen, d.h. über äußere Oberflächen, ab. Bei Größenzunahme wächst die Oberfläche nur mit der zweiten, das Volumen aber mit der dritten Potenz der linearen Ausdehnung (Modellgesetze). Es ist denkbar, daß es einen kritischen Wert des Verhältnisses von Oberfläche zu Volumen gibt, bei dem der Bedarf an

----

1) Vergleiche Kapitel 3: In der Informationstheorie versteht man unter Entropie den mittleren Informationsgehalt einer Nachricht.

Energieträgern nicht mehr durch Stoffaustausch gedeckt werden kann. Dieser theoretisch berechenbare Wert liegt auffallenderweise in der Grössenordnung der Zellen (zwischen 0,03 und 0,1 mm). Beim überschreiten dieser kritischen Zellgröße kann die Zelle durch Teilung das günstige Verhältnis zwischen Oberfläche und Volumen wieder herstellen oder sich strukturell und funktionell durch Bildung innerer Oberflächen (Bsp. Vakuolen) anpassen. Bei Vielzellern entstehen Transporteinrichtungen und Oberflächenvergrößerungen, welche die Transport- und Reaktionsgeschwindigkeit so begünstigen, daß das Fließgleichgewicht aufrechterhalten werden kann. Das Ergebnis ist die Differenzierung der Zellen, Gewebe und Organe, wie sie in der Ontogenie und Phylogenie der Organismen sichtbar wird.

zu (G7):

Auf die psychischen Vorgänge wird nicht weiter eingegangen, da sie für die folgenden Betrachtungen ohne Bedeutung sind.

Nach dieser Einführung wollen wir uns mit der Eigenschaft der Reizbarkeit näher beschäftigen. Denn hier sind direkte Analogien zwischen biologischen und technischen Systemen vorhanden. Die Antwort auf einen Interrupt, ein Signal oder eine Nachricht in einem Prozeßautomatisierungssystem entspricht genau einer reizabhängigen Reaktion eines biologischen Systems auf seine Umwelt. Zunächst wird die Organisation der Reizverarbeitung im menschlichen Körper betrachtet. Es werden nicht die tatsächlich ablaufenden elektrischen und chemischen Vorgänge betrachtet, sondern es werden die dazu verwendeten Strukturen und Prinzipien untersucht.

4.1.1 Integrationsmechanismen des Körpers

Bei einzelligen Organismen, z.B. bei Bakterien oder Protozoen, antwortet die ganze Zelle auf einen Reiz aus der Umgebung. Eventuelle Signale innerhalb dieser Zelle können wegen der Kürze des Weges durch Diffusion von chemischen Stoffen weitergegeben werden. Im Gegensatz dazu müssen beim vielzelligen Organismus die vielen spezialisierten Zellgruppen bzw. Organe sinnvoll integriert und koordiniert werden. Im Säugetierorganismus dient dazu das Nervensystem und das endokrine System. Mit beiden Systemen werden auf elektrisch-nervalem bzw. auf humoral-hormonalem Wege Signale übermittelt. Sie dienen der Steuerung des Stoffwechsels, der Regelung des "inneren Milieus" (Kreislauf, pH-Wert, Wasser- und Elektrolythaushalt, Temperatur etc.), und steuern darüber hinaus das Wachstum und die Reifung des Organismus, die zur Fortpflanzung notwendigen Organfunktionen und schließlich die Äußerungen des Organismus gegenüber seiner Umwelt. In diese Steuerung greifen Reize aus der Umwelt, psychisch-emotionale Faktoren und schließlich Rückkoppelungsmechanismen innerhalb des Organismus ein.

Die Nerven sind spezialisiert auf die rasche Weiterleitung von meist fein abgestuften Signalen. Das endokrine System ist auf eine langsame, chronische Signalübertragung spezialisiert und benützt das Kreislaufsystem zur Überwindung größerer Distanzen innerhalb des Körpers. Die Botenstoffe des endokrinen Systems sind die Hormone; sie stammen aus hormonproduzierenden Zellen und haben entweder eine untergeordnete Hormondrüse oder nichtendokrine Zellen als Zielorgan.

In enger Zusammenarbeit mit den vegetativen Zentren im Gehirn und dem autonomen Nervensystem regelt das endokrine System die Ernährung, den Stoffwechsel, das Wachstum, die körperliche und psychische Entwicklung und Reifung, die Fortpflanzungsmechanismen, die Leistungsanpassung und das "innere Milieu" des Körpers. Die meisten dieser überwiegenden vegetativen Funktionen unterstehen der zentralen Kontrolle des Hypothalamus, der wiederum von höheren Zentren des Gehirns beeinflußt wird. Im Hypothalamus können nervale Reize in hormonelle Signale umgesetzt werden. Spezielle Nervenzellen des Hypothalamus (neuroendokrine Zellen) bilden Hormone, die auf einen Reiz hin ins Blut abgegeben werden. Bei den an den sonstigen Nervenendigungen freigesetzten Stoffen (Azetylcholin, Noradrenalin u.a.) spricht man hingegen von Überträgerstoffen oder Neurotransmittern, da diese das Signal nur über eine kurze Strecke an die nächste Zelle (meist Nerven- oder Muskelzelle) weitergeben.

4.1.2 Das Nervensystem - Kommunikationswege und Verarbeitungszentren

Eine erste räumliche Unterteilung unseres Nervensystems ist die Einteilung in das <u>zentrale Nervensystem</u> und das <u>periphere Nervensystem</u>. Zum zentralen Nervensystem zählt das Rückenmark und das Gehirn. Das Gehirn besteht aus dem verlängerten Mark, der Brücke, dem Mittelhirn, dem Kleinhirn, dem Zwischenhirn und dem Groß- oder Endhirn. Die erstgenannten drei Anteile werden zusammen Hirnstamm genannt. Die gesamte neurale Informationsverarbeitung geschieht im zentralen Nervensystem. Zum peripheren Nervensystem werden die <u>Rezeptoren</u>, die <u>Effek-</u>

toror, die Nerven vom Rückenmark zu den Effektoren und die Nerven von den Rezeptoren zum Rückenmark gezählt. Rezeptoren (Empfänger) sind Bezirke eines Organismus, die einen für sie spezifischen Reiz aufnehmen und in Erregung (Impulse) transformieren (entsprechen den Meßgliedern in der Prozeßautomatisierung). Unter einem Effektor versteht man ein ausführendes Endorgan, das die Nervenerregung in Muskelbewegung, Drüsensekretion oder Pigmentbildung umwandelt (entspricht den Stellgliedern in der Prozeßautomatisierung).

Beide Nervensysteme (peripher und zentral) werden nochmals unterteilt in das somatische und das vegetative (autonome) Nervensystem. Zum somatischen Nervensystem zählen Nerven der Skelettmuskeln, der Oberflächensensibilität, der Sinnesorgane usw. Es reagiert auf Reize aus der Umwelt meist wieder mit einer Antwort nach außen. Viele Aktivitäten des somatischen Nervensystems stehen unter willkürlicher Kontrolle und laufen bewußt ab. Das vegetative Nervensystem hingegen besorgt die Regelung der Organfunktionen im Körper, paßt sie an die jeweiligen Bedürfnisse an und kontrolliert das innere Milieu des Körpers. Da diese Aktivitäten der willkürlichen Kontrolle weitgehend entzogen sind, wird das vegetative Nervensystem auch autonomes Nervensystem genannt.

In der Peripherie des Körpers (peripheres Nervensystem) ist das vegetative Nervensystem vom somatischen anatomisch und funktionell weitgehend getrennt, während im Zentralnervensystem zwischen beiden enge Verknüpfungen bestehen. Funktionell basiert das vegetative Nervensystem meist auf dem Reflexbogen. Einfache Reflexe können innerhalb des jeweiligen Organs ablaufen, komplexe Mechanismen werden hingegen von übergeordneten vegetativen Zentren im zentralen Nervensystem gesteuert. Deren oberstes Integrationszentrum ist der Hypothalamus.

Das periphere vegetative Nervensystem besteht aus zwei anatomisch und funktionell weitgehend getrennten Anteilen, den Sympathikus und den Parasympathikus. Die dazugehörigen vegetativen Zentren liegen im Fall des Sympathikus im Brust- und Lendenmark, im Fall des Parasympathikus im Hirnstamm. Beide Zentren liegen aber im zentralen Nervensystem. Die meisten Organe werden sowohl vom Sympathikus als auch vom Parasympathikus innerviert, wobei die Organantwort meist gegensätzlich (antagonistisch) ist. (Sympathikus -> anregend, aktivierend; Parasympathikus -> dämpfend, hemmend).

Nun kommen wir zu den Verarbeitungszentren, also zum zentralen Nervensystem. Die unterste Ebene stellt das Rückenmark dar. Das Rückenmark hat zwei Aufgaben, nämlich die Nervenleitung zu den höheren Zentren (Gehirn) und eine erste Verarbeitung von Informationen aus der Peripherie. Die Form der Verarbeitung spielt sich auf der Ebene der Reflexe ab. Unter einem Reflex versteht man eine zentral nervös gesteuerte schematische Antwort auf einen Reiz ohne Einschaltung höherer hierarchischer Strukturen. Erfolgen Reiz und Antwort im selben Organ, wird diese Reaktion Eigenreflex genannt. Dabei ist nur eine einzige Schaltstelle (Synapse) zwischen ankommendem (afferentem) und abgehendem (efferentem) Neuron. Die Reflexzeit eines solchen monosynaptischen Reflexes ist daher besonders kurz (ca. 20 ms). Im Gegensatz zum Eigenreflex befinden sich beim Fremdreflex die Rezeptoren und die Effektoren in räumlich getrennten Organen. Der Reflexbogen läuft über mehrere Synapsen (polysynaptisch); die Reflexzeit ist daher länger als beim Eigenreflex.

Synapsen sind bläschenartige Verknüpfungsstellen von Nervenzellen untereinander oder zwischen Nerven und Effektoren. Synapsen lassen das Signal nur in einer Richtung durch, d.h. sie haben eine Ventilfunktion, ohne die eine geordnete Informationsübertragung nicht möglich wäre. Synapsen sind außerdem der Ort, an dem die neuronale Signalübertragung durch andere Nerven modifiziert werden kann (z.B. präsynaptische Hemmung).

Auf der obersten Verarbeitungshierarchie (Gehirn) sind bestimmte Funktionen bestimmten Gehirnteilen zugeordnet:

- Hirnstamm   -> Zentren für Atmung und Kreislauf

- Kleinhirn   -> Zentrum für Motorik

- Zwischenhirn -> Umschaltstation aller Afferenzen (ankommende Neuronen von Haut, Auge, Ohr, usw.) Zum Zwischenhirn gehört auch der Hypothalamus, er ist der Sitz vegetativer Zentren.

- Großhirn   -> Ursprung aller bewußten und vieler unbewußten Handlungen, Sammelstation aller bewußten Sinneseindrücke, Sitz des Gedächtnisses usw.

4.1.3 Aufnahme und Verarbeitung von Reizen

Mit den Sinnesorganen nehmen wir aus der Umwelt sehr viele Informationen auf (10^9 bit/s), doch wird uns nur ein sehr kleiner Teil davon be-
wußt(10^1-10^2 bit/s) (Bild 4.1); der Rest wird entweder unbewußt verarbeitet oder gar nicht verwendet. Es werden also wichtige (interessante) Informationen für die Hirnrinde (Bewußtsein) ausgewählt, was beim
"Lauschen" und "Spähen" besonders stark zum Ausdruck kommt. Umgekehrt
geben wir über die Sprache und die Motorik (Mimik !) Informationen von
rund 10^7 bit/s an die Umwelt ab (Bild 4.1). Ein Buchstabe hat ca. 4,5
bit, eine Buchseite ca. 1000 bit; liest man sie in 20 sec., nimmt man
1000/20 = 50 bit/s auf. Ein Fernsehbild überträgt mehr als 10^6 bit/s.

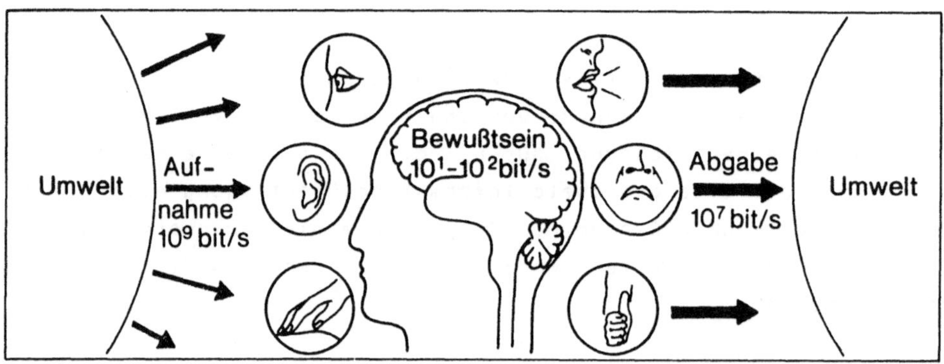

<u>Bild 4.1:</u> Aufnahme, Bewußtmachung und Abgabe von Information (aus
<Atlas der Physiologie>)

Reize treffen in unterschiedlichen Energieformen auf den Körper (elektromagnetische Energie bei Sehreizen, mechanische Energie beim Tasten
usw.). Für diese Reize gibt es spezifische Rezeptoren (Fühler), die
entweder in Sinnesorgane (Auge, Ohr) zusammengefaßt oder über den Körper verstreut sind (Hautrezeptoren). Umgekehrt hat jedes Sinnesorgan
seinen adäquaten Reiz.

Bei der Reizaufnahme (Bild 4.2) "wählt" sozusagen der Rezeptor aus den
Informationen der Umwelt jeweils die für ihn geeigneten "aus", z.B.
nehmen die Druckrezeptoren der Haut Informationen über das Ausmaß des
Druckes auf. Im Rezeptor verändert der Reiz die Membraneigenschaften
der Rezeptorzelle, was dort wiederum zur Entstehung eines Rezeptor-
(Generator-)Potentials führt ("lokale Antwort"): Je stärker der Reiz,
desto höher das Rezeptorpotential (Bild 4.3a). Erreicht dieses einen

bestimmten Schwellenwert (Bild 4.2a), kommt es zur Auslösung eines im Nerv weitergeleiteten Aktionspotentials.

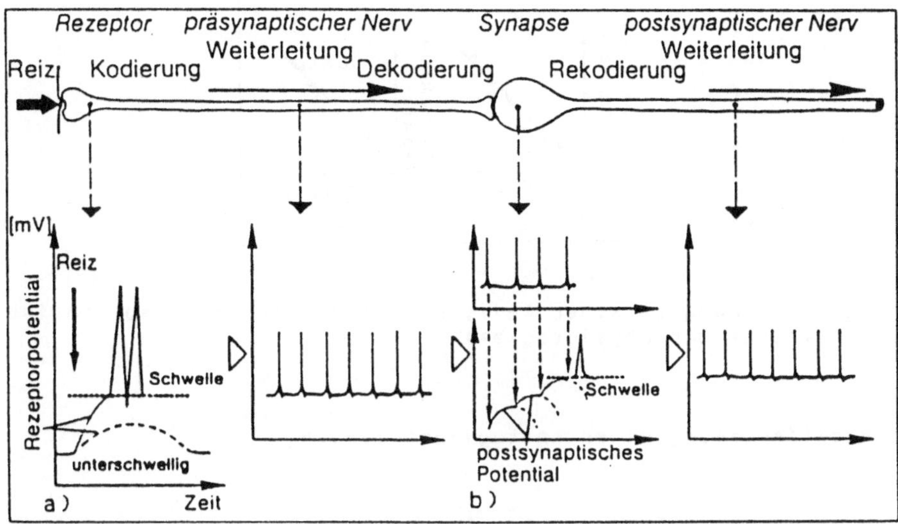

<u>**Bild 4.2:**</u> Reizverarbeitung und Informationskodierung (aus <Atlas der Physiologie>)

Je stärker dabei der Reiz und je höher damit das Rezeptorpotential ist, desto öfter wird ein Aktionspotential ausgelöst und weitergeleitet (Bild 4.3b). Die ursprüngliche Information ist also jetzt in Form der Frequenz (Impulse/s) der Aktionspotentiale verschlüsselt (kodiert). An der nächsten Synapse wird die übertragene Information (Nachricht) wieder dekodiert: Je höher die Frequenz, desto mehr überträgerstoff (Transmitter) wird dort freigesetzt und desto höher ist das exzitatorische, postsynaptische Potential. Erreicht auch dieses wieder eine Schwelle (Bild 4.2b), werden erneut Aktionspotentiale weitergeleitet, d.h. die Nachricht wird wieder verschlüsselt (rekodiert). Die frequenzanaloge Darstellung hat den Vorteil, daß die Nachricht sicherer übermittelt wird, als wenn die Höhe des Potentials als Informationsträger dient: über lange Leitungsstrecken (bis über 1 m im Menschen!) würde die Potential-Höhe viel leichter verändert werden (und damit die Nachricht verfälscht werden) als es bei der Aktionspotential-Frequenz der Fall ist. Außerdem soll an der Synapse die Nachricht (durch andere Nerven) ergänzt oder unterdürckt werden. Dazu eignet sich besser die Potentialhöhe, so daß hier vorher dekodiert wird.

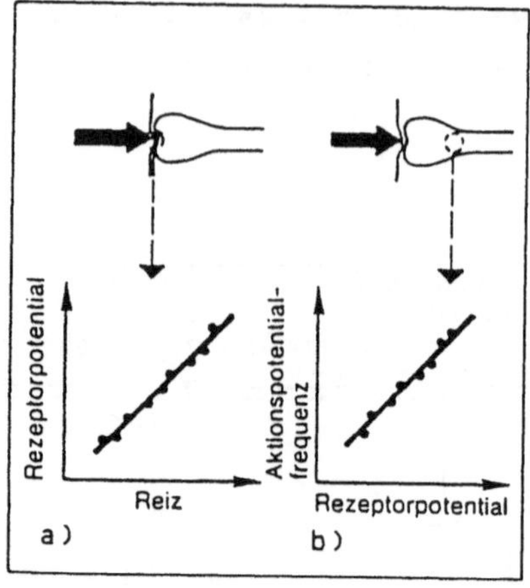

Bild 4.3: Beziehung zwischen Reiz, Rezeptor und Aktionspotential (aus
<Atlas der Physiologie>)

4.1.4 Rechtfertigung einer Analogiebetrachtung

Aus den allgemeinen Aussagen aus Abschnitt 4.1 und den speziellen Bemerkungen zum menschlichen Körper (Abschnitte 4.1.1 - 4.1.3) ist eine
Analgoiebetrachtung durchaus erlaubt. Von den fünf Kennzeichen des
Lebens kann insbesondere die Reizbarkeit auf die Prozeßautomatisierung
übertragen werden. Das Prozeßautomatisierungssystem muß wie der Mensch
auf asynchrone Ereignisse (Interrupts, Signale, Nachrichten) eine er-
eignisabhängige Anwort geben können. Analog den Stell- und Meßgliedern
in der Prozeßautomatisierung hat der menschliche Körper Effektoren und
Rezeptoren. Das periphere Nervensystem entspricht den Leitungs- und
Bussystemen. Kommen also Impulse über das Nervensystem auf Muskelzel-
len (Effektoren), so antworten diese mit einer Kontraktion, genauso
wie ein Schrittmotor durch Impulse angesteuert wird, um z.B. ein Ven-
til zu schließen.

Das menschliche Nervensystem hat 2 Aufgaben zu erfüllen: Zunächst die
Übertragung von Impulsen und darüber hinaus die Verarbeitung von Information. Das menschliche Nervensystem besteht aus mehr als $2 \cdot 10^{10}$
Nervenzellen (Neuronen). Das Neuron ist die strukturelle und funktionelle Einheit des Nervensystems, welches aus einem Zellkörper (Soma)
und zwei Arten von Fortsätzen besteht, dem Axon und den Dendriten. Das
Axon hat die oben erwähnte Aufgabe der Übertragung von Nervensignalen
auf andere Nerven-, Muskel- oder Drüsenzellen. Es kann bis zu 1 m lang

sein, und sich in seinem Verlauf in sogenannte Kollaterale aufsplittern, an deren Ende je eine Synapse sitzt. Über die sehr viel kürzeren Dendriten nimmt die Nervenzelle Signale von anderen Nerven auf. Im Zellkörper wird über alle ankommenden aktivierenden und passivierenden Informationen integriert. Bei Überschreiten eines bestimmten Schwellenwertes beginnt die Nervenzelle ihrerseits, eine aktivierende bzw. hemmende Information über ihr Axon an andere Nervenzellen weiterzugeben[1]. Da die gesamte Informationsverarbeitung im zentralen Nervensystem vollzogen wird (Rückenmark bis Großhirn), bedeutet dies, daß die Zellkörper aller Nervenzellen, deren Axon in die Peripherie geht, im Rückenmark angesiedelt sind. Daneben sind im zentralen Nervensystem auch komplette Nervenzellen zur Verschachtelung in sogenannten Ganglien zusammengefaßt (Ganglion = Anhäufung von Nervenzellen). Die Verarbeitungszentren sind streng hierarchisch aufgebaut (Tabelle 4.1), es existiert kein Axon, das von der Großhirnrinde direkt bis in die Peripherie geht und umgekehrt. Bei jedem Übergang von einer Hierarchiestufe in eine andere sind eine oder mehrere Synapsen zwischengeschaltet.

Großhirn	->	höchste Hierarchiestufe
Zwischenhirn		
Kleinhirn		
Mittelhirn		
Brücke		
verlängertes Mark		
Rückenmark	->	niedrigste Hierarchiestufe

Tabelle 4.1: Hierarchiestufen im zentralen Nervensystem

Da jede Hierarchiestufe ohne die darüberliegende Hierarchiestufe arbeitsfähig ist, und auf der obersten Stufe keine absolut feste Zuordnung von Funktionen vorgefunden wird, ist die Aussage erlaubt, daß der Mensch ein verteiltes, hierarchisch organisiertes, biologisches System mit der Fähigkeit zur Rekonfiguration auf höchster Ebene ist.

----

1) Ein für die Technik hochinteressanter Verarbeitungsmechanismus, der in neuester Zeit auf dem Gebiet der "Neuronalen Netzwerke" zum Einsatz kommt.

4.2 Fehlertoleranz auf der Atom- oder Molekülebene

Für einen Vergleich zwischen Systemen der Natur und der Technik ist es angebracht, folgende Unterteilung vorzunehmen:

Technik	Ebene	Natur
anorganische Atome und Moleküle	1	organische Atome und Moleküle
Bauteile	2	Zellen
Module	3	Organe
technisches System	4	biologisches System

Im folgenden werden einige exemplarische Analogien zwischen dem menschlichen Körper und technischen Systemen in puncto der verwendeten Redundanzformen und den darauf aufbauenden Fehlertoleranztechniken gezogen, wobei die Fehlertoleranzmaßnahmen der Natur zum Teil nur phänomenologisch beschrieben werden.

Auf der Atom- oder Molekülebene liegt der größte und wahrscheinlich nie überbrückbare Unterschied zwischen technischen und biologischen Systemen begründet - die Zellteilung. Alle 7 Jahre, so haben Biologen ausgerechnet, besteht der Mensch aus völlig neuen Atomen.

Man könnte sich auf den Standpunkt stellen und sagen, die Zellteilung gehöre auf die Ebene 2 (Zellebene) unserer Einteilung; da aber die steuernden Funktionen für eine Zellteilung eine Ebene tiefer, und zwar in der Atom- und Molekülebene liegen, möchte ich sie auch dort ansiedeln.

Diskussion

Die Lebensdauer von Zellen ist ein interessanter Aspekt für unsere Betrachtungen. Diese schwankt bei menschlichen Zellen zwischen einigen wenigen bis zu 120 Tagen. Die mittlere Lebensdauer der Zellen ist also wesentlich kleiner als die Lebensdauer ('Betriebsdauer') des ganzen Systems (Präventive Erneuerung). Genau entgegengesetzt sind die Forderungen bei technischen Systemen. Hier muß die mittlere Lebensdauer ei-

nes Subsystems wesentlich größer sein, als die Betriebsdauer des Gesamtsystems. In hoch sicherheitsgefährdeten Spezialanwendungen kann
man sich vorstellen, daß das Prinzip der "präventiven Erneuerung"
durchaus Verwendung finden wird. Generell aber wird dieses Prinzip in
der Fehlertoleranztechnik wegen der hohen Kosten keinen Eingang finden, obwohl diese Methode in manchen technischen Sytemen (unbewußt)
angewandt wird (z.B. die präventive Erneuerung von Luftfiltern bei der
Wartung von Rechenanlagen).

4.3 Fehlertoleranz auf der Zellebene

Tagtäglich können wir an unserem eigenen Körper beobachten: Eine
kleine Wunde, ein Schnitt, eine Abschürfung sind nach wenigen Tagen
bis zu einigen Wochen verheilt. Es bilden sich neue Zellen, die die
alten, verletzten Zellen ersetzen, und zwar dermaßen, daß die
ursprüngliche Beschaffenheit unserer Haut vollkommen wiederhergestellt
ist. Man kann später die Stelle der Verwundung nicht mehr erkennen.
Wenn allerdings die Verletzung eine bestimmte Größe überschreitet, ist
der menschliche Körper nicht mehr in der Lage, die ursprüngliche Beschaffenheit der Haut wiederherzustellen. Es bleibt eine ständige
Narbe oder eine bleibende Verfärbung der Haut. Dieser Heilungsprozeß
versagt vollständig, wenn ganze Gliedmaßen oder ganze Organe verloren
gehen, obwohl in jeder menschlichen Zelle die gesamte Information für
den Aufbau des menschlichen Körpers gespeichert ist.

Diskussion

Auf der Zellebene finden wir bei biologischen Systemen einen sehr wir-
kungsvollen Fehlertoleranzmechanismus. Ein Fehler wird durch die
lokale Ersetzung von defekten Zellen toleriert und nicht durch die Reparatur defekter Zellen. Auf der Organebene ist keine Ersetzung mehr
zu beobachten; hier hat die Natur andere Fehlertoleranzmechanismen
entwickelt (siehe nächster Abschnitt). Im Gegensatz dazu haben wir bei
technischen Systemen auch auf der Modulebene die Möglichkeit, defekte
Module durch neue zu ersetzen (Reparatur), oder sogar manche Module
sofort mehrfach im System vorzusehen (m-aus-n-Systeme). Als Konsequenz
aus dem Einsatz der VLSI-Technik verwischen sich die Grenzen zwischen
Bauelemente- und Modulebene. Da wir keine Verfahren kennen, um defekte
integrierte Schaltkreise zu reparieren, hat sich, wie bereits in Kapitel 1 angedeutet, auf dem Gebiet der VLSI-Technik ein eigener Schwer-
punkt "Fehlertoleranz" herausgebildet.

4.4 Fehlertoleranz auf der Organebene

4.4.1 Das Herz

Obwohl das Herz zu den wichtigsten Organen im menschlichen Körper zählt, ist es doch nur einmal vorhanden. Bei genauerer Betrachtung erkennt man jedoch, daß die Ansteuerung des Herzens (Auslösung der Kontraktion) mehrfach vorhanden ist (Bild 4.4). Am menschlichen Herzen sind drei Erregungsbildungszentren bekannt:

(E1) Der Sinusknoten, dessen Erregungsfrequenz f_S (70-80 Hz) wird nervös beeinflußt;

(E2) der Atrioventrikularknoten (Vorhofknoten), dessen Erregungsfrequenz f_A (40-60 Hz) ebenfalls nervös beeinflußt wird

(E3) und das Hissche Bündel mit der Erregungsfrequenz f_H (20-40 Hz).

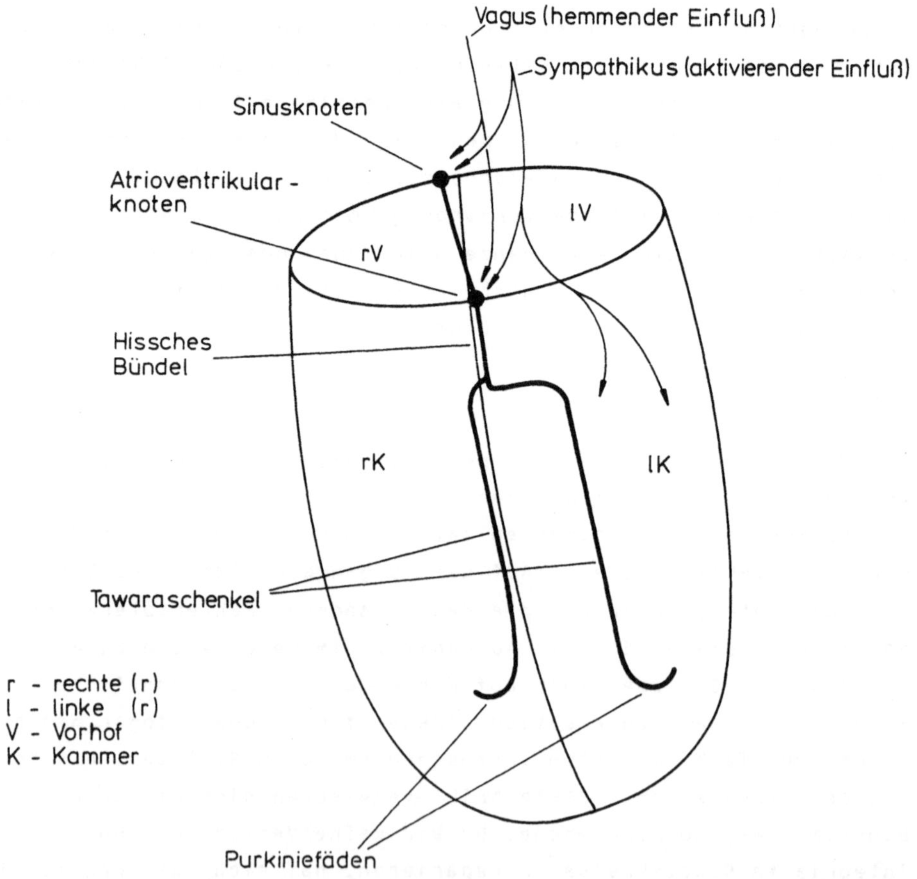

Bild 4.4: Prinzipdarstellung des menschlichen Herzens mit Erregungszentren (aus <Pauschinger>)

Zwischen den drei Erregungsfrequenzen gilt die Relation

$$f_S > f_A > f_H$$

Die Erregung des Herzens erfolgt normalerweise durch den Sinusknoten; er ist der physiologische Schrittmacher des Herzens. Bedingt durch seine Autonomie kann das Herz zwar auch ohne äußere Nervenversorgung schlagen, doch ist eine Anpassung der Herztätigkeit an einen wechselnden Bedarf (Arbeit, Schlaf) des Organismus großteils von intakten Herznerven abhängig. Die führende Rolle des Sinusknotens bei der Herzerregung kommt dadurch zustande, daß die tieferliegenden Teile des Erregungsbildungs- und Erregungsleitungssystems im Herzen eine langsamere Schrittmacherfrequenz als der Sinusknoten haben, so daß die Erregung von dort bereits eintrifft, bevor die spontane Depolarisierung der tieferen Teile deren eigenes Schwellenpotential erreicht <Atlas der Physiologie>. Unter normalen Bedingungen gewinnt also das Erregungsbildungszentrum mit der höchsten Eigenfrequenz, der Sinusknoten, die Vorherrschaft. Der Vorhofknoten hat in diesem Fall nur die Aufgabe der Reizübermittlung. Seine Eigenfrequenz tritt erst in Erscheinung, wenn der Sinusknoten ausfällt <Linder 71>. Analoges gilt für das Hissche Bündel in Verbindung mit dem Vorhofknoten. Man erkennt also eine Hierarchie, in der sich die unteren Erregungsbildungszentren anpassen. Das Vorhandensein dieser drei Erregungsbildungszentren läßt aber auch noch eine zweite Interpretation zu. Das Ziel der Evolution war nicht die Bereitstellung der zweifachen Redundanz, sondern eine höhere Herzfrequenz, die für das Überleben notwendig war (Atrioventrikularknoten). Und noch besser war eine den Bedürfnissen (Schlafen, Arbeit) angepaßte Herzfrequenz, also eine nervöse Steuerung durch Vagus und Sympathikus.

Diskussion

Unabhängig davon, welche Interpretation man bevorzugt, bleibt folgendes festzuhalten: Es liegt eine <u>hierarchische Struktur</u> vor, wobei auf <u>jeder Hierarchiestufe</u> <u>dieselbe Funktion</u> (Erregungsbildung) zu finden ist, allerdings jeweils mit verminderter Leistungsfähigkeit (Graceful Degradation). Die Bereitstellung eines hochzuverlässigen Muskels (Herzmuskel) ist für die Natur kein Problem. Das kritische Subsystem im biologischen System Mensch ist jedoch die Erregungsbildung.

Die Anwendungsorientiertheit des Einsatzes von Fehlertoleranztechniken läßt sich hier ganz deutlich erkennen. In jedem System muß das kritische Subsystem gefunden werden, und innerhalb dieses Subsystems darüber hinaus für die Toleranz von Fehlern die adäquate Fehlertoleranzmethode.

4.4.2 Die Nieren

Diese sind im biologischen System Mensch doppelt vorhanden. D.h. wenn beide Nieren funktionieren, wird die geforderte Leistung/Funktion von beiden zu gleichen Teilen erbracht. Im Normalfall sind also beide Nieren relativ wenig ausgelastet und somit wenig belastet. Jede Niere für sich ist so überdimensioniert, daß der Mensch auch beim Versagen einer Niere überleben kann. In diesem Fall wächst sogar die intakte Niere infolge einer erhöhten Durchblutung und wird damit leistungsfähiger (wird in der Technik wohl ein Wunschtraum bleiben). Insgesamt ist jedoch ein teilweiser Vitalitätsverlust zu beobachten. Der Betroffene darf nicht mehr alles Essen und Trinken (Alkohol), oder kann seinen Körper nicht mehr im ihm gewohnten Umfang belasten (Graceful Degradation).

Diskussion

Bleibt also festzuhalten: Es liegen zwei identische Systeme vor, die so überdimensioniert sind, daß jedes einzelne die für das überleben geforderte Leistung erbringen kann. Aber im Normalbetrieb sind beide Systeme nur minimal ausgelastet.

Das Prinzip der "minimalen Belastung" gehört schon lange Zeit zum Standard im Hardware-Schaltungsentwurf, allerdings mit einer etwas anderen Zielsetzung. Man belastet ein Bauteil so geringfügig, daß man weit unter der physikalischen oder thermischen Zerstörungsgrenze liegt. Auf diese Weise wird versucht, durch minimale Belastung die Lebensdauer des Bauteils zu erhöhen.

Direkt umsetzbar ist das Prinzip der minimalen Aus- und Belastung bei der Bestimmung der Auslastung von Prozessoren. Für eine Aufgabe, die einen Prozessor zu 50 % auslastet, werden zwei Prozessoren eingesetzt, die dann jeweils zu ca. 25 % ausgelastet sind. Auf beiden Prozessoren sind jedoch alle Programme vollständig vorhanden. Bei Ausfall von einem Prozessor werden alle Programme von dem verbleibenden Prozessor abgearbeitet, eventuell mit zusätzlichen, durch den Ausfall bedingten Ausnahmebehandlungen. Da ein technisches System seine Leistungsfähigkeit aus eigenem Antrieb nicht steigern kann, muß die potentielle Verarbeitungsleistung von vornherein zur Verfügung gestellt werden.

4.4.3 Die Leber

Die Leber ist das größte Organ im menschlichen Körper (ca. 3 - 4 Pfund). Eine enorm große Zahl von gleichartigen Zellen erbringen die Gesamtleistung der Leber. Die Gesamtleistung des Organs entspricht der Summe der Zelleistungen. Das Organ ist im wesentlichen homogen; d.h. 1/k-tel Leber ist für sich funktionsfähig. Es fällt gar nicht auf, wenn ein paar hundert oder tausend Zellen nicht mehr arbeiten. Dieses Prinzip erinnert sehr stark an die "N-Modular Redundancy" Fehlertoleranztechnik wobei N >>> 1 ist.

4.4.4 Augen und Ohren

Die Augen und Ohren sind Organe, die nicht mehr nur zur Organebene, aber auch noch nicht zur Systemebene gezählt werden können. Es sind Organe, die zwei unserer fünf Sinne (<u>sehen</u>, <u>hören</u>, tasten, riechen, schmecken) zur Verfügung stellen. Außer dem Tastsinn sind auch noch die Organe für das Riechen und das Schmecken eng mit der Systemebene verbunden.

Für die Funktionen räumliches Sehen und Hören sind intakte Organpaare erforderlich. Fällt z.B. ein Auge aus, so kann der betreffende Mensch Entfernungen nicht mehr richtig einschätzen. Dieser Verlust wird aber im Nahbereich durch eine Verfeinerung des Tastsinnes etwas gemildert. Demgegenüber wird der Ausfall des Gehörs durch eine Steigerung der Sehrverarbeitung (schnelles Erkennen von Änderungen und Unterschieden, besser sehen) teilweise aufgefangen. Der Ausfall eines Sinnes wird also zum Teil durch andere Sinne kompensiert.

<u>Diskussion</u>

Auch hier finden wir wieder das Stichwort "Graceful Degradation". Durch das Versagen eines Auges bzw. Ohres verliert der Mensch die Fähigkeit des räumlichen Sehens bzw. Hörens, wird aber nicht vollständig blind bzw. taub. Die Summe der Einzelfunktionen der Augen bzw. Ohren sind kleiner als ihre Gesamtfunktionen. Eine Umsetzung könnte man sich im Bereich der Software-Konstruktion vorstellen:

Auf einem Prozesor der Operationsebene ist ein digitales Reglerprogramm installiert. Für die Regelung müssen mehrere Nutzdaten eingelesen werden mit einer Abtastfrequenz f_N (N-Normal). Beim "Ausfall" eines Nutzdatums kann man einen weiteren Rechenprozeß starten, der z.B. auf Kosten eines hohen Verbrauchs an Rechenleistung aus den verbleibenden Nutzdaten einen Näherungswert für das fehlende Nutzdatum errechnet. (Ausnutzung der physikalischen Zusammenhänge der Meßwerte). Durch diesen rechenintensiven Vorgang kann je nach Auslegung die Abtastfrequenz der Nutzdaten kleiner werden $f_A < f_N$ (A-Ausnahme). Wenn dies nicht toleriert werden kann, muß die Abarbeitung dieses rechenintensiven Rechenprozesses auf einem anderen Prozessor eingeplant werden.

Eine zweite Anwendung dieser Vorgehensweise unterstützt den schon erwähnten Inselbetrieb. Die Führungsgröße wird in einer hierarchischen Organisation sinnvollerweise von einer höheren Ebene aus vorgegeben. Fällt nun der entsprechende Kommunikationsweg aus, so kann ebenfalls ein schon vorhandener Rechenprozeß gestartet werden, der mit Hilfe der vorhandenen Daten einen eventuell nicht so optimalen Führungswert berechnet. Der technische Prozeß wird zwar nicht mehr optimal geführt, gerät aber auch nicht außer Kontrolle.

4.5 Fehlertoleranz auf der Systemebene

In Kapitel 4.1 wurden die allgemeinen Architekturmerkmale und Verarbeitungsprinzipien des biologischen Systems "Mensch" vorgestellt. Diese sind für das Verständnis und die anschließende Diskussion der Rekonfiguration - einer Fehlertoleranztechnik auf der höchsten Ebene des zentralen Nervensystems (Hirnrinde) - notwendig.

Zitat aus <Dal Cin 79>

"*David Ferrier beobachtete bereits 1873, daß ein Affe, der nach einem operativen Eingriff in sein Gehirn nicht mehr in der Lage var, den Arm zu bewegen, diese Fähigkeit nach einiger Zeit viedererlangte. Ferrier folgerte: "It vould appear that after destruction of a center on one side (of the brain) some other part of the same hemisphare may take the function of the destroyed part.""*

Heute weiß man, daß, analog zu den Hirnteilen, bestimmten Arealen im Großhirn (Hirnrinde) bestimmte Funktionen zugeordnet sind. Jedoch ist diese Zuordnung nicht ein für allemal fest, sondern das Großhirn ist in der Lage, Funktionen von defekten Arealen auf funktionsfähigen Arealen wieder zur Verfügung zu stellen.

<u>Diskussion</u>

Die Aufnahme und Verarbeitung von Reizen im menschlichen Körper (Kapitel 4.1.3) erinnert sehr stark an die Aufgaben in der Prozeßautomatisierung. Die Begriffe Aufnahme und Verarbeitung werden dabei lediglich durch die Begriffe Meßwerterfassung und Informationsverarbeitung ersetzt. Es lassen sich prinzipielle Analogien zwischen einem Prozeßautomatisierungssystem und dem biologischen System "Mensch" ziehen. Speziell für das Gebiet der Fehlertoleranz bietet die Natur einige interessante Lösungen. Grundlage für die Rekonfiguration stellen die beiden Stichworte

(S1) diversitäre Kommunikationskanäle und
(S2) Verarbeitungshierarchie

dar, und werden aus diesem Grunde ausführlich besprochen.

zu (S1):
Im menschlichen Körper finden wir zwei diversitäre Kommunikationssysteme:

(K1) elektrisch-nerval und
(K2) humoral-hormonal

Beide Systeme sind antagonistisch aufgebaut, so daß es immer einen hemmenden und einen aktivierenden Einfluß gibt (z.B. Sympathikus kontra Parasympathikus oder Adrenalin kontra Noradrenalin).

Übertragen auf die Regelungstechnik bedeutet dies: Es existieren zwei Regelkreise, deren Stellgrößen gegenläufig sind. Durch die Überlappung der Stellgrößen (siehe Bild 4.5) kann der Ausfall einer Stellgröße (Regelkreis) durch den zweiten Regelkreis toleriert werden. Besonders zu erwähnen ist, daß der Ausfall einer Stellgröße innerhalb ihres Wertebereichs beliebig sein kann. Der verbleibende funktionsfähige Regelkreis kann als Summenstellgröße immer N(ormal) einstellen. Allerdings kann der Dynamikbereich bis auf nahezu Null absinken (Graceful Degradation).

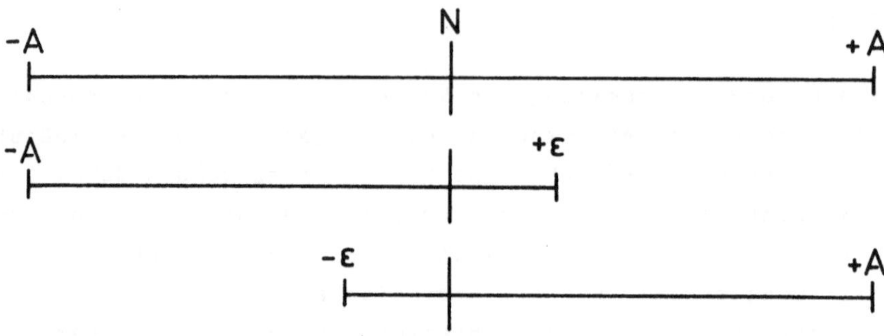

Bild 4.5: Antagonistische Stellgrößen

Weiterhin kann auf beiden Systemen (K1) und (K2) eine **ständige** Kommunikationsaktivität beobachtet werden. In manchen Klassifizierungen von Fehlertoleranztechniken wird eine Technik als wenig geeignet eingestuft, wenn sie Rechenzeit oder allgemein Verarbeitungsleistung absorbiert. In Netzen ist es aber gerade die Kommunikation, mit der die Rekonfiguration als Fehlertoleranztechnik implementiert werden kann, d.h. jede freie Kapazität (Kommunikation, Verarbeitung), die von der Automatisierungsaufgabe nicht benötigt wird, wird für den Austausch von Zustandsinformationen der Knoten untereinander und für eventuell daraus resultierende Rekonfigurationsmaßnahmen verwendet. Das Ziel ist ein dynamischer Lastwechsel zwischen Automatisierungsaufgabe und Fehlertoleranzmethode, wobei die Automatisierungsaufgabe im fehlerfreien Zustand die höhere Priorität besitzt. Einen "Idle"-Zustand wird es für einen Prozessor oder einen Kommunikationskanal nicht mehr geben.

Den ersten Schritt einer Fehlertoleranzmethode - die Fehlererkennung - realisieren wir mit einer ständigen Kommunikation. In Anlehnung an das antagonistische Prinzip verfolgen wir folgende Strategie:

Das Netz hat grundsätzlich die Tendenz, in autonome Systeme zu zerfallen. Der dabei entstehende Betrieb soll Inselbetrieb heißen. Nur durch **ständige** Kommunikation miteinander kann ein Knoten erkennen, daß der Prozessor, der Kommunikationskanal und die Programmatur des Nachbarn in Ordnung sind. Diese ständige Kommunikation kann folgende Information beinhalten:

(I1) Zustandsinformation über den eigenen Knoten
(I2) Zustandsinformation über fremde Knoten
(I3) Testsequenzen mit bekanntem Ergebnis
(I4) Nutzdaten

Ein wichtiges Element ist sicher die Angabe einer maximalen Wartezeit, innerhalb der eine Kommunikation stattgefunden haben muß. Wird diese Zeit überschritten, kann der Knoten eventuell noch Überprüfungen vornehmen (Kommunikation mit weiteren Nachbarn), bevor er seinen Kommunikationspartner und/oder die Kommunikationsstrecke als fehlerhaft kennzeichnet, und, sofern Rekonfigurationsanweisungen vom Benutzer spezifiziert wurden, diese dann einleiten.

Durch die ständige Kommunikation und die Angabe von maximalen Wartezeiten ist die Bestimmung einer maximalen Fehlererkennungszeit möglich. Aus diesem Grunde genügt es im allgemeinen, daß nur ein Fehler tolerierbar sein muß, denn durch die schnelle Fehlererkennung, eine geeignete Fehleranzeige und durch eine für kritische Subsysteme vorgenommene Rekonfiguration ist eine schnelle Reparatur durch das Wartungspersonal bzw. den Automatisierungsingenieur möglich.

Analog wie in der Natur müssen die Fehlertoleranztechniken und Redundanzformen bereits vorhanden sein, d.h. sie müssen in der Technik gleichberechtigt neben dem eigentlichen Ziel der Automatisierung in den Entwurf eingebracht werden. Dies läßt sich mit dem zuvor Gesagten in folgenden Formeln ausdrücken (Gleichungen (4.1) - (4.3)).

Netzkapazität: $NK(nT)$ $[0,1]$; $n = 0,1,2, \ldots$
Zeitraster: $T = [anwendungsabhängig]$

$NK(nT) = 1$ im fehlerfreien Fall
$NK(nT) = 0$ Totalausfall des Netzes

Automatisierungsverbrauch: $AV(nT)$; $AV(nT) < NK(nT)$
Fehlertoleranzverbrauch: $FV(nT)$; $FV(nT) < NK(nT)$

$$AV(nT) + FV(nT) <= NK(nT) \qquad \text{Gleichung (4.1)}$$

Im fehlerfreien Fall oder nach einer Rekonfiguration wird die für die Fehlertoleranztechnik verfügbare Kapazität $FK(nT)$ nach der Formel

$$FK(nT) = NK(nT) - AV(nT) \qquad \text{Gleichung (4.2)}$$

berechnet, d.h. die eigentliche Nutzarbeit soll durch den Austausch von Zustandsinformationen nicht behindert werden. Mit anderen Worten, die Rechenprozesse, welche die eigentliche Automatisierungsaufgabe bearbeiten, haben alle eine höhere Priorität als die Rechenprozesse, die für die Rekonfigurationstechnik zuständig sind.

Im Falle einer laufenden Rekonfiguration berechnet sich die noch verbleibende Automatisierungskapazität AK(nT) zu

$$AK(nT) = NK(nT) - FV(nT) \qquad \text{Gleichung (4.3)}$$

Während einer laufenden Rekonfiguration ist das System oder zumindest Teile davon in einem undefinierten Zustand. Im Gegensatz zu Gleichung (4.2) hat sich nun die Sachlage umgekehrt. Um möglichst schnell wieder einen definierten Systemzustand zu erreichen, sollte nun die Rekonfigurationsarbeit möglichst wenig von der eigentlichen Nutzarbeit behindert werden. Der Wechsel der Prioritäten in den einzelnen Stadien ist durch eine dynamische Prioritätenvergabe leicht realisierbar. Die schraffierten Flächen in Bild 4.6 kennzeichnen je nach dem Zustand des Systems die wichtigere Aufgabe.

In Prozeßrechennetzen möchte man nicht nur das Versagen eines Knotens, sondern auch den Ausfall eines Kommunikationskanals tolerieren können. Man benötigt unbedingt zu jedem kritischen Kommunikationskanal einen alternativen Kommunikationsweg. Auch hier können die Kommunikationsstrukturen im biologischen System als Vorbild dienen. Analog dem Nervensystem wird ein leistungsfähiger Bus für die eigentliche Automatisierungsaufgabe vorgesehen, und analog dem humoral-hormonalen Kommunikationssystem eine weniger leistungsfähige (deshalb billigere) serielle Kommunikationsmöglichkeit. Jedoch sollte beim Ausfall einer Kommunikationsstrecke auf dem noch intakten Kanal System- bzw. Anwendungsinformation übertragen werden können. Es ist klar, daß dabei nur eine eingeschränkte Kommunikation möglich ist.

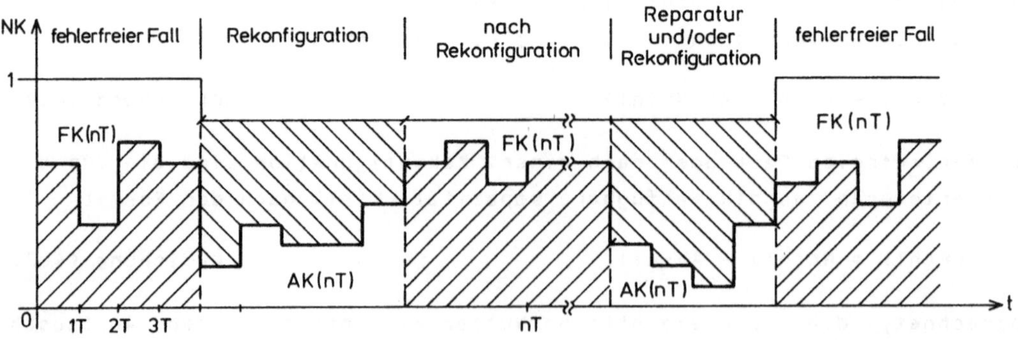

Bild 4.6: Darstellung des dynamischen Wechsels zwischen Fehlertoleranzverbrauch und Automatisierungsverbrauch

zu (S2):

Die Hierarchie als Ordnungsrelation ist ein ganz wichtiges Hilfsmittel, um komplizierte Sachverhalte in Subsysteme mit klar definierten Schnittstellen zu zerlegen, und so den Gesamtüberblick zu behalten. Die Hierarchie als Ordnungsrelation findet man sehr ausgeprägt im Betriebssystembau <Levi 81> und in der Arbeitsteilung unserer Industriegesellschaft. Beim System "Mensch" fällt die ungeheure Informationsreduktion von 10^9 bit/s auf $10^1 - 10^2$ bit/s in der höchsten Hierarchiestufe auf.

Im Hinblick auf die Fehlertoleranz bietet es sich an, auf jeder Hierarchieebene die gleiche Funktion mit verschiedener Leistungsfähigkeit zu implementieren, (sozusagen ein hierarchischer Recovery-Block). Um den Realisierungsaufwand in Grenzen zu halten, wäre eine abgeschwächte Forderung:

Auf der nächst höheren Ebene i + 1 ist dieselbe Funktion wie auf der unterliegenden Ebene i, wenn auch mit unterschiedlicher Qualität, bereitzustellen. Somit können Ausfälle in der Ebene i toleriert werden. Umgekehrt sind die Funktionen der Ebene i so zu implementieren, daß sie ohne die Funktionen der Ebene i + 1 funktionsfähig sind (Inselbetrieb).

5. Vorschlag zur Implementierung von Rekonfigurationsmaßnahmen in hierarchischen verteilten Realzeitsystemen

Wie in Kapitel 3 hergeleitet, gehört die Rekonfigurationstechnik zur Klasse der Fehlerursachenbehandlungstechniken. In einer ersten Analyse wollen wir herausarbeiten, "was" eigentlich rekonfiguriert wird.

5.1 Rekonfiguration - eine Fehlerursachenbehandlungstechnik

5.1.1 Theoretische Möglichkeiten der Rekonfiguration

Bei der Rekonfiguration wird versucht, eine als fehlerhaft erkannte Systemkomponente aus dem laufenden Rechensystem herauszunehmen. Sind Ersatzkanten (Verbindungen) und/oder -knoten (Rechensysteme) vorhanden, müssen diese in das Netz eingegliedert werden, und sofern Knoten ausgefallen sind, müssen die Rechenprozesse der ausgefallenen Knoten auf diese Ersatzknoten verlagert werden. Wenn keine Ersatzkanten und/oder -knoten vorhanden sind, werden bei ausreichender Rechenkapazität die Rechenprozesse des ausgefallenen Knotens auf die intakten Knoten im Netz verteilt. Bei fehlender Rechenkapazität müssen "weniger wichtige" Rechenprozesse den eventuell "wichtigen" Rechenprozessen des fehlerhaften Knotens Platz machen (Graceful Degradation, Fail Soft). Das hat zur Folge, daß der volle zu Beginn vereinbarte Leistungsumfang des Systems nicht mehr zur Verfügung steht (eingeschränkter Betrieb). Aus den aufgezählten Möglichkeiten für Rekonfigurationsmaßnahmen lassen sich zwei prinzipielle Aufgaben herauslösen:

(A1) Isolieren und neu eingliedern von Kanten, Knoten und Peripherie
(A2) Verlegen (löschen, laden, starten) von Rechenprozessen

Hier wird erneut die Anwendungs- und Benutzerabhängigkeit von Fehlertoleranzmaßnahmen deutlich sichtbar. Die Aufgaben (A1) und (A2) können durch Systemdienste erledigt werden. Aber welche Kanten, Knoten und/oder Rechenprozesse isoliert, neu eingegliedert bzw. verlagert werden sollen, muß der Benutzer bestimmen. Man benötigt also sprachliche Hilfsmittel, die es dem Benutzer ermöglichen, den Grad der Redundanz selbst zu bestimmen, und, wenn die Redundanz erschöpft ist, festzulegen, was zu tun ist.

<u>Beispiel:</u>

Man kann sich auf den Standpunkt stellen, daß der technische Prozeß bei korrektem Design des gesamten Systems keinen gefährlichen Zustand einnehmen kann, solange dieser vom Prozeßrechnersystem kontrolliert wird. Was aber ist zu tun, wenn von zwei angenommenen Kommunikationswegen einer ausfällt:

(M1) Technischer Prozeß ist sofort herunterzufahren in einen sicheren Zustand, da die vorgesehene Redundanz (zweiter Kommunikationsweg) "verbraucht" ist. Nachdem die Reparatur durchgeführt ist, wird der technische Prozeß wieder hochgefahren. (Sicherheit auf Kosten der Verfügbarkeit)

(M2) Technischer Prozeß wird weiter vom Prozeßrechnersystem gelenkt, die fehlerhafte Komponente ausgetauscht oder repariert und danach wieder ins System eingegliedert. Während dieser Zeit kann ein weiterer Fehler, der den noch intakten Kommunikationsweg betrifft, nicht toleriert werden. (Verfügbarkeit auf Kosten der Sicherheit)

Hier wird die Divergenz zwischen der Forderung nach Sicherheit und der Forderung nach Verfügbarkeit besonders deutlich sichtbar, wenn man beide unabhängig voneinander fordert.

Die Rekonfiguration ist eine sehr leistungsfähige Fehlerbehandlungstechnik, da es durch den Einsatz geeigneter Fehlererkennungsmechanismen möglich ist, sowohl Hardware- als auch Software-Systemkomponenten ein- und auszugliedern. Fehlererkennungstechniken, die Rechenleistung benötigen, werden ständig zu solchen Zeiten ausgeführt, in denen das Rechensystem im "IDLE"- Zustand wäre. Durch dieses Vorgehen wird eine Fortpflanzung von Fehlern im System stark eingeschränkt. Tritt jedoch der Fehler nicht bei den Tests, sondern bei Anwendungsoperationen auf, so kann man das Fortpflanzen eines Fehlers hier nicht verhindern. Beim nächsten Test kann man den Fehler jedoch entdecken und weitere Fehler - verursacht durch das fehlerhafte Rechensystem - vermeiden, indem man Rekonfigurationsmaßnahmen einleitet.

Generell läßt sich also sagen:

"Ein aus modularen Systemkomponenten (Hard- und Software) aufgebautes (konfiguriertes) System ist prinzipiell rekonfigurierbar."

Diese Aussage gilt in ihrer allgemeinen Form nur für den Menschen. Für verteilte Rechensysteme muß man einschränkend sagen:

"Mit Hilfe der Rekonfiguration ist es möglich, die Betriebsphase (Phase 5 in Bild 3.9) dedizierter Systemkomponenten programmgesteuert zu beenden und somit die Forderung nach Fehlerfreiheit in der Betriebsphase für das gesamte Rechensystem zu erfüllen."

Das führt uns zu den realistischen Möglichkeiten der Rekonfigurationstechnik.

5.1.2 Realistische Möglichkeiten der Rekonfiguration

Das physische Isolieren und Neueingliedern von Knoten, Kanten, Standard- und Prozeßperipherie ist programmgesteuert schwer zu realisieren. Der Austausch und die Reparatur von Systemkomponenten oder die Nachentwicklung und Verbesserung einer Hardwareschaltung oder eines Algorithmusses wird nach wie vor die Aufgabe von Technikern oder Entwicklungsingenieuren sein. Will man also ein Versagen der Systemkomponenten, Kanten, Standard- und Prozeßperipherie tolerieren können, so müssen für diese alternative Exemplare (Ersatzexemplare) vorgesehen werden. Knoten und Teile der Standardperipherie (Sekundärspeicher) sind auf Grund der Dezentralisierung der Hardware mehrfach in einem verteilten System vorhanden.

Bevor man sich mit der Rekonfiguration beschäftigt, muß man sich mit der Konfiguration von Systemen, insbesondere mit der Konfigurationsbeschreibung, befassen. In <Magee; Kramer 83> wird die Konfigurationsbeschreibung bzw. -spezifikation in drei Bereiche aufgegliedert:

(B1) Logische Struktur - beschreibt die logischen Komponenten (Rechenprozesse, Betriebssystem) und ihre logischen Verbindungen

(B2) Physikalische Struktur - beschreibt die physikalischen Komponenten (Knoten, Peripherie) und ihre physikalischen Verbindungen (Netzwerk)

(B3) Abbildung der logischen auf die physikalische Struktur - beschreibt den physikalischen Ort der logischen Komponenten. Um eine vollständige Flexibilität zu erreichen, sollte es möglich sein, eine oder mehrere logische Komponenten auf eine physika-

lische Komponente abzubilden. Bei der Abbildung sollte die einzige Einschränkung sein, daß eine physikalische Komponente die
von einer logischen Komponente benötigten Betriebsmittel nicht
zur Verfügung stellen kann.

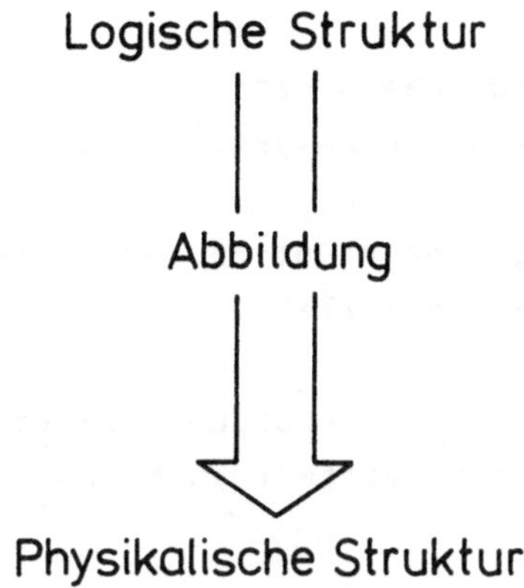

Bild 5.1: Abbildung der logischen auf die physikalische Struktur

Somit bestimmt sich die Rekonfiguration zu einer <u>Änderung</u> der Abbildung der logischen Struktur auf die physikalische Struktur. Der Begriff der "Graceful Degradation" läßt sich dann als Änderung der Abbildung <u>und</u> Änderung der logischen Struktur beschreiben.

Das zentrale Problem lautet also:

Wie ist es möglich, ein und denselben Programmkörper eines Rechenprozesses auf verschiedenen Knoten zur Ausführung zu bringen, oder verschiedene Rechenprozesse, die dieselbe Funktion zu Verfügung stellen,
auf verschiedenen oder auf ein und demselben Knoten ablaufen zu lassen. In beiden Fällen kommt noch die Schwierigkeit der Konsistenz
(hier: exklusive Ausführung der Rechenprozesse, die für dieselbe Aufgabe zuständig sind) hinzu.

Das Grundproblem sind die Kommunikationsbeziehungen eines Rechenprozesses mit seiner Umgebung: Daten müssen an anderer Stelle abgeholt
bzw. abgeliefert werden. Die Lösungsidee ergibt sich durch das Studium
eines verteilten Systems in der Natur (vgl. Kapitel 5.2).

5.1.3 Diskussion relevanter Literatur - Stand der Technik

Bezüglich der Rekonfiguration als Fehlerursachenbehandlungstechnik sind in diesem Rahmen die folgenden Arbeiten zu nennen:

(A1) Fehlertolerantes Verhalten in Multiprozessoren - Untersuchungen zur Diagnose und Rekonfiguration <Maehle 82>.

(A2) Rekonfiguration und Restauration von Prozeßsystemen in fehlertoleranten verteilten Rechensystemen <Seifert 81>.

(A3) Zur Programmierung von räumlich verteilten dezentralen Prozeßrechensystemen <Steusloff 77>.

(A4) Systemergänzungen und Piloterprobung eines fehlertoleranten Echtzeitrechensystems mit verteilten Mikroprozessoren (RDC-System) <Heger 81>.

(A5) Reference Manual für die Sprache MEHRRECHNER-PEARL <Mehrrechner-PEARL 85>.

(A6) Dynamic Configuration for Distributed Real-Time Systems <Magee; Kramer 83>.

zu (A1):

In <Maehle 82> wird ein graphentheoretisches Modell zur Beschreibung fehlertoleranter Multiprozessorkonfigurationen beschrieben. Das Modell geht davon aus, daß sowohl die Selbstdiagnose als auch die Rekonfiguration verteilt auf den verbleibenden intakten Systemmoduln ausgeführt wird. Ziel ist es also, daß eine Multiprozessorkonfiguration nach einem Hardwareversagen (Prozessor, Speicher, Kommunikationsweg) ohne Eingriffe von außen selbst in der Lage ist, sich zu rekonfigurieren. D.h. es sind keine Möglichkeiten für den Benutzer vorgesehen, die Rekonfigurationsaktivitäten zu beeinflussen. Die Peripherie wird in diesem Modell nicht betrachtet. Da die Rekonfiguration für den Benutzer transparent sein soll, ist dieses Modell in die Kategorie 2 (Fehlertoleranz auf Rechnerebene) der in Kapitel 1 gemachten Unterscheidung einzuordnen. Der Vorschlag zur Rekonfiguration eignet sich für die hier betrachteten Systeme auch wegen der Realzeitbedingungen nicht.

zu (A2):

Ziel der Arbeit von <Seifert 81> war es, generelle Konstruktionsmethoden für fehlertolerante verteilte Prozeßsysteme zu entwickeln und darauf aufbauend ein Architekturkonzept für ein fehlertolerantes Programmsystem zu entwerfen, wobei unter Prozeßsystem eine Menge kommunizierender Rechenprozesse zu verstehen ist. Das Modell umfaßt Rechenprozesse, Dateien und Kommunikationsverbindungen. Die Peripherie wird auch in dieser Arbeit nicht in die Modellbildung mit einbezogen. Weiterhin wird sehr stark zwischen struktureller und funktioneller Redundanz unterschieden. Es ist aber bei der in dieser Arbeit betrachteten Klasse von Prozeßautomatisierungssystemen notwendig, das volle Spektrum der Redundanzformen einsetzen zu können, zumal strukturelle Redundanz meist erst durch funktionelle Redundanz nutzbar gemacht werden kann. Da die fehlertoleranten Aktionen sich auf Prozeßsysteme beziehen, ergibt sich bei Änderungen immer eine komplette Neuübersetzung, und bei Ausfall eines wichtigen Rechenprozesses fällt unter Umständen das gesamte Prozeßsystem aus.

zu (A3):

In <Steusloff 77> werden Hilfsmittel für die Programmierung verteilter dezentraler Prozeßrechensysteme erarbeitet. Neben anderen sind folgende hier relevante Ergebnisse zu nennen:

(E1) Es wird gezeigt, daß bei mehrstufiger hierarchischer Struktur einer Programmiersprache der Aufwand der Programmerstellung und -pflege schon bei kleiner Zahl der Hierarchiestufen stark verringert wird.

(E2) Die Konzeption sowie die semantische und syntaktische Definition von Beschreibungsmitteln für

- Prozeßdaten-Ersatzwege und -Ersatzwerte in Abhängigkeit vom Betriebszustand des Rechensystems,

- die Zuordnung von Programmen zu Teilrechnern in Abhängigkeit vom Betriebszustand des Rechensystems (Programmkonfiguration und -rekonfiguration, "Dynamischer Lader"),

- die statische Struktur des räumlich verteilten Prozeßrechensystems (Systemstrukturtabelle).

Diese Beschreibungsmittel wurden entsprechend dem Ergebnis einer Wertanalyse von sieben existierenden Sprachen speziell für die Sprache

PEARL (Process and Experiment Automation Realtime Language) ausgearbeitet. In diesem Zusammenhang sind die beiden Literaturstellen <Heger 81> und <Mehrrechner-PEARL 85> zu nennen.

zu (A4):

In <Heger 81> werden die Aufgabenstellung, Eigenschaften und Erfahrungen über ein verteiltes Prozeßrechensystem (RDC-System; Really Distributed Control System) für die Automatisierung von 28 Tieföfen vorgestellt. Die Programmierung wurde in PEARL unter Verwendung der Erweiterungsvorschläge von <Steusloff 77> durchgeführt. Aus den Angaben des Stations-, Lade- und Systemteils erzeugt das Programmerzeugungssystem Tabellen, die als Informationsbasis des RDC-Betriebssystems DISPOS (Distributed Pearl Operating System) die selbsttätige Programmkonfiguration des Systems ermöglichen. Einschränkend ist jedoch

   - die zentrale Rolle des "Dynamischen Ladens" und
   - die zentrale Haltung einiger dieser Tabellen

zu nennen. In dem Vorschlag von <Steusloff 77> besitzt der "Dynamische Lader" nur Schnittstellen zu den Betriebszuständen der Hardware-Moduln (Statusregister) <Hinderer 81>. D.h. es können nur Hardware-Ausfälle toleriert werden.

zu (A5):

Die Vorschläge der Firma Dornier <Blank 79>, <Lang 79> und des Fraunhofer Instituts für Informations- und Datenverarbeitung <Steusloff 77> für die Erweiterung von PEARL für die Programmierung von Mehrrechnersystemen sind in dem Reference Manual <Mehrrechner PEARL 85> für eine Normung zusammengefaßt. Die von Steusloff vorgeschlagene Strukturbeschreibung schlägt sich hier in einer sogenannten übergeordneten Beschreibungsliste (MAP)[1] nieder. Die Anweisungen dieser Beschreibungsliste werden nicht direkt in Maschinencode umgesetzt, sondern dienen als Steueranweisungen für die Kompilation (Systemprogramme), d.h. zur Parametrierung des Maschinencodes. Die zentrale Auslegung dieser Beschreibungsliste bringt den Vorteil einer besseren Übersichtlichkeit, bedingt aber auch bei jeder Änderung in der Strukturbeschreibung eine Neuübersetzung des gesamten Programmsystems.

----

1) Kurz vor Fertigstellung der Arbeit erschien der DIN-Norm Entwurf
   66253, Teil 3 <DIN 66253c>, der somit die Literaturstelle <Mehrrechner-PEARL 85> ersetzt. Neben einer ausführlicheren Beschreibung
   und einem formaleren Aufbau ist die Ersetzung des Begriffs "MAP"
   durch den Begriff "ARCHITECTURE" die einzig nennenswerte Änderung.

Sehr interessant ist jedoch der Vorschlag für die Kommunikation zwischen Teilsystemen. In MEHRRECHNERPEARL ist die Kommunikation ausschließlich durch Botschaftenaustausch auf der Basis eines Portkonzepts möglich. Mit dem vorgestellten Port-Konzept wird die direkte Ansprache von Kommunikationsobjekten in fremden Collections vermieden, und Verbindungen zwischen verschiedenen Collections werden nicht implizit festgeschrieben. "Collections" sind in die Sprache neu eingeführte _verlegbare_ Einheiten, d.h. eine Zusammenfassung von Moduln zu Modulgruppen. Der Botschaftenaustausch auf der Basis des Port-Konzepts kann für die hier betrachtete Aufgabenstellung voll übernommen werden, da ja gerade nach einer Rekonfiguration die Kommunikation weiterhin gewährleistet sein muß. Allerdings wird die softwaremäßige Rekonfigurationseinheit bis auf die Stufe der Rechenprozesse verfeinert, und die zentrale Beschreibungsliste wird durch dezentrale Beschreibungslisten auf der Rechenprozeßebene ersetzt.

zu (A6):

In <Magee; Kramer 83> wird ein Modell für die dynamische Konfiguration von Systemen vorgestellt. Ziel dieser Arbeit ist die Bereitstellung eines Konzepts und dazugehöriger Sprachkonstrukte, um Systeme zur Laufzeit modifizieren bzw. erweitern zu können. Diese Eigenschaft ist eine Forderung für große Realzeitsysteme, bei denen es nicht möglich oder ökonomisch nicht vertretbar ist, das gesamte System zu stoppen, um eine Hardware- oder Software-Modifikation vorzunehmen. Wie in <Mehrrechner-PEARL 85> wird die Kommunikation durch Nachrichtenübertragung und Verwendung des Port-Konzepts (exitport, entryport) realisiert. Leider ist im CONIC-System - so der Name des Systems - keine automatische Rekonfiguration auf Grund eines Zustandswechsels oder eines Ereignisses möglich. D.h. eine Änderung der Systemkonfiguration ist nur durch eine Änderung der Konfigurationsbeschreibung durch den Benutzer möglich. Jedoch sind für die Änderung des Systems Validierungsschritte vorgesehen, so daß eine konsistente Systemmodifikation unterstützt wird.

5.1.4 Ziele

In diesem Abschnitt werden die angestrebten Ziele kurz zusammengestellt und in den folgenden Unterkapiteln ausführlich behandelt. Aufgrund der Realzeitbedingungen ist die Implementierung von Abbildungsstrategien (logisch auf physikalisch) auf den einzelnen Knoten, so wie in <Maehle 82> vorgeschlagen, nicht adäquat. Es wird vielmehr der in <Mehrrechner-PEARL 85> vorgeschlage Weg weiterentwickelt (verallgemeinert, verfeinert). D.h. dem Benutzer müssen sprachliche Hilfsmittel in die Hand gegeben werden, damit er erstens eine Anzahl von Abbildungen (logisch auf physikalisch) beschreiben kann und zweitens Bedingungen formulieren kann, wann welche Abbildung gültig ist.

Da auch die Fehlerdiagnose anwendungsabhängig ist, wird man als Schnittstelle zwischen Anwendungsprogramm und Fehlerdetektionsmechanismen einen _Zustandsraum_ vorsehen. Jeder Knoten hat einen Zustandsraum (Knotenzustandsraum). Alle Komponenten eines Knotens stellen einen Punkt in diesem Zustandsraum dar. Die Komponenten werden auf der Rechenprozeßebene beschrieben. Die Knotenzustandsräume zusammen ergeben den Systemzustandsraum des Gesamtsystems. Jeder Rechenprozeß operiert nur auf dem Knotenzustandsraum des Knotens, auf dem er aktiv ist, d.h. die Knotenzustandsinformation eines Knotens wäre verloren, wenn er oder seine Verbindungen ausfallen würden. Also müssen bestimmte Zustandsinformationen auf mehreren Knoten gehalten werden. Welche Zustandsinformationen das sind, wird in den folgenden Abschnitten behandelt. Aber nicht nur wegen des eventuellen Verlustes von Zustandsinformation, sondern auch für die _dezentrale_ Einleitung der Rekonfigurationsmaßnahmen ist die Replikation von Daten notwendig. Wie schon erwähnt, werden keine Algorithmen vorgesehen, die eine passende Abbildung einer logischen Struktur auf die physikalische Struktur bestimmen, sondern der Benutzer spezifiziert eine wohldefinierte Menge von möglichen Abbildungen. Wann welche Abbildung gültig ist, kann der Benutzer in Form von logischen Ausdrücken aus den Zustandsinformationen bestimmen. Da diese Bedingungen rechenprozeßlokal formuliert werden, müssen Teilsystemzustände repliziert werden. Dasselbe Problem ergibt sich beim Wiederanlauf von Rechenprozessen nach einer Rekonfiguration mit ihren Anwendungsdaten.

In einem verteilten System kann es nicht möglich sein, daß alle Knoten ständig ein- und dieselbe Sicht über den globalen Zustand des Gesamtsystems haben. Für den hier gemachten Vorschlag kann die Forderung nach der globalen Konsistenz etwas abgeschwächt werden. Nur eine lokale Gruppe von Knoten muß über ihren Zustand eine gemeinsame Sicht haben, wobei ein Knoten durchaus in mehreren Gruppen enthalten sein kann. Durch die Einführung des Knotenzustandsraumes kann jeder Knoten eine globale Sicht erhalten, solange die Zustandsinformation konsistent gehalten wird. Dies ist das Thema einer eigenständigen Arbeit <Hartlmüller 88>.

5.2 Natürliche verteilte Systeme und technische verteilte Systeme – eine Analogiebetrachtung

5.2.1 Einführung in das Beispiel eines natürlichen verteilten Systems

Betrachten wir zwei Personen A und B, die in einer Stadt leben und arbeiten. Zum Leben benötigen beide Personen, Metzger, Bäcker usw., also Dienstleistungen, und auch sie liefern Dienstleistungen an ihren Arbeitsstellen. Die beiden Personen haben einen gemeinsamen und jeder für sich einen disjunkten Bekanntenkreis. Und wie im normalen Leben auch, kommunizieren diese beiden Personen miteinander. Das Arbeiten, Leben und Kommunizieren funktioniert im allgemeinen so lange problemlos, bis eine Veränderung (Umzug von Person A, B, Firma, Metzger, Bäcker usw.) eintritt. Es genügt, wenn wir den Umzug einer Person genauer analysieren, da hier alle uns interessierenden Aspekte enthalten sind. Bezüglich des Umzuges der Person A kann man nun verschiedene Fälle unterscheiden:

(F1) A zieht innerhalb seines Hauses aus der Erdgeschoßwohnung in die Dachterassenwohnung.
(F2) A zieht innerhalb der Straße in ein anderes Haus.
(F3) A zieht innerhalb der Stadt in einen anderen Stadtteil.
(F4) A zieht in eine andere Stadt innerhalb Deutschlands.
(F5) A zieht in eine andere Stadt innerhalb Europas.
(F6) A zieht in eine andere Stadt irgendwo auf der Erdoberfläche.

5.2.2 Randbedingungen

Um die Vielfalt der Möglichkeiten in unserer Analogiebetrachtung einzuschränken, werden einige realistische Annahmen getroffen:

(A1) Ein Rechenprozeß ist auf Grund seiner Anbindung an den technischen Prozeß nur bedingt beweglich, d.h. es muß immer eine physikalische Verbindung zwischen dem Knoten, auf dem der Rechenprozeß ablaufen soll und der zugeordneten Prozeßperipherie vorhanden sein. Das bedeutet für unser Beispiel, daß die Arbeitsstellen der beiden Freunde sich nicht ändern. Allerdings kann bei einem Umzug von einem der beiden plötzlich ein anderer Bäcker, Metzger, usw. günstiger liegen.

(A2) Bei den hier betrachteten Automatisierungsaufgaben ist die "ewige
Arbeitsbereitschaft" stets gefordert; deshalb werden im folgenden
nur nichtterminierende, zyklisch arbeitende Rechenprozesse betrachtet.

(A3) Die beiden Freunde können sich nicht besuchen. Im Normalfall kommunizieren sie per Telefon miteinander. Alternativ haben sie auch
noch die Möglichkeit, per Brief zu kommunizieren.

(A4) Wegen der in Kapitel 2 besprochenen Zeitbedingungen seien die
Programmkörper aller Rechenprozesse, auch der redundanten, in den
jeweiligen Knoten vorhanden. Ein Nachladen benötigt zusätzlich
Zeit, bringt aber keine neuen prinzipiellen Schwierigkeiten mit
sich. Wichtig ist, daß alle Rechenprozeßbezeichner bekannt sind
(geschlossenes System).

(A5) Wenn ein Rechenprozeß versagt, so wird nicht irgendein definierter Zustand angenommen. Liefert ein Rechenprozeß definitiv
falsche Werte, so hat man zwei Möglichkeiten, darauf zu reagie-
ren. Entweder kann man den fehlerhaften Rechenprozeß von einer
höheren Hierarchiestufe löschen, oder aber die mit ihm kommuni-
zierenden Rechenprozesse nehmen seine Dienste nicht mehr in Anspruch. In beiden Fällen muß ein diversitär entworfener Rechenprozeß vorhanden sein und aktiviert werden.

5.2.3 Fortsetzung des Beispiels eines verteilten Systems aus der Natur

Aufgrund der Annahme (A1) fallen die Fälle (F4) - (F6) aus unserer Betrachtung heraus, weil für unser Beispiel keine realistische Verbindung zum Arbeitsplatz existiert. Weiterhin wollen wir (F2) und (F3)
zusammenfassen, da diese Unterscheidung für das technische verteilte
System keine neuen Erkenntnisse mit sich bringt.

Versucht nun Person B die Person A telefonisch zu erreichen, so sind
bezüglich Fall (F1) mehrere Situationen denkbar:

(S1.1) Da in beiden Wohnungen ein Telefonanschluß vorhanden war, hat
die Post die Telefonnummer von A auf den Anschluß seiner
neuen Wohnung umgeklemmt, und B erreicht seinen Freund, ohne
etwas von dem Umzug zu bemerken. Die Anschrift ändert sich
nicht, d.h. der Ort des Briefkastens ist nach wie vor derselbe.

(S1.2) In beiden Wohnungen ist ein Telefonanschluß vorhanden, der jeweils fest mit der Wohnung verbunden ist. D.h. A hat nach dem Umzug eine neue Telefonnummer.

Hier ist weiter zu unterteilen in:

(S1.2.1) Die Wohnung im Erdgeschoß ist noch nicht neu vermietet, und die Post hat die Telefonnummer auf den Ansagedienst "Kein Anschluß unter dieser Nummer" gelegt.

(S1.2.2) Die Wohnung im Erdgeschoß ist noch nicht vermietet und die Post hat die Umschaltung auf den Ansagedienst noch nicht vorgenommen.

(S1.2.3) Die Wohnung im Erdgeschoß ist neu vermietet und es meldet sich X. B wird mit X seine gewählte Telefonnummer überprüfen und bei Übereinstimmung entsprechend (S 1.2.1) versuchen, die neue Adresse von A zu erhalten.

zu (S1.2.1):

Da die Verhaltensweise von B jetzt auf die Allgemeinheit übertragen sehr unterschiedlich (anwendungsabhängig) sein kann, werden hier nur mögliche Aktionen und nicht konkrete Verhaltensabläufe aufgezeigt:

- B schaut in seinem privaten Adressbuch oder im Telefonbuch nach und wählt noch einmal, da er sich nicht ganz sicher war, ob er richtig gewählt hat (Tolerierung transienter Fehler durch Wiederholungen).

- B ruft bei der Telefonauskunft an und erkundigt sich nach der eventuell neuen Telefonnummer.

- B ruft bei beiderseitigen Bekannten an und erkundigt sich nach A (Status von A) und nach der eventuell neuen Telefonnummer.

- B schreibt einen Brief an A und bittet ihn, seine neue Adresse und Telefonnummer durchzugeben.

- Sollten alle Versuche, A zu erreichen, fehlgeschlagen sein, so wird B die Person A für sich als nicht mehr erreichbar kennzeichnen.

zu (S1.2.2):

B hat im Prinzip die gleichen Möglichkeiten, wie unter (S 1.2.1) beschrieben; allerdings wird B mehrmals versuchen, A unter derselben Telefonnummer zu erreichen.

Technische Analogie

Rechenprozeß A wird innerhalb des Hauptspeichers verschoben und hat somit eine neue Kommunikationsadresse. Ist der Programmkörper des Rechenprozesses A lageunabhängig kodiert, so ändert sich aus seiner Sicht nichts, nur für seine Kommunikationspartner hat er eine neue Kommunikationsadresse. Die Rolle der Postämter übernehmen in einem technischen verteilten System knotenlokale Betriebssysteme. Für die Situation (S1.1) benötigen wir analog zur Post eine Stelle (Datenstruktur), an der die Telefonnummern (Adressen) umgesetzt werden können.

Bezüglich (F2) und (F3) wird sich in jedem Fall neben der Telefonnummer auch die Anschrift ändern. (F2) und (F3) unterscheiden sich nur insofern, daß sich die Person A im Fall (F3) die neuen Adressen von einem Bäcker, Metzger usw. beschaffen muß. Analog wie in einer Stadt wird auch in einem verteilten Rechensystem mehrfach die gleiche Dienstleistung an verschiedenen Orten zur Verfügung gestellt werden.

Denkt man nun wieder an die zeitlichen Randbedingungen in einem Prozeßautomatisierungssystem, so würde eine Bestimmung der neuen Adressen der Dienstleistung per Kommunikation zu viel Zeit in Anspruch nehmen. Also muß man diese alternativen Adressen für bestimmte Dienstleistungen direkt mit angeben und verwalten. Insofern ist Annahme (A1) teilweise nicht ganz richtig, denn auch die Arbeitsstellen der Rechenprozesse (Sensoren, Stellglieder) müssen für die Tolerierung eines Ausfalls mehrfach vorhanden sein. Somit müssen auch deren alternative Adressen direkt angegeben und verwaltet werden.

5.2.4 Ergebnisse für technische verteilte Systeme

Schauen wir uns zunächst das Vorgehen bei der Adressierung eines Briefes näher an. Wir kennen den Namen des Empfängers; mit diesem Namen gehen wir in unser privates Adressenverzeichnis (Suchkriterium: alphabetisch), und bestimmen so die Anschrift. Interessant ist, daß auch der Name, mit dem wir die Anschrift bestimmt haben, in die Adresse mit eingeht. Wenn wir eine Heirat in unserem Beispiel ausschließen, so ändert sich ein Name nie. Ändert sich durch einen Umzug die Adresse, so ändern wir diese in unserem privaten Adressbuch ebenfalls ab. Im Vergleich zu den Adressierungsarten in einem Rechner adressieren wir indirekt. In ähnlicher Form gilt das eben Gesagte auch für das Telefon. Damit lassen sich die Ergebnisse wie folgt zusammenfassen:

(E1) Jeder Rechenprozeß hat eine Datenstruktur zugeordnet, die von ihm selbst und von dem knotenlokalen Betriebssystem verwaltet wird.

(E2) Jede Kommunikation, die letztendlich auf eine oder mehrere Adressen zurückzuführen ist, (Port-Konzept; siehe nächster Abschnitt) muß über diese Datenstruktur abgewickelt werden (indirekte Adressierung).

(E3) Aus dem Vergleich der Kommunikation via Telefon und via Brief läßt sich folgende Aussage ableiten: Je direkter eine Kommunikationsbeziehung konstruiert ist (Telefon), umso anfälliger ist sie gegenüber Änderungen. Je indirekter (Brief) eine Kommunikation konstruiert ist, um so robuster ist sie gegenüber Änderungen.

(E4) Lernen wir eine neue Person kennen, so müssen wir nicht unser ganzes privates Adressbuch neu ordnen (Neuübersetzung), sondern machen lediglich einen neuen Eintrag, d.h. die Zugriffsalgorithmen ändern sich nicht (Inhaltsbezogene (assoziative) Adressierung).

5.3 Kommunikation

Wie wir gesehen haben, stellt die Kommunikation eines Rechenprozesses mit seiner Umgebung das Hauptproblem bei einer Rekonfiguration in verteilten Systemen dar. Im folgenden wird versucht, die vielen in der Literatur vorgeschlagenen Konzepte und Modelle zur Kommunikation zu ordnen und auf eine Eignung für die Lösung des oben genannten Problems zu untersuchen. Da der Begriff Kommunikationsbeziehungen sehr allgemein ist, wollen wir zwischen Rechenprozeß-Rechenprozeß-Kommunikation und Rechenprozeß-Peripherie-Kommunikation unterscheiden.

5.3.1 Kommunikation zwischen Rechenprozessen

Sobald ablauffähige Rechenprozesse in irgendeiner Weise miteinander kooperieren sollen, müssen sie miteinander kommunizieren können. Im Wörterbuch <Wahrig> findet man unter dem Begriff Kommunikation u.a. die beiden Stichworte "Verbindung" und "Verständigung". Übertragen bedeutet dies: Wenn zwei Rechenprozesse miteinander kommunizieren wollen, benötigen sie eine Verbindung, und das Ziel der Kommunikation ist die Verständigung der Rechenprozesse untereinander. Die Verständigung wird erreicht durch den Austausch von Informationen über ihre Verbindung(en). Bei ihrer Kooperation müssen sich Rechenprozesse über zwei Dinge verständigen: Zum einen über ihre Ergebnisse (Austausch von Daten) und zum anderen über die Reihenfolge bestimmter Aktionen (Austausch von Synchronisationsinformation). Bezüglich der Synchronisation von Rechenprozessen werden zwei Synchronisationsklassen unterschieden, auf die sich alle Synchronisationsprobleme zurückführen lassen <Levi 81>.

(K1) Synchronisation durch wechselseitigen Ausschluß (Sperrsynchronisation, mutual exclusion).

Ohne Beachtung der Reihenfolge müssen die Synchronisationsmaßnahmen sicherstellen, daß bestimmte Operationen in verschiedenen, abhängigen Rechenprozessen nacheinander ausgeführt werden.

(K2) Logische bzw. bedingte Synchronisation
(logical or conditional synchronization)

Hier müssen die Synchronisationsmaßnahmen sicherstellen, daß eine vorgegebene Reihenfolge bestimmter Operationen verschiedener, abhängiger Rechenprozesse genau eingehalten wird.

Eine weitere Behandlung der Synchronisation von Rechenprozessen würde den Rahmen dieser Arbeit sprengen. Weiterführende Informationen sind in <Levi 81>, <Andrews; Schneider 83> und <Hartlmüller 88> zu finden.

In der Literatur <Spies 85>, <Paul; Siegert 85> findet man verschiedene Kriterien, um Kommunikationskonzepte einzuordnen:

(K1) Sender:Empfänger-Zuordnung
(K2) Sender-Empfänger-Beziehung
(K3) Form des Datenaustausches

(K4) Realisierung der Verbindungen

(K5) Semantik der Nachrichtenübertragungsanweisungen

zu (K1):

Es existieren folgende vier Sender:Empfänger-Zuordnungen:

- 1:1-Zuordnung (one-to-one)
- s:1-Zuordnung (many-to-one)
- 1:e-Zuordnung (one-to-many)
- s:e-Zuordnung (many-to-many)

zu (K2):

Bei der Sender-Empfänger-Beziehung wird unterteilt in:

- unidirektionaler Daten- und Kontrollfluß
  (Sender und Empfänger behalten ihre Rollen während eines zusammengehörigen Kommunikationsvorgangs bei)

- bidirektionaler Daten- und Kontrollfluß
  (Sender und Empfänger vertauschen ihre Rollen innerhalb eines zusammengehörigen Kommunikationsvorgangs)

Obwohl bei allen vier Sender:Empfänger-Zuordnungen Daten- und Kontrollfluß uni- bzw. bidirektional sein können, haben sich bestimmte Kombinationen zwischen Zuordnungen und Beziehungen herauskristallisiert. Z.B.

- Talker/Listener   (1:e-Zuordnung, unidirektional)
                     ist auch unter dem Stichwort Broadcast bekannt
- Consumer/Producer (s:1-Zuordnung, unidirektional)
- Reader/Writer   (s:e-Zuordnung, unidirektional,
                      globale Datenobjekte)
- Client/Server   (s:1-Zuordnung, bidirektional)

Die englischen Begriffe sind leider nicht sehr aussagekräftig in Bezug auf die Sender:Empfänger-Zuordnung, da der Singular oder Plural der Begriffe nicht sichtbar ist (der/die Redner, der/die Zuhörer), besser wäre Talker/Listeners (der Redner/die Zuhörer). Am Besten ist es jedoch, die einzelnen Merkmale verschiedener Kommunikationskonzepte zu benennen, und sie nicht mit Schlagworten zu belegen, aus denen man die ganze Semantik der Kommunikationskonzepte nicht mehr herauslesen kann.

zu (K3):

Hier ergibt sich eine Unterteilung nach der Art (global, rechenprozeßlokale) der Datenobjekte, die zum Datenaustausch verwendet werden:

- gemeinsame, globale Datenobjekte

    -> indirekte Kommunikation
       (Rechenprozeß-Datenobjekt-Rechenprozeß)

    -> prozedur-orientierte Systeme (für die Gewährleistung der Kon-
       sistenz der globalen Datenobjekte werden Zugriffsoperationen
       in Form von Prozeduren oder Funktionen definiert)

- rechenprozeßlokale Datenobjekte

    -> direkte Kommunikation (Rechenprozeß i kommuniziert direkt,
       unter Zuhilfenahme von Betriebssystemdiensten, mit dem re-
       chenprozeßlokalen Datenobjekt j des Rechenprozesses j und um-
       gekehrt)

    -> nachrichten-orientierte Systeme (READ und WRITE auf globale
       Daten werden ersetzt durch SEND und RECEIVE von Nachrichten
       bzw. Botschaften)

zu (K4):

Für die Realisierung der Verbindungen kennt man zwei Methoden:

    - gemeinsamer Speicher
    - Übertragungskanäle (kein gemeinsamer Speicher)

Für die Implementierung von prozedur-orientierten Systemen ist man auf
Hardware-Architekturen mit gemeinsamem Speicher angewiesen. Für die
Implementierung von nachrichten-orientierten Systemen können Hardware-
Architekturen mit und ohne gemeinsamem Speicher verwendet werden.
D.h. Nachrichtenübertragung ist der einzige Weg, um in verteilten
Systemen Verständigung zwischen Rechenprozessen zu ermöglichen.

zu (K5):

Die im folgenden angegebene Einteilung bezieht sich nur auf nachrich-
ten-orientierte Systeme. Die eingangs vorgenommene Trennung zwischen
Nutzdaten und Synchronisationsinformation verschwindet hier im Gegensatz zu Systemen mit gemeinsamem Speicher (gemeinsame Variablen, Sema-
phore). Da Nachrichten, ohne entsprechende Reaktionen des Empfängers,
nicht einfach gesendet werden können, verbirgt sich in der Semantik
der Nachrichtenübertragungsanweisungen nichts anderes als Synchronisationsinformation.

<u>Semantik von Sendeanweisungen:</u>

(S1) non-blocking-send, no-wait-send, asynchronous message passing

Merkmale:

- Der Sender wird nach der Ausführung einer Sendeanweisung nicht blockiert

- Die Nachricht muß zwischen Senden und Empfangen gepuffert werden (knotenlokales Betriebssystem, Kommunikationssystem)

- Zwischen Sender und Empfänger existiert keine zeitliche Kopplung

- Sender hat keine Rückkopplung über den Erfolg seiner Sendeanweisung

(S2) blocking-send, synchronization send, synchronous message passing

Merkmale:

- Der Sender wird nach der Ausführung einer Sendeanweisung so lange blockiert, bis er vom Empfänger eine Quittung für den Eingang seiner Nachricht erhalten hat

- Keine Pufferung der Nachricht erforderlich

- Sender hat Rückkopplung über den Eingang seiner Nachricht beim Empfänger

- Gefahr des unendlich langen Wartens

- Einschränkung der Parallelität

- Zwischen Sender und Empfänger existiert eine zeitliche Kopplung

(S3) remote invocation send

Merkmale:

- Der Sender wird nach der Ausführung einer Sendeanweisung so lange blockiert, bis er vom Empfänger nach der Quittung für den Eingang seiner Nachricht auch eine Antwort auf seine Nachricht erhalten hat

- Keine Pufferung der Nachricht notwendig

- Sender hat Rückkopplung über den Verlauf der Nachrichtenübertragung

- Gefahr des unendlich langen Wartens

- Einschränkung der Parallelität

- Zwischen Sender und Empfänger existiert eine zeitliche Kopplung

<u>Semantik von Empfangsanweisungen:</u>

(E1) explicit non-blocking message receipt

    Merkmale:

      - Für den Empfang einer Nachricht wird explizit eine Empfangsan-
        weisung ausgeführt

      - Der Empfänger wird nach der Ausführung einer Empfangsanweisung
        nicht blockiert, auch wenn noch keine Nachricht des Senders
        vorliegt

      - Keine zeitliche Kopplung zwischen Empfänger und Sender

(E2) explicit blocking message receipt

    Merkmale:

      - Für den Empfang einer Nachricht wird explizit eine Empfangsan-
        weisung ausgeführt

      - Der Empfänger wird nach der Ausführung einer Empfangsanweisung
        so lange blockiert, bis eine Nachricht vom Sender vorliegt

      - Gefahr des unendlich langen Wartens

      - Einschränkung der Parallelität

(E3) implicit message receipt

    Merkmale:

      - Für den Empfang einer Nachricht wird nicht explizit eine Emp-
        fangsanweisung ausgeführt, sondern es wird ein Stück Code abge-
        arbeitet, ähnlich dem Start einer Unterbrechungsbehandlungsrou-
        tine durch einen Interrupt

Aus den aufgezählten verschiedenen Grundkonzepten ergibt sich durch
Kombination eine Vielzahl von Nachrichtenübertragungskonzepten, z.B.

    - remote procedure call (remote invocation send; implicit receipt;
      bidirectional; s:1-relation)

    - unidirectional rendezvous concept (blocking-send; explicit
      blocking receipt; unidirectional; 1:1-relation)

    - bidirectional rendezvous concept (remote invocation send; expli-
      cit blocking receipt; bidirectional; 1:1-relation)

    - send-reply concept (remote invocation send; explicit blocking
      receipt; bidirectional; s:1-relation)

- unidirectional no-wait-send concept (no-wait-send; explicit
  blocking receipt; unidirectional)

- bidirectional no-wait-send concept (no-wait-send; explicit blok-
  king receipt; bidirectional; explicit blocking receipt im Sender)

In den Beispielen, in denen keine Angaben zur Sender:Empfänger-Zuord-
nung gemacht wurden, ist diese Zuordnung nicht aus der Bezeichnung des
Nachrichtenübertragungskonzepts, sondern erst aus der Syntax der Sen-
de- und Empfangsanweisungen abzulesen. Die vorgestellten Kriterien
sind bezüglich der Rekonfiguration unkritisch. Wir wollen uns im folgenden mit der Flexibilität des Auf- und Abbaus der Kommunikation
zwischen Rechenprozessen befassen. Die Syntax für eine erste Form von
Sende- und Empfangsanweisungen sei

        SEND <expression> TO <task-identifier>;   Form (5.1)
        RECEIVE <variable-identifier> FROM <task-identifier>;   Form (5.2)

Die Angabe der Namen des sendenden und des empfangenden Rechenprozesses (direct naming) in den Kommunikationsanweisungen definiert eine
statische Kommunikationsverbindung und eine 1:1-Zuordnung. Speziell im
Zusammenhang mit Rekonfigurationsmaßnahmen ergeben sich durch die
direkte Benennung der Kommunikationspartner Namenskonflikte, wenn ein
und derselbe Rechenprozeß auf verschiedenen Knoten ablaufen können
soll. Eine 1:1-Zuordnung und statische Kommunikationsverbindungen sind
für viele Anwendungsfälle nicht ausreichend, so daß nach weiteren Lösungen gesucht wurde. Eine Verallgemeinerung der Form (5.2) auf eine
s:1-Zuordnung ist ohne Schwierigkeiten möglich:

        RECEIVE <variable-identifier>;   Form (5.3)

Ein Rechenprozeß, der eine derartige Empfangsanweisung ausführt, er-
wartet typkonsistente Daten von einem beliebigen Sender. Damit ergibt
sich die Einschränkung, daß sich alle Rechenprozesse völlig identisch
verhalten müssen, da ein Rechenprozeß nicht weiß, von wem (aus der
Klasse) er bedient wird. Zudem ergeben sich bei der sogenannten Adressierung von Klassen von Rechenprozessen (in der Analogiebetrachtung
"Bäcker", "Metzger", usw.) Organisationsprobleme; eine Identifizierung
der Sender muß mit anderen Mitteln erreicht werden.

Mit Empfangsanweisungen der Form (5.3) ist gleichzeitig erreicht, daß
bei der Definition eines Rechenprozesses die Namen der Rechenprozesse,

die an ihn Daten senden können, nicht mehr bekannt sein müssen. Eine Verallgemeinerung der Form (5.1) auf eine 1:e-Zuordnung ist nicht unmittelbar möglich. Die Einführung einer <task-identifier-list> (siehe Form (5.4)) löst zwar die Verallgemeinerung der Zuordnung, nicht jedoch die statische Festlegung der Kommunikationsverbindungen.

SEND <expression> TO <task-identifier-list>;   Form (5.4)

Ein weiterer Lösungsvorschlag war die Definition globaler Namen, oft auch Mailboxes genannt. Jeder Rechenprozeß, der eine Nachricht senden wollte, sandte sie an den global verfügbaren Briefkasten (Mailbox). Ebenso konnte jeder Prozeß eine Nachricht aus dem globalen Briefkasten empfangen (abholen). So konnte man zwar eine s:e-Zuordnung erreichen, aber dieses Konzept kann einen erheblichen Nachrichtenaustausch verursachen. Die Ankunft einer Nachricht im Briefkasten muß allen Rechenprozessen, welche von dem Briefkasten Nachrichten empfangen können mitgeteilt werden. Der selbe Kommunikationsaufwand wird nochmals nach Abholung der Nachricht notwendig, um anzuzeigen, daß die Nachricht nicht länger verfügbar ist. Dieses Konzept verstößt wegen der erforderlichen globalen Namen zudem gegen die Definition von verteilten Systemen.

5.3.2 Ports

Die wohl bisher vielversprechendste Lösung ist die Einführung sogenannter Ports <Balzer 71>. Mit ihnen ist es möglich, 1:1-, s:1-, 1:e- und s:e-Zuordnungen zu realisieren, jedoch sind diese Zuordnungen von der Semantik der verwendeten Sende- und Empfangsanweisungen abhängig <Mehrrechner-PEARL 85>. Viel wichtiger für unsere Betrachtungen ist jedoch die Möglichkeit des dynamischen Auf- und Abbaus von Kommunikationsverbindungen zwischen Ports. Da Ports auf viele verschiedene Arten implementiert werden können, hat jede Implementierung auf Fragen wie z.B.

- wie werden Daten durch Ports übertragen ?
- was passiert, wenn eine zweite SEND-Anweisung ausgeführt wird, bevor die erste abgearbeitet ist, im Falle daß zwei Ports mit einem dritten verbunden sind ?

usw., verschiedene Antworten.

Im folgenden wird versucht, aus den Literaturstellen <Balzer 71>, <Spies 85> und <Mehrrechner-PEARL 85> das Prinzip und die Möglichkeiten von Ports herauszuarbeiten, ohne zu sehr auf eine spezielle Implementierung einzugehen. Eine erste einfache Form der Syntax für Sende- und Empfangsanweisungen sei:

```
SEND <expression> TO <port-identifier>;                 Form (5.5)
RECEIVE <variable-identifier> FROM <port-identifier>;   Form (5.6)
```

Auf den ersten Blick sehen die Formen (5.5) und (5.6) den Formen (5.1) und (5.2) recht ähnlich. Der entscheidende Unterschied ist jedoch, daß die <port-identifier> rechenprozeßlokale Datenobjekte sind. Da nun der Kommunikationspartner und dadurch auch der Kommunikationsweg nicht mehr in den Sende- und Empfangsanweisungen eingebettet sind, benötigt man die beiden weiteren Anweisungen (Form (5.7) und Form (5.8)) für die Sender:Empfänger-Zuordnung und -Auftrennung (Port-Verbindungsanweisungen).

```
CONNECT <port-identifier> ":" <port-identifier>;        Form (5.7)
DISCONNECT <port-identifier> ":" <port-identifier>;     Form (5.8)
```

Es werden nur Sendeports mit Empfangsports verbunden. Die Übertragungsrichtung ist festgelegt von Sendeports zu Empfangsports. Durch die feste Zuordnung "Sender zu Empfänger" kann ein Richtungsattribut in den "CONNECT"- und "DISCONNECT"-Anweisungen entfallen (indirekte Angabe des Richtungsattributes).

Die Verallgemeinerung der beiden Anweisungen ist leicht möglich:

```
CONNECT <port-identifier-list> ":" <port-identifier-list>;
                                                        Form (5.9)
DISCONNECT <port-identifier-list> ":" <port-identifier-list>;
                                                        Form (5.10)
```

Einem Port müssen eine Reihe von Attributen zugeordnet werden können:

(A1) Richtungsattribut
(A2) unidirektional, bidirektional
(A3) Nachrichten-Typ
(A4) Protokoll
     (Semantik der Sende- _und_ Empfangsanweisungen)

Diese Attribute werden bei der Bekanntmachung von Portvariablen im Vereinbarungsteil der Rechenprozesse angegeben. Bezüglich dieser Attribute ergeben sich Einschränkungen für die Kombination der eingangs erwähnten Kriterien <Mehrrechner-PEARL 85>:

(E1) über alle Sende- und Empfangsports in einer Zuordnung kann nur derselbe Nachrichtentyp übertragen werden. Für die Übertragung verschiedener Nachrichtentypen müssen jeweils auch verschiedene Ports vereinbart werden.

(E2) Das vereinbarte Protokoll muß bei allen beteiligten Ports übereinstimmen.

Die Entwicklung der Ports ergab sich aus der Suche nach einem einheitlichen Kommunikationsmechanismus. Nach <Balzer 71> lassen sich die Kommunikationspartner eines Programms in fünf Kategorien einteilen:

(K1) physikalische Geräte (Drucker, Lochkartenleser)
(K2) Terminals (dies sind zwar ebenfalls physikalische Geräte, sie werden jedoch üblicherweise separat behandelt)
(K3) Dateien
(K4) andere Programme
(K5) Monitor (Betriebssystem)

Für jede dieser Kategorien existieren ein oder mehrere Kommunikationsmechanismen, die mehr oder weniger Gemeinsamkeiten aufweisen. Mit Hilfe von Ports ist es möglich, einen einheitlichen Mechanismus für die Kommunikation mit allen fünf Kategorien zu realisieren. Ports sind meist in einer Programmiersprache als elementare Datentypen vordefiniert. Man kann sie sich als Zeiger mit einem Datenobjekt vorstellen, in welches benutzerspezifische Datentypen (strukturierte Nachrichten) eingehängt werden können. Die Verwaltung der Ports gehört zu den Aufgaben der knotenlokalen Betriebssysteme. Die CONNECT-Anweisung verbindet zwei Ports miteinander, indem ihre Zeiger aufeinandergesetzt werden. Die DISCONNECT-Anweisung setzt die beiden Zeiger auf NIL. Wenn zwei Ports miteinander verbunden sind, so wird in den SEND-, RECEIVE- und REQUEST-Anweisungen (SEND gefolgt von RECEIVE) immer der lokale Port angesprochen.

Die Datenübergabe zwischen Ports erfolgt analog der Datenübergabe an Unterprogramme. D.h. für die Ein- und Ausgabedaten (auch Portreferenzen) werden Typen und Übergabemodi als formale Parameter spezifiziert.

Da immer nur Ports mit Ports verbunden werden, sind die Ports für physikalische Geräte, Terminals und Dateien in den jeweiligen Treiber-programmen untergebracht. Somit können Ports auch als die Weiterent-wicklung der "Logical Units" aus der Programmiersprache FORTRAN und der Integration eines Teils der Job-Control-Sprache (CONNECT, DISCON-NECT) angesehen werden. Die Abbildung der mit der CONNECT-Anweisung hergestellten logischen Verbindungen auf die physikalischen Verbindun-gen muß der Benutzer angeben. Im Hinblick auf die Semantik der Sende- und Empfangsanweisungen werden in <Spies 85> Vorschläge für weitergehende Port-Typen gemacht.

In einer stichwortartigen Zusammenfassung seien noch einmal die Vor-teile des Port-Konzepts aufgezählt:

- Durch die Einführung des Port-Konzepts wird die direkte An-sprache von Kommunikationsobjekten außerhalb des Rechenprozesses vermieden. Dadurch werden die Verbindungen eines Rechenprozesses zu seiner Umwelt nicht mehr explizit festgeschrieben.

- Wie schon erwähnt, haben die jeweiligen knotenlokalen Betriebs-systeme die Aufgabe, die Ports zu verwalten. Um ankommende Nach-richten einem Empfänger zuordnen zu können, verwalten die kno-tenlokalen Betriebssysteme Namenslisten der sich aktuell auf den jeweiligen Knoten befindenden Ports (Port-Liste). Der Name eines Ports setzt sich dabei aus dem Rechenprozeßnamen und dem rechen-prozeßlokalen Port-Namen zusammen (<task-identifier"."port-iden-tifier>). Die Port-Liste enthält Zeiger auf die rechenprozeßlo-kalen Port-Objekte (Datenobjekte), die aus einer Port-Spezi-fikation erzeugt werden. In einem Port-Objekt sind die Port-At-tribute und die Verbindungen eingetragen, die der Port besitzt. Ein angeschlossener Port wird durch eine dreistufige Namensge-bung beschrieben: Knotenname, Rechenprozeßname und Port-Name (<node-identifier>"."<task-identifier>"."<portidentifier>).

- Dynamischer Auf- und Abbau von logischen Kommunikationsverbin-dungen während der Laufzeit, da die Angabe des Kommunikations-partners außerhalb des Programmkörpers möglich ist.

- Bereitstellung eines <u>einheitlichen</u> Kommunikationsmechanismus.

- Ports ermöglichen eine flexiblere Zusammenstellung von Program-men.

- Ports können auch für die Fehlersuche und zu Simulationszwecken
  verwendet werden, was auch beim Aufbau und Test von fehlertoleranten Systemen sehr von Interesse ist.

Das Problem des endlosen Wartens kann auf folgende Art und Weise behoben werden: Einmal durch Limitierung der Wartezeiten (TIMEOUT) auf der
Sende- sowie auf der Empfangsseite. Zum Zweiten hat man auf der Empfangsseite alternativ zum "TIMEOUT" die Möglichkeiten eines "OTHER-
WISE-PARTS" und einer sogenannten "SELECTED-RECEIVE"-Anweisung (auch
als nichtdeterministische Kontrollstruktur bekannt) <Mehrrechner-PEARL
85>, <Dijkstra 75>. Bei der Verwendung solcher nichtdeterministischer
Kontrollstrukturen ist jedoch die Konfigurierbarkeit von 1:e-Struktu-
ren bei einer Änderung von e nicht mehr gegeben.

5.3.3 Kommunikation zwischen Rechenprozeß und Prozeßperipherie

Prinzipiell ist die Rechenprozeß-Prozeßperipherie-Kommunikation auch
durch die Verwendung von Ports realisierbar. Dies brächte den Vorteil
eines einheitlichen Kommunikationskonzeptes mit sich, birgt aber
gleichzeitig eine Fehlerquelle in sich. Verwendet man auch für die Rechenprozeß-Prozeßperipherie-Kommunikation Ports, so ist für den Benutzer der Unterschied zwischen Rechenprozeß und Gerät nicht mehr sichtbar. Da aber wegen des semantischen Modells, das hinter Rechenprozessen bzw. Geräten zu sehen ist, beliebige Port-zu-Port-Verbindungen
nicht erlaubt sind, ist es besser, diesen Unterschied auch auf der
Sprachebene deutlich zu machen.

In der Programmiersprache PEARL z.B. wird dies durch TRANSMIT und RE-
CEIVE für die Rechenprozeß-Rechenprozeß-Kommunikation bzw. durch PUT
und GET für die Rechenprozeß-Prozeßperipherie-Kommunikation deutlich
gemacht. Der Vorschlag aus <Steusloff 77> (siehe Beispiel) ist sehr
kompakt, hat aber den Nachteil eines erheblichen "Overheads" zur Laufzeit.

<u>Beispiel</u>

```
TEMP FIXED (15):
    --> ANIN0*8
/*S --> ANIN1*5, CORR:TEMP=TEMP/3-16
    --> ANIN2*5, CORR:CALL ANPASS (TEMP,2)
    --> REP:TEMP=1300, PLAUS:(100,1600)*/;
```

Hinweis:

Ein PEARL-übersetzer für räumlich verteilte Prozeßrechensysteme möge den in diese Zeichen /*$...*/ eingeschlossenen Text nicht als Kommentar, sondern als Programmtext auffassen.

Im Beispiel werde ein Analogwert als Festpunktzahl (FIXED (15)) im Normalfall von Gerät ANINO, Kanal 8 eingelesen und die eingelesene Zahl auf die Plausibilitätsgrenzen 100 und 1600 überprüft. Falls die Festpunktzahl außerhalb dieser Grenzen liegt, oder das Gerät mit Namen ANINO nicht ordnungsgemäß arbeitet, wird automatisch die folgende Alternative ANIN1, Kanal 5 verwendet; mit diesem Anschluß sei dasselbe Prozeß-Meßgerät verbunden wie mit ANINO*8 (Parallelanschluß). Da dieses Gerät gegenüber ANINO einen um 3 höheren Eingangsverstärkungsfaktor und eine Nullpunktabweichung von + 16 aufweisen möge, ist der gelesene Wert entsprechend zu korrigieren. Falls auch ANIN1 gestört ist, sei als weitere Alternative ANIN2, Kanal 5 zu verwenden. Hier soll ein anderes Prozeß-Meßgerät angeschlossen sein, dessen nichtlineare Kennlinie mittels der Korrekturprozedur ANPASS linearisiert werde. Die Parameterangabe "2" möge eine Linearisierungskennlinie auswählen (Steuerparameter). Die korrigierten Werte für TEMP unterliegen wiederum der Plausibilitätskontrolle. Falls alle gerätetechnischen Alternativen versagen, werde TEMP der Ersatzwert (REPlacement) 1300 zugewiesen. Die Alternativen werden zur Laufzeit bei entsprechenden Ausfällen in der Reihenfolge ihrer Niederschrift abgearbeitet.

Schauen wir nun zunächst allgemein die möglichen Aktionen zur Ersatzwertbeschaffung an:

(A1) Ein und dasselbe Meßglied ist mit mehreren Eingabegeräten der Prozeßperipherie verbunden. Nimmt man die Auffächerung der Leitungen direkt am Meßglied vor, so kann man neben dem Ausfall von Eingabegeräten auch noch den Ausfall von Leitungen tolerieren. Der Ausfall des Meßgliedes selbst kann in diesem Fall nur durch die Angabe eines Default-Wertes toleriert werden.

(A2) Der umgekehrte Fall, ein und dasselbe Stellglied mit mehreren Ausgabegeräten der Prozeßperipherie zu verbinden, ist prinzipiell auch möglich. Die Tolerierung des Ausfalls eines Stellgliedes ist aber in diesem Fall nicht möglich.

(A3) Mehrere Meß- bzw. Stellglieder werden jeweils mit zugehörigen Ein- bzw. Ausgabegeräten der Prozeßperipherie verbunden.

(A4) Ausnutzung physikalischer Zusammenhänge, d.h. Errechnung (Näherung) der gesuchten Größe durch Einlesen entsprechender physikalischer Größen. Der Ausfall eines Stellgliedes ist unter Umständen durch entsprechende Ausgaben an andere Stellglieder tolerierbar.

(A5) Angabe von Default-Werten für Eingabegrößen.

Aus den aufgezählten Möglichkeiten kann man erkennen, daß es für die Rechenprozeß-Prozeßperipherie-Kommunikation keine probleminvariante Lösung (so wie in <Steusloff 77> angestrebt) gibt. Zudem ist es auch hier wieder der Benutzer, der die Reaktionen auf ein Versagen einer Komponente bestimmen muß. Aus diesem Grunde wird die Programmierung nach der Recovery-Block-Methode vorgeschlagen <Rzehak 78>. Der Benutzer hat die Möglichkeit der Fehlererkennung und der Fehlerbehandlung (Änderung des Teilsystemstatus).

Im Gegensatz zum Ort von Rechenprozessen bleibt der Ort der Prozeßperipherie fest. Mit dem Wechsel von Rechenprozessen verändern sich eventuell die physikalischen Verbindungen zwischen Rechenprozeß und Prozeßperipherie, d.h. hier muß der Benutzer wieder sprachliche Mittel zur Verfügung haben, damit er die hier beispielhaft dargestellte Situation beschreiben kann: Im Falle des Ausfalls eines Knotens A, dessen Prozeßperipherie aber noch intakt sei, soll ein alternativer Rechenprozeß, der auf dem Knoten B abläuft, über eine alternative Verbindung auf die noch intakte Prozeßperipherie des Knotens A zugreifen können.

In diesem Zusammenhang sei noch auf die ereignisgesteuerte Prozeßperipherie hingewiesen. Fällt ein Knoten aus, wobei die Prozeßperipherie noch intakt ist, so kann der Fall eintreten, daß ein Eingabegerät einen Interrupt erzeugt, für den kein Rechenprozeß mehr zuständig ist. Bei einer hardwaremäßigen Weiterleitung von Interrupts sind zwei Fälle zu unterscheiden:

(F1) Einfache Weiterleitung von Interrupts durch elektrische Verbindungen. Hier besteht die Gefahr, daß ein Interrupt mehrfach (von mehreren Knoten/Rechenprozessen) bedient wird.

(F2) Ein zentrales Arbitrierungsmodul. Die Zuverlässigkeit dieses einzelnen Moduls (Golden Unit) bestimmt im wesentlichen die Zuverlässigkeit des Gesamtsystems.

Da man auch nicht immer davon ausgehen kann, daß eine entsprechende Hardwarestruktur für die Weiterleitung von Interrupts an alternative Knoten/Rechenprozesse vorliegt, muß es auch hier eine Möglichkeit geben, in Abhängigkeit von Teilsystemzuständen einen Interrupt in eine Nachricht umzuwandeln. Eine solche Nachricht kann wie bei der Rechenprozeß-Rechenprozeß-Kommunikation an einen alternativen Rechenprozeß weitergeleitet werden. Bei der Auslegung des Gesamtsystems muß dann natürlich eine erhebliche Erhöhung der Reaktionszeit in Betracht gezogen werden.

5.4 Die Benutzerschnittstelle

Entsprechend der zugrundeliegenden Idee, den Rechenprozeß als kleinste rekonfigurierbare Einheit zu wählen, und keine globale Beschreibungsliste zu verwenden, muß der Benutzer die nötigen Informationen auf der Rechenprozeßebene angeben können. Dazu wird eine Beschreibung - eine sogenannte Dynamic-Distributed-Control-List (DDCL) - vorgeschlagen. Diese Beschreibung (Bild 5.2) wird jedem Rechenprozeß vor dem eigentlichen algorithmischen Teil (in PEARL: Problemteil) vorangestellt. Zur Übersetzungszeit können diese Teillisten natürlich dem Übersetzer insgesamt zur Verfügung stehen (Prüfmöglichkeiten).

```
PROGRAM rp1;

DDCL;
   NODE_PART
   REPLICATION_PART
   PORT_PART
   PHYSICAL_CONNECTION_PART
   COMMUNICATION_PART
   MAPPING_PART
DDCL-END;
```

Bild 5.2: Komponenten der Dynamic-Distributed-Control-List

Aus Bild 5.2 geht hervor, daß die DDCL in sechs Hauptkomponenten aufgeteilt ist:

(H1) Im NODE_PART werden alle möglichen Knoten aufgezählt, auf denen der spezielle Rechenprozeß abgearbeitet werden kann (Abschnitt 5.4.2). Auf alle aufgezählten Knoten wird der Code des Rechenprozesses geladen.

(H2) Diejenigen Benutzerdaten eines Rechenprozesses, welche repliziert im System gehalten werden sollen, können im REPLICATION_PART angegeben werden (Abschnitt 5.4.3.2).

(H3) Im PORT_PART werden die rechenprozeßlokalen Ports aufgezählt (Abschnitt 5.4.4).

(H4) Die für die Kommunikation notwendigen physikalischen Verbindungen sind im PHYSICAL_CONNECTION_ PART anzugeben (Abschnitt 5.4.5).

(H5) Im COMMUNICATION_PART werden die Kommunikationspartner des Rechenprozesses beschrieben (Abschnitt 5.4.6).

(H6) Die Beschreibung konkreter Abbildungen einer logischen auf die physikalische Struktur in Abhängigkeit von Systemzuständen wird im MAPPING_PART beschrieben (Abschnitt 5.4.7). Somit ergibt sich eine dynamische Rekonfiguration nach dem Auftreten von Fehlern, die sich im Auf- und Abbau logischer Verbindungen und im Aktivieren und Terminieren von Rechenprozessen äußert.

In Bild 5.3 wie auch in den folgenden Bildern wird die DDCL anhand von Beispielen erläutert. Eine exakte Syntaxbeschreibung ist in Anhang A zu finden. In diesen Beispielen werden Bezeichner der Art

```
- rp1, rp2, ...          Rechenprozeß1, ...
- k1, k2, ...            Knoten1, ...
- p1, p2, ...            Port1, ...
- g1, g2, ...            Gerät1, ...
- n1, n2, ...            Name1, ...
- l1, l2, ...            Leitung1, ...
- d1, d2, ...            Date1, ...
```

verwendet.

```
PROGRAM rp1;

DDCL;
  PRIME NODE k1;
  ALTERNATIVE NODE(S) k4, k5;

  REPLICATED DATA d1, d2, d7;

  PORT(S) p2, p5, p9;

  PHYSICAL CONNECTION(S)

  l1 : k1.e1  <->  k4.e1;
  l2 : k1.e2  <->  k4.e2;
  l3 : k1.e1  <-   e7;
  l4 : k4.e1  <-   e7;
  l5 : k5.e5  <-   e7;
  l6 : k1.e2  <->  k5.e2;
  l7 : k1.e1  <->  k1.e1;
  l8 : k4.e1  <->  k5.e5;
  l9 : k4.e2  <->  k5.e2;


  COMMUNICATION WITH
     TASK rp2 THROUGH PORT p4 ON PRIME NODE k5;
                          ALTERNATIVE NODE(S) k6;

     TASK rp5 THROUGH PORT p2 ON PRIME NODE k1;
                          ALTERNATIVE NODE(S);

     DEVICE g1 FROM NODE k1 BY PRIME LINE l3;
                 ALTERNATIVE LINE(S) l2 & l4;

     DEVICE g1 FROM NODE k4 BY PRIME LINE l4;
                 ALTERNATIVE LINE(S);
  MAPPING
  STATE INITIAL:
     BEGIN
        CONNECT k1.rp1.p2 : k5.rp2.p4 BY LINE l6;
        CONNECT k1.rp5.p9 : k1.rp1.p5 BY LINE l7;
        REACH DEVICE g1 FROM NODE k1 BY LINE l3;
        ACTIVATE k1.rp1;
     END
  STATE n1: (/STAT(k1) & STAT(k4) & STAT(l8))
     BEGIN
        DISCONNECT k1.rp1.p2 : k5.rp2.p4;
        DISCONNECT k1.rp5.p9 : k1.rp1.p5;
        TERMINATE  k1.rp1;
        CONNECT    k4.rp1.p2 : k5.rp2.p4 BY LINE l8;
        ACTIVATE   k4.rp1;
     END
  STATE n3: (/STAT(l8))
     BEGIN
        DISCONNECT k1.rp1.p2 : k5.rp2.p4;
        CONNECT    k1.rp1.p2 : k5.rp2.p4 BY LINE l9;
     END
  STATE n4: (STAT(g1) & /STAT(l3) & STAT(k1) & STAT(rp1))
     BEGIN
        REACH DEVICE g1 FROM NODE k1 BY LINE l2 & l4;
     END
  DDCL-END;
```

Bild 5.3: Beispiel einer DDCL

5.4.1 Allgemeine Bemerkungen

5.4.1.1 Einschränkungen und Randbedingungen

Um die Komplexität der zu lösenden Aufgaben bei der Rekonfiguration in den Griff zu bekommen, wollen wir in einem ersten Ansatz einige Einschränkungen machen, die dann in einem zweiten Schritt (Verallgemeinerung) bearbeitet werden können, ohne daß die prinzipiellen Lösungen des ersten Ansatzes verändert werden müssen.

(E1) Es soll sich um ein homogenes Netz handeln. D.h. die Prozessoren und die Struktur der knotenlokalen Betriebssysteme seien identisch, nicht aber der Grad des Ausbaues der einzelnen Knoten und der Funktionsumfang der knotenlokalen Betriebssysteme (Vereinfachung des Programmerzeugungssystems).

(E2) Die Behandlung von Dateien wird vernachlässigt, da zum einen die Kommunikation mit Dateien auf eine Rechenprozeß-Rechenprozeß-Kommunikation abgebildet werden kann und zum zweiten bei sogenannten "embedded systems" das Arbeiten mit Dateien eher die Ausnahme als die Regel darstellt.

Als kleinste rekonfigurierbare Software-Einheit wird der Rechenprozeß gewählt. Dies hat zwar den Nachteil, daß der Benutzer eventuell etwas mehr Schreibarbeit hat, bringt aber eine ganze Reihe von Vorteilen:

(V1) Die Granularität im Hinblick auf Änderungen, Rekonfigurationsmaßnahmen und Graceful Degradation wird feiner.

(V2) Die Kommunikation wird homogener. Es wird auf Benutzerebene nicht mehr unterschieden, ob der Kommunikationspartner auf dem selben Knoten oder auf einem Nachbarknoten zu finden ist. (Vergleiche <Mehrrechner-PEARL 85>: Kommunikation innerhalb Collections über globale Objekte und Botschaften; Kommunikation zwischen Collections ausschließlich über Botschaften).

(V3) Nicht jeder Knoten muß den vollen Umfang an Betriebsmitteln bereitstellen, um eine ganze Gruppe von Rechenprozessen zum Ablauf zu bringen.

5.4.1.2 Anforderungen an das Programmerzeugungssystem

Das Programmerzeugungssystem besteht aus Übersetzer, Binder und Lader.
Damit der Übersetzer unabhängig von der Struktur und vom Hardware-Aus-
bau des verteilten Systems wird, muß folgendes beachtet werden:

Im Übersetzer muß ein sogenannter Konfigurationslauf implementiert
sein. In einem solchen Konfigurationslauf werden Dinge wie

- allgemeine Merkmale eines Knotens
  Name, Adressen, Speichergröße, Schnittstellen, usw.

- reale Ein-/Ausgabegeräte
  physikalische Namen, Registeradressen, Stati, zugehörige Geräte-
  treiber, usw.

- und die Betriebssystemfunktionen

beschrieben. Damit wollen wir uns nicht weiter beschäftigen, da die
Möglichkeit eines Konfigurationslaufes in modernen Übersetzern für die
Prozeßautomatisierung heute Stand der Technik ist. (Eventuell nicht in
dem hier besprochenen Umfang.)

Damit man von der Struktur des verteilten Systems unabhängig wird, muß
man auch hier das Baukastenprinzip verwenden. D.h. der Übersetzer unterstützt nur einen Elementarbaustein (Knoten = Bus, CPU, Peripherie).
Also wird man auch für eine lokale Änderungsfreundlichkeit für jeden
Knoten (Elementarbaustein) einen Konfigurationslauf vorsehen und das
Ergebnis zur späteren Verwendung geeignet abspeichern. Dabei wird man
selbstverständlich die vorhandenen Schnittstellen (endpoints) der Knoten und der physikalischen Geräte miteinbeziehen, nicht aber die
physikalischen Verbindungen der Schnittstellen untereinander. Die Angabe der physikalischen Verbindungen der Schnittstellen von Knoten und
Geräten untereinander muß für eine Unabhängigkeit von der Hardware-
Struktur in die Rechenprozesse verlagert werden. Angaben für den Lader
und Binder, welcher Rechenprozeß und seine zugehörige Datenstruktur wo
geladen werden soll, müssen ebenfalls auf der Rechenprozeßebene gemacht werden.

5.4.2 Angabe der alternativen Knoten

Im sogenannten NODE_PART gibt der Benutzer die möglichen Knoten an, auf welchen der Rechenprozeß abgearbeitet werden kann (Bild 5.4). Selbstverständlich sollte er hier nur solche Knoten angeben, die die vom Rechenprozeß benötigten Betriebsmittel zur Verfügung stellen. Eine Überprüfung, ob die angegebenen Knoten auch die erforderlichen Betriebsmittel zur Verfügung stellen, wird möglich durch Angaben z.B. im PHYSICAL_CONNECTION_PART und bei den im vorigen Abschnitt erwähnten Konfigurationsläufen.

```
PROGRAM rp1;

DDCL;
  PRIME NODE k1;
  ALTERNATIVE NODE(S) k4, k5;
    .
    .
    .
DDCL-END;
```

Bild 5.4: Beispiel für die Angabe möglicher Knoten, auf denen ein Rechenprozeß abgearbeitet werden kann.

Bei der Angabe der möglichen Knoten wird unterteilt in einen sogenannten PRIME NODE (das ist derjenige Knoten, auf dem der Rechenprozeß abgearbeitet wird, solange noch keine zugehörigen Systemkomponenten versagt haben) und in die ALTERNATIVE NODE(S) (dies sind mögliche alternative Knoten, auf denen der Rechenprozeß ebenfalls abgearbeitet werden kann). Es werden somit folgende Informationen beschrieben:

(I1) Der Programmkörper des Rechenprozesses rp1 soll auf die Knoten k1, k4 und k5 geladen werden. (Information für den Lader)

(I2) Der Rechenprozeß rp1 soll auf dem Knoten k1 gestartet werden. (Information für das knotenlokale Betriebssystem)

(I3) Der Rechenprozeß rp1 ist auf den Knoten k4 und k5 bekannt (dormant). (Information für die knotenlokalen Betriebssysteme)

Wann, auf Grund welcher Ereignisse und auf welchem alternativen Knoten der Rechenprozeß rp1 gestartet werden soll, wird im MAPPING_PART beschrieben.

5.4.3 Wiederaufsetzen

Der Begriff Wiederaufsetzen darf nicht mit dem englischen Begriff "error recovery" verwechselt (übersetzt) werden. Nach <Anderson; Lee 81> ist das Ziel der "error recovery"-Techniken die Eliminierung von "errors" (Fehlerausprägungen) aus dem Systemzustand. Ein einfaches Verfahren, einen fehlerhaften Systemzustand durch einen fehlerfreien Systemzustand zu ersetzen, ist der "RESET". Hier wird einfach der gesamte Systemzustand ersetzt. Weil die Technik der Systemzustandsersetzung auch als eine Rücksetzung der Zeit angesehen werden kann, wird sie als "backward error recovery"-Technik bezeichnet. Alle anderen Techniken, die Fehlerausprägungen beseitigen, werden unter dem Begriff "forward error recovery" zusammengefaßt. "Backward error recovery"-Techniken ersetzen komplett den aktuellen Systemzustand - ohne Beachtung eines eventuell fehlerfreien Teils - durch einen fehlerfreien Zustand, in dem sich das System zeitlich zuvor einmal befunden hat. Im Gegensatz dazu versucht man mit den "forward error recovery"-Techniken nur einen Teil des aktuellen Systemzustands zu manipulieren, um so einen neuen fehlerfreien Systemzustand zu erhalten.

Rechenprozesse in Prozeßautomatisierungssystemen sind im allgemeinen kurze zyklische Programme, die in ihrem Ablauf immer wieder an ein und denselben Anfangspunkt kommen, nicht aber in ihrer Datenhistorie. Weiterhin kommen nicht alle Rechenprozesse zur gleichen Zeit an ihren Anfangspunkt, so daß man bei einem globalen Reset zum einen Daten verliert und zum zweiten eventuell wichtige Stelleingriffe verzögert oder sogar verhindert. Die "RESET"-Technik ist die einzige Methode, um auch nach unerwarteten Fehlern wieder ein funktionierendes System zu erlangen. Wegen der Einfachheit des Ansatzes wird oft ein sogenannter "Fixed Reset" in Systemen vorgesehen, um der Problematik der Folgefehler auszuweichen. Aber gerade diese "Holzhammer"-Methode wollen wir mit der Rekonfigurationstechnik vermeiden, und somit ergibt sich nach einer Rekonfiguration das Problem des Wiederanlaufens einzelner Rechenprozesse. D.h. das Wiederaufsetzen ist ein Teilaspekt der Rekonfigurationstechnik.

5.4.3.1 Wiederaufsetzen nach einer Rekonfiguration

Die Rekonfiguration, die auf ein stochastisches Ereignis hin erfolgt, bedingt ein Aktivieren und Terminieren von Rechenprozessen. Bei einem Wiederaufsetzen sind die zwei anwendungsorientierten Fragen des Wiederanlaufpunktes und der Wiederanlaufdaten eines Rechenprozesses zu klären. In Anlehnung an <Mehrrechner-PEARL 85> wird folgender Wiederanlaufmechanismus vorgeschlagen.

(1) Wiederanlaufpunkte:

Da das typische Aufgabenprofil von Prozeßautomatisierungssystemen in kurzen, zyklischen Rechenprozessen resultiert, besitzt jeder Rechenprozeß genau einen Wiederanlaufpunkt: Den Start des Rechenprozesses.

(2) Wiederanlaufdaten:

Mit dem Rechenprozeß-Start sind automatisch auch alle lokalen Datensätze gültig. In manchen Anwendungen ist beim Wiederanlauf die Einbeziehung der Ablaufhistorie erforderlich, d.h. spezielle Daten und Zustände von Rechenprozessen von einem Zeitpunkt vor dem Auftreten eines Fehlers. Im Gegensatz zu <Mehrrechner-PEARL 85> hat der Benutzer hier die Möglichkeit, die Anwendungsdaten, welche repliziert gehalten werden sollen, anzugeben. Die Replikation selbst erfolgt dann als Systemdienst. D.h. dem Benutzer muß ein Systemdienst zur Verfügung gestellt werden, mit dem er zyklisch oder ereignisgesteuert, je nach Charakter der Daten, die Aktualisierung anstoßen kann (REPLICATE(), REPLICATE_ALL(x msec)). Die aktuellen Zustände des technischen Prozesses brauchen in der Regel nicht redundant geführt werden, da sie jederzeit durch Einlesen über die Prozeßperipherie wiederzubeschaffen sind. Mit diesen Maßnahmen kann der Anwender einerseits den sinnvollen Integritätsgrad des Wiederanlaufs, andererseits aber auch die zusätzliche Systembelastung (Kommunikation) durch Fehlertoleranzmaßnahmen selbst bestimmen.

(3) Berücksichtigung der Rechenprozeßkooperation:

Die Rechenprozesse müssen so kodiert werden, daß sie sich auf Grund der Semantik der Sende- und Empfangsanweisungen selbst wieder synchronisieren. Für den Fall, daß eine Kommunikation nicht zustande kommt, sind für alle Empfangsanweisungen "Default"-Werte anzugeben und "Timeout"-Mechanismen vorzusehen. Durch die Angabe von "Default"-Werten, Plausibilitätsgrenzwerten und Timeout-Mechanismen wird die Kooperation der Rechenprozesse selbst fehlertolerant gegenüber einem ausfallbedingten Nichtzustandekommen einer Kommunikation.

Obwohl die Elemente "Default"-Werte, "Timeout"-Werte und Plausibilitätsgrenzwerte nicht unmittelbar mit Rekonfigurationsmaßnahmen verknüpft sind, kann es sehr vorteilhaft sein, diese Elemente in die rechenprozeßlokalen bzw. knotenlokalen Datenstrukturen mit aufzunehmen. Speziell bei der Inbetriebnahme eines Automatisierungssystems hätte man die Möglichkeit, Parameter zu verändern, ohne sofort neu übersetzen zu müssen.

5.4.3.2 Angabe der zu replizierenden Daten

Um den Benutzer beim Wiederanlauf zu untersützen, hat dieser die Möglichkeit, zu replizierende Daten in Form einer Aufzählung anzugeben (Bild 5.5).

```
PROGRAM rp1;

DDCL;
   .
   .
   .
  REPLICATED DATA d1, d2, d7;
   .
   .
   .
DDCL-END;
```

Bild 5.5: Angabe der zu replizierenden Daten

Wie schon erwähnt, soll die Replikation von einem Systemdienst des knotenlokalen Betriebssystems erledigt werden. Dazu wird neben den beiden möglichen Prozeduren REPLICATE() und REPLICATE_ALL(x msec) auch noch ein sogenannter Betriebssystem-Port notwendig. Da dieser Port für die Replikation immer benötigt wird, ist es sinnvoll, diesen vorzudefinieren (SYSTEM_PORT).

Sollte aus irgendwelchen Gründen die Replikation nicht funktionieren, so wird der Wiederanlauf mit den Initialwerten vorgenommen. Die Information, an welchen Knoten die Daten repliziert werden sollen, steht im NODE_PART. Jeder Knoten hat an alle im NODE_PART genannten Knoten (außer an sich selbst) die zu replizierenden Daten zu schicken, sobald der zugehörige Rechenprozeß auf ihm aktiv ist.

5.4.3.3 Wiederaufsetzen nach einer Reparatur

Das Wiederaufsetzen nach einer Reparatur, auch Wiedereingliederung genannt, unterscheidet sich von einem Wiederaufsetzen nach einer Rekonfiguration insoweit, daß während der Reparatur weitere Rekonfigurationen erfolgt sein können, und es somit nicht erlaubt ist, ohne Beachtung des Systemzustandes den Initialzustand z.B. eines Rechenprozesses zu triggern. Dies bezieht sich speziell auf die logischen Verbindungen. Deshalb muß die Wiedereingliederung von reparierten oder neuen Komponenten durch den Benutzer unterstützt werden. Dazu wiederum benötigt der Benutzer selbst Information über die logischen Verbindungen (Systemzustand). Das bedeutet für unsere rechenprozeßlokale Datenstruktur, daß auch die logischen Verbindungen dort mit aufgenommen werden müssen. Mit entsprechenden Betriebssystemdiensten kann der Benutzer die rechenprozeß- bzw. knotenlokalen Datenstrukturen inspizieren und gezielte Aktionen zur Wiedereingliederung angeben.

5.4.4 Angabe der rechenprozeßlokalen Port-Namen

Ganz analog den zu replizierenden Daten werden auch hier die rechenprozeßlokalen Port-Namen in Form einer Aufzählung angegeben (Bild 5.6). Die so angegebenen Port-Namen werden im MAPPING_PART benötigt.


```
    PROGRAM rp1;

    DDCL;
       .
       .
       .
      PORT(S) p1, p5, p9;
       .
       .
    DDCL-END;
```

Bild 5.6: Angabe der rechenprozeßlokalen Port-Namen

5.4.5 Angabe der physikalischen Verbindungen

Mit einem Anweisungstyp, der zwei Schnittstellen (Knoten, Peripherie) miteinander verbindet, ist die Beschreibung beliebiger Netzwerktopologien leicht möglich (Bild 5.7). Einer solchen Verbindung zweier Schnittstellen wird ein Leitungsname zugeordnet, der später bei der Abbildung der logischen auf die physikalische Struktur benötigt wird (MAPPING_PART). Zur Beschreibung knotenübergreifender Verbindungen muß der Bezeichner einer Schnittstelle lediglich um einen Knotenidentifikator ergänzt werden. Die Beschreibung der Schnittstellen und die Vereinbarung der zugehörigen Namen sind in den Konfigurationsläufen vorzunehmen (Abschnitt 5.4.1.2).

```
PROGRAM rp1;

DDCL;
   .
   .

   PHYSICAL CONNECTION(S)

   l1 : k1.e1   <->   k4.e1;
   l2 : k1.e2   <->   k4.e2;
   l3 : k1.e1   <-    e7;
   l4 : k4.e1   <-    e7;
   l5 : k5.e5   <-    e7;
   l6 : k1.e2   <->   k5.e2;
   l7 : k1.e1   <->   k1.e1;
   l8 : k4.e1   <->   k5.e5;
   l9 : k4.e2   <->   k5.e2;
    .
    .
    .

DDCL-END;
```

<u>Bild 5.7:</u> Beschreibung der physikalischen Verbindungen

5.4.6 Angabe der Kommunikationspartner

Die Kommunikationspartner eines Rechenprozesses sind entweder andere Rechenprozesse oder Geräte der Standard- oder Prozeßperipherie. Wie in Bild 5.8 gezeigt, kann der Benutzer die Kommunikationspartner eines Rechenprozesses angeben. Im ersten Beispiel aus Bild 5.8 kommuniziert Rechenprozeß rp1 mit Rechenprozeß rp2 auf Knoten k5 über Port p4. Rechenprozeß rp2 wird im fehlerfreien Fall auf Knoten k5 abgearbeitet. Bei einem Ausfall kann Rechenprozeß rp4 auch auf den Knoten k6 abgearbeitet werden. Wann der Rechenprozeß rp2 auf dem Knoten k6 abgearbeitet wird, kann in Abhängigkeit von entsprechenden Systemzuständen im MAPPING PART angegeben werden. Im Beispiel 2 werden keine weiteren alternativen Knoten angegeben. Beispiel 3 beschreibt die Kommunikation mit einem Prozeßperipheriegerät g1. Dabei ist es wichtig, daß die Wege von den möglichen Knoten, auf denen Rechenprozeß rp1 abgearbeitet werden kann, zum Gerät g1 einzeln angegeben werden können.

```
     PROGRAM rp1;

     DDCL;
        .
        .
        .
       COMMUNICATION WITH
          TASK rp2 THROUGH PORT p4 ON PRIME NODE k5;
                            ALTERNATIVE NODE(S) k6;

          TASK rp5 THROUGH PORT p2 ON PRIME NODE k1;
                            ALTERNATIVE NODE(S);

          DEVICE g1 FROM NODE k1 BY PRIME LINE l3;
                     ALTERNATIVE LINE(S) l2 & l4;

          DEVICE g1 FROM NODE k4 BY PRIME LINE l4;
                     ALTERNATIVE LINE(S);
          .
          .
     DDCL-END;
```

__Bild 5.8:__ Beschreibung der Kommunikationspartner

5.4.7 Angabe der Rekonfigurationsbedingungen und der Rekonfigurationsaktionen

In diesem letzten Part, dem MAPPING_PART, beschreibt der Benutzer zum einen die Bedingungen, unter denen eine Rekonfiguration eingeleitet werden soll, und zum zweiten die zugehörigen Aktionen (Bild 5.9).

Für die in der DDCL bekanntgemachten Objekte NODE, TASK, LINE und DEVICE wird in den knotenlokalen Datenstrukturen (Kapitel 5.5) vom Programmerzeugungssystem ein Element <STATUS> eingefügt. Somit entsteht ein knotenlokaler Zustandsvektor, in dem die Stati (OK, FAILED) aller in den jeweiligen rechenprozeßlokalen DDCL genannten Objekte enthalten sind. Auf die Stati kann z.B. mittels der Funktion STAT(eindeutiger Bezeichner) zugegriffen werden, die als Ergebnis TRUE oder FALSE ent-

sprechend dem Status OK oder FAILED zurückgibt. Eindeutige Bezeichner
sind z.B. k1, k4.rp1, l3, d2. Jede Bedingung kann noch mit einem Be-
nutzernamen versehen werden. Es sind nur einstufige Bedingungen erlaubt (keine Schachtelung).

```
PROGRAM rp1;

DDCL
   .
   .
   .
  MAPPING
  STATE INITIAL:
    BEGIN
      CONNECT k1.rp1.p2 : k5.rp2.p4 BY LINE l6;
      CONNECT k1.rp5.p9 : k1.rp1.p5 BY LINE l7;
      REACH DEVICE g1 FROM NODE k1 BY LINE l3;
      ACTIVATE k1.rp1;
    END

  STATE n1: (/STAT(k1) & STAT(k4) & STAT(l8))
    BEGIN
      DISCONNECT k1.rp1.p2 : k5.rp2.p4;
      DISCONNECT k1.rp5.p9 : k1.rp1.p5;
      TERMINATE  k1.rp1;
      CONNECT    k4.rp1.p2 : k5.rp2.p4 BY LINE l8;
      ACTIVATE   k4.rp1;
    END

  STATE n3: (/STAT(l8))
    BEGIN
      DISCONNECT k1.rp1.p2 : k5.rp2.p4;
      CONNECT    k1.rp1.p2 : k5.rp2.p4 BY LINE l9;
    END

  STATE n4: (STAT(g1) & /STAT(l3) & STAT(k1) & STAT(rp1))
    BEGIN
      REACH DEVICE g1 FROM NODE k1 BY l2 & l4;
    END
   .
   .
DDCL-END;
```

<u>Bild 5.9:</u> Angabe von Rekonfigurationsbedingungen und der zugehörigen
Rekonfigurationsaktion

Bei den DISCONNECT-, CONNECT-, TERMINATE- und ACTIVATE-Anweisungen ist
es erforderlich, daß vollständige eindeutige Bezeichner angegeben werden. Die Information des MAPPING_PARTs wird, wie in diesem Beispiel
angegeben (Bild 5.3), auf die Knoten k1, k4 und k5 geladen. Da jeder
Knoten (Betriebssystem) seine Identität kennt, führt er nur die Anweisungen aus, die für ihn bestimmt sind. Im Beispiel Bild 5.9 Rekonfigu-
rationsbedingung n1, führt Knoten k1 nur die DISCONNECT- und die
TERMINATE-Anweisungen aus, und entsprechend Knoten k4 die CONNECT- und

die ACTIVATE-Anweisungen. Im Falle daß Knoten k1 vollständig ausgefallen ist, werden die drei Anweisungen natürlich hinfällig, was aber keine Probleme verursacht.

Natürlich kann der Benutzer innerhalb des algorithmischen Teils eines Rechenprozesses auch die Funktion STAT(eindeutiger Bezeichner) verwenden, z.B. um festzustellen, ob es sich um einen Neustart oder einen Wiederanlauf handelt. Um auch in Benutzerprogrammen eine Fehlererkennung zu ermöglichen, muß der Benutzer in der Lage sein, die Stati von rechenprozeßlokalen Objekten zu verändern. Dazu ist eine Prozedur der Art SETSTAT(eindeutiger Bezeichner, Status) notwendig, wobei Status die Werte 'OK' und 'FAILED' annehmen kann. Somit hat der Benutzer ein sehr mächtiges Hilfsmittel, denn er kann durch Änderung von Zuständen komplexe Rekonfigurationsmaßnahmen einleiten.

5.5 Aufbau einer dynamischen verteilten Datenstruktur

Aus den Informationen, die der Benutzer in der DDCL eines Rechenprozesses angibt, hat der Übersetzer geeignete Datenstrukturen zu erzeugen. In unserem Beispiel (Abschnitt 5.2) haben wir verschiedene Datenstrukturen kennengelernt:

(DS1) Privates Adressbuch - lokale Datenstruktur mit
                             sofortiger Aktualisierung

(DS2) Telefonbuch   - globale Datenstruktur mit
                             jährlicher Aktualisierung

(DS3) Telefonauskunft   - globale Datenstruktur mit
                             1-2 tägiger Aktualisierung

Auf die Datenstruktur (DS1) werden wir nun näher eingehen, da diese sich mit einigen Modifikationen für eine technische Realisierung besonders anbietet. Das private Adressbuch entspricht somit einer knotenlokalen Datenstruktur, und die Telefonauskunft entspricht, eine Hierarchiestufe höher, dem Programmerzeugungssystem. Innerhalb eines Knotens sind folgende wichtige Daten zu verwalten:

(D1) Die Adressen und Stati der Knoten und Rechenprozesse, mit denen
     eine Kommunikation stattfindet.

(D2) Die Adressen und Stati der Rechenprozesse, die auf diesem Knoten
     auflaufen sollen.

(D3) Die Adressen und Stati der Peripherie (Standard- und Prozeßperi-
     pherie), mit welchen die Rechenprozesse kommunizieren.

Die dynamische verteilte Datenstruktur wird in zwei Schritten aufgebaut. Da jeder Rechenprozeß die für ihn relevante Information (Kommunikationspartner, Netztopologie, Abbildungsbeschreibung usw.) enthält, erzeugt der Übersetzer aus dieser Information eine rechenprozeßlokale Datenstruktur. Diese Datenstruktur wird mit dem erzeugten
Code auf die angegebenen Knoten geladen. Knotenlokale Betriebssystemdienste haben dann die Aufgabe, aus den rechenprozeßlokalen Datenstrukturen eine knotenlokale Datenstruktur aufzubauen. Es sind nur die
Konstruktionsregeln (Anhang B), nicht aber Umfang und Inhalt der Datenstruktur bekannt, so daß man sich – sofern man die Konstruktionsregeln kennt – selbst den Umfang und Inhalt der Datenstruktur erarbei-
ten kann. Da die Datenstruktur und deren Inhalt zur Laufzeit dynamisch
veränderbar sein sollen, bot sich eine verzeigerte Liste an. Für die
Erklärung der Datenstruktur wurde der Einfachheit halber nur eine
einfache Verzeigerung gewählt (Bild 5.10), aber es sind auch ohne
weiteres Verfahren der robusten Programmierung einzusetzen (zweifach
bzw. mehrfach verzeigerte Listen, Zugriffsüberprüfungen in Form von
unteren bzw. oberen Grenzen).

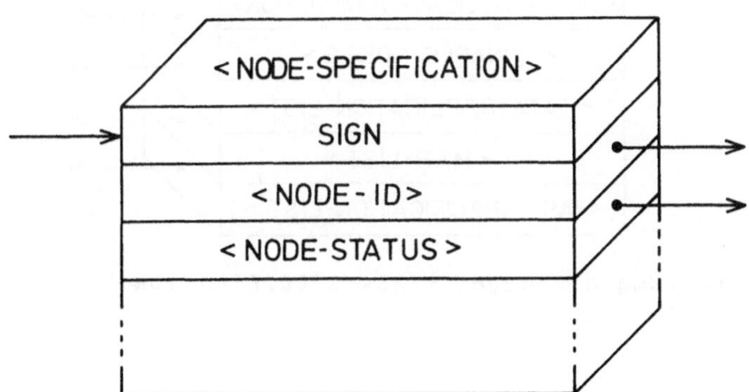

Bild 5.10: Prinzipdarstellung für den Aufbau einer dynamischen Daten-
          struktur

Ein Quader beschreibt eine Regel. Jeder Quader hat einen Regelnamen
(hier: <NODE-SPECIFICATION>). Damit nicht der gesamte Regelname abgespeichert werden muß, bekommt jeder Regelname eine Kennung (SIGN) zugeordnet. Die Kennung ergibt sich aus der Ordnung der alphabetischen

Reihenfolge der Regelnamen. Jede Regel besteht aus weiteren Regeln und aus Daten. Jede Regel wird so weit verfeinert, bis das eigentliche Datum mit einem einfachen Speicherzugriff erhalten werden kann. Die Verfeinerung wird durch Verzeigerung realisiert. Ein Zeiger auf eine Subregel z.B. <NODE-ID> wird durch einen Pfeil aus dem Quader heraus gekennzeichnet. Eine O anstelle eines Zeigers kennzeichnet das Ende einer Liste.

5.5.1 Aufbau einer rechenprozeßlokalen Datenstruktur

Wie schon erwähnt, hat der Übersetzer die Aufgabe, aus den Informationen, die der Benutzer einem Rechenprozeß mitgibt, folgende beispielhaft dargestellten Datenstrukturen aufzubauen (Bild 5.11 - 5.14). Eine umfassende Beschreibung ist im Anhang B zu finden.

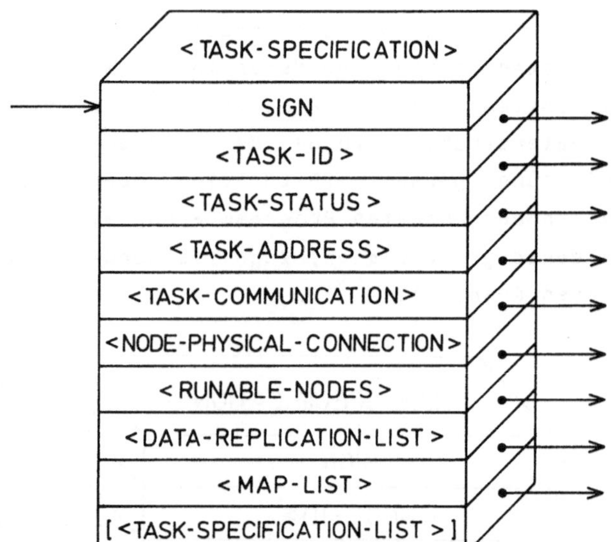

Bild 5.11: Darstellung der Regel <TASK-SPECIFICATION>

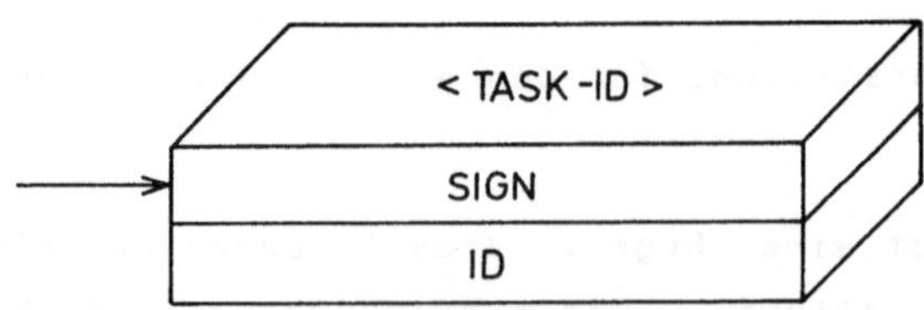

Bild 5.12: Darstellung der Regel <TASK-ID>

Bei einem Bezeichner (String) hat man zwei Möglichkeiten: Entweder wird der String direkt nach SIGN der Regel <TASK-ID> abgespeichert, oder man macht einen Verweis auf die Symboltabelle, die beim übersetzen erzeugt wird. Dazu müßte die Symboltabelle mit auf die Knoten geladen werden, damit sie zur Laufzeit verfügbar ist.

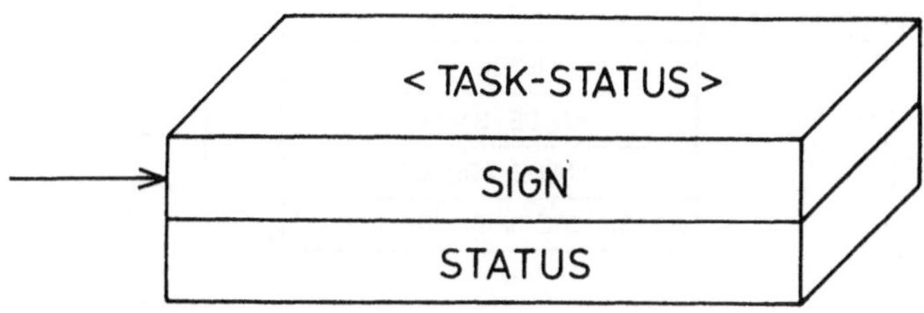

Bild 5.13: Darstellung der Regel <TASK-STATUS>

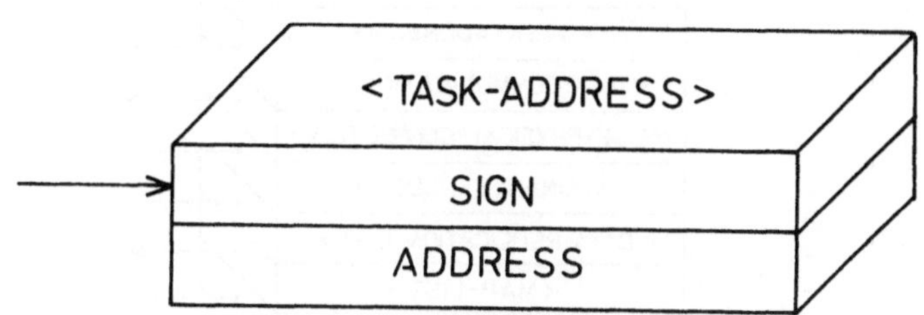

Bild 5.14: Darstellung der Regel <TASK-ADDRESS>

Für eine konkrete Implementierung kann es möglich sein, daß man die Regel <TASK-ADDRESS> weiter verfeinern muß, wenn die Adresse analog einem Rekord aufgebaut ist (Subadressen). Die Verfeinerung ist dabei so weit durchzuführen, bis man das gesuchte Datum und seine Kennung (SIGN) jeweils mit einer unteilbaren Aktion erhalten kann.

5.5.2 Aufbau einer knotenlokalen Datenstruktur

Aus den rechenprozeßlokalen Datenstrukturen müssen Betriebssystemdienste die folgende knotenlokale Datenstruktur zusammenstellen (Bild 5.15). Der Aufbau der Regeln <NODE-ID>, <NODE-STATUS> und <NODE-AD-DRESS> entspricht dem Aufbau der Regeln <TASKID>, <TASK-STATUS> und

<TASK-ADDRESS>. Aus Effektivitätsgründen und/oder für Plausibilitäts-
kontrollen ist es auch denkbar, aus den <TASK-SPECIFICATION> - Regeln
die physikalischen Verbindungen des Knotens zu isolieren und als Un-
terregel an die Regel <NODE-SPECIFICATION> anzugliedern.

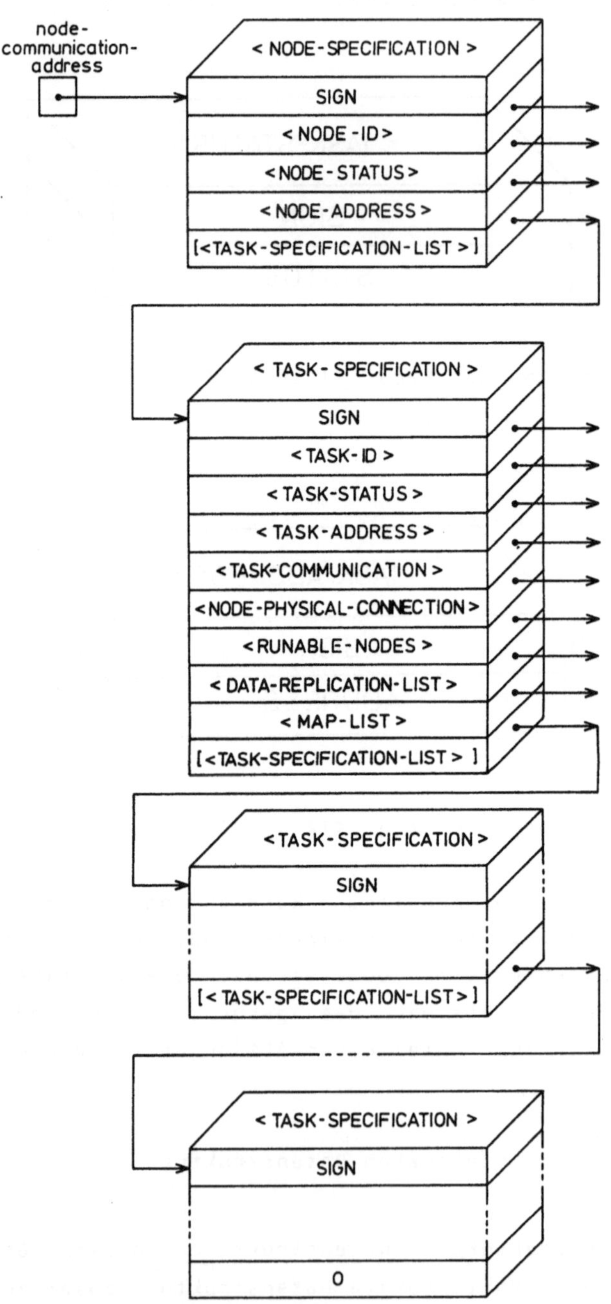

Bild 5.15: Zusammenbau einer knotenlokalen Datenstruktur aus rechenprozeßlokalen Datenstrukturen

Bei den heutigen Übersetzern ist es leider so, daß nach einer Übersetzung von der Strukturierung der Daten auf der Programmiersprachenebene auf der Speicherebene nichts mehr zu sehen ist. Bei der Konzeption der Datenstrukturen wurde deshalb darauf geachtet, so viel Strukturinformation auf die Speicherebene abzubilden, daß eine Rückgewinnung der ursprünglichen Quellinformation möglich ist. Diese Rekonstruktion wird mit sogenannten Inspektionsdiensten der knotenlokalen Betriebssysteme durchgeführt. Diese Inspektionsdienste sind zum einen für die benutzergeführte Wiedereingliederung von reparierten Komponenten wichtig, und zum zweiten ist es damit möglich, Modifikationen in der Datenstruktur vorzunehmen.

5.5.3 Zugriff auf die knotenlokale Datenstruktur

Wie aus Bild 5.15 (Aufbau einer knotenlokalen Datenstruktur) schon zu erkennen ist, hat jede Regel eine gewisse Anzahl von Elementen. Diese Elemente werden von 0 an durchnumeriert. Die Kennung jeder Regel steht immer im nullten Element. Die Elementnummer stellt somit einen Offset dar, um auf weitere Unterregeln zugreifen zu können (Bild 5.16). Jeder Zugriff beginnt bei der Variablen node-communication-address, deren Inhalt (Zeiger) auf die Regel <NODE-SPECIFICATION> zeigt. Der Inhalt des Elements <TASK-SPECIFICATION-LIST> zeigt auf die erste eingetragene Rechenprozeßbeschreibung usw.. Angenommen, die Symboltabelle ist mit auf den Knoten geladen, so verkörpert ID einen Verweis auf die Symboltabelle, d.h. mit der Prozedur GETID(ID, TASKNAME) erhält man letztendlich den Rechenprozeßbezeichner.

Um auch bei den Elementen der einzelnen Regeln flexibel zu bleiben, wird man bei einem Zugriff nicht direkt die Elementnummern einsetzen, sondern Konstanten der Art TASK.ID.OFFSET verwenden, welchen dann bei einer Änderung der Regeln auch leicht ein neuer Wert zugeordnet werden kann.

Die Informationen, die in den knotenlokalen Datenstrukturen verwaltet werden, ergeben sich im wesentlichen aus den zwei Komponenten Konfigurationslauf und Dynamic-Distributed-Control-List und weiteren Angaben aus den Rechenprozessen (z.B. Port-Spezification). Dabei stellen die Stati der Regeln <NODE-SPECIFICATION>, <TASK-SPECIFICATION> und <NODE--PHYSICAL-CONNECTION> letztendlich die systemrelevante Inforamtion dar, die über die beteiligten Knoten konsistent gehalten werden muß.

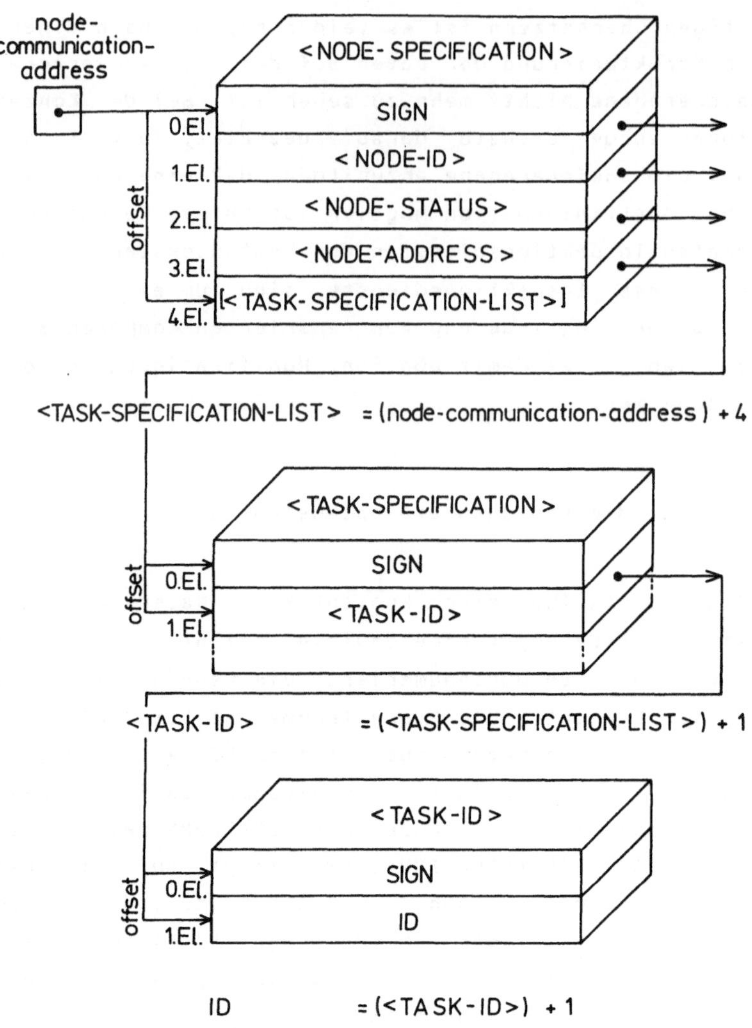

Bild 5.16: Beispiel eines Zugriffs auf eine knotenlokale Datenstruktur

5.6 Abgrenzung gegenüber anderen Arbeiten

Für eine abschließende Beurteilung und Abgrenzung der Arbeit gegenüber anderen relevanten Arbeiten sind hauptsächlich die schon erwähnten Literaturstellen <Steusloff 77>, <Mehrrechner-PEARL 85> und <Magee; Kramer 83> zu nennen. Für die Literaturstelle <Magee; Kramer 83> wird der Name des darin beschriebenen Systems "CONIC" synonym verwendet. Zunächst wird eine kurze Zusammenfassung der Funktionalität des hier gemachten Vorschlags gegeben, und dann eine Abgrenzung zu den oben erwähnten Arbeiten mit anschließender Diskussion vorgenommen.

Mit den in Kapitel 5.4 erarbeiteten Sprachkonstrukten kann der Anwender eine wohldefinierte Menge von Abbildungen der logischen Struktur auf die physikalische Struktur beschreiben. Weiterhin ist er in der Lage, in Abhängigkeit von Systemzuständen anzugeben, wann welche Abbildung gültig ist, und somit eine dynamische Rekonfiguration einleiten. Aus diesen Angaben erzeugt nun der Übersetzer rechenprozeßlokale Datenstrukturen. Diese werden mit dem generierten Programmcode auf sämtliche in der jeweiligen DDCL angegebene Knoten geladen.

Knotenlokale Betriebssystemdienste verketten nun die rechenprozeßlokalen Datenstrukturen zu knotenlokalen Datenstrukturen. In diesen knotenlokalen Datenstrukturen werden die abbildungsspezifischen Daten verwaltet, d.h. der vom Übersetzer erzeugte Programmcode ist abbildungsinvariant. Dadurch wird es möglich, ein und denselben Rechenprozeß auf verschiedenen Knoten ablaufen zu lassen. Durch die Auftrennung in abbildungsvariante und -invariante Teile wird das Problem der Kommunikationsbeziehungen eines Rechenprozesses mit seiner Umgebung gelöst. In den knotenlokalen Datenstrukturen stehen die jeweils für einen speziellen Knoten gültigen Adressen, an denen Daten abgeholt bzw. abgeliefert werden müssen.

In den knotenlokalen Datenstrukturen werden auch die Stati der zugehörigen Rechenprozesse, Knoten, Verbindungen usw. und die zu replizierenden Daten für einen Wiederanlauf verwaltet. Stimmen nun die vom Benutzer spezifizierten Bedingungen für eine Rekonfiguration mit den aktuellen Stati der entsprechenden Rechenprozesse, Knoten, Verbindungen usw. überein, so leiten knotenlokale Betriebssystemdienste der beteiligten Knoten eine Rekonfiguration ein. Hervorzuheben ist dabei, daß die Rekonfigurationsmaßnahmen _dezentral_ eingeleitet werden.

Abgrenzung gegenüber <Magee; Kramer 83>

Wenn im CONIC-System von dynamischer Rekonfiguration gesprochen wird, so ist damit die Modifizierung bzw. Erweiterung von Systemen zur Laufzeit gemeint. D.h. für eine Modifikation muß nicht das gesamte System gestoppt werden, sondern nur die von der Modifikation betroffenen Teile. Allerdings ist eine Änderung der Systemkonfiguration nur durch den Benutzer möglich, indem dieser die Konfigurationsbeschreibung abändert. Eine dynamische Rekonfiguration auf Grund eines Zustandswechsels oder eines Ereignisses wird nicht unterstützt.

Abgrenzung gegenüber <Mehrrechner-PEARL 85>

Auch in dem Sprachvorschlag für eine Erweiterung der Programmiersprache PEARL für die Programmierung verteilter Systeme <Mehrrechner-
PEARL 85> wird von dynamischer Rekonfiguration gesprochen. Hier ist es
jedoch im Gegensatz zum CONIC-System die ereignisgesteuerte Rekonfiguration. Eine Modifizierung eines laufenden Systems bedingt eine Neuübersetzung der Programme und einen vollständigen Neustart des
Systems.

Die Idee des Zustandsraumes wird in <Mehrrechner-Pearl 85> zum ersten
mal erwähnt. In <Steusloff 77>, <Heger 81> waren es nur fest vorgegebene Hardware-Fehler, die toleriert wurden. Die Informationen über den
Zustand der Knoten wurden in speziellen Hardware-Registern verwaltet.
Die Rekonfiguration von Rechenprozessen ist in <Mehrrechner-PEARL 85>
nur in sogenannten Collections (Gruppen von Rechenprozessen) möglich.
Durch die in dieser Arbeit beschriebenen Verfeinerung der SRUs (Smallest Replaceable or Reconfigurable Unit) bis auf die Rechenprozeßebene
konnte der Nachteil beseitigt werden, daß ein Knoten alle Ressourcen
für eine Gruppe von Rechenprozessen (Collections) im Falle einer Rekonfiguration bereitstellen muß.

Um komplizierte Nachladealgorithmen und zeitraubende Nachladeaktionen
zu vermeiden, so wie in <Steusloff 77> vorgeschlagen, werden in dem
hier gemachten Vorschlag die Programmkörper der Rechenprozesse auf
alle in Frage kommenden Knoten geladen. Welche Knoten dies sind, wird
vom Benutzer festgelegt. Die Einhaltung der Realzeitbedingungen muß
mit einem erhöhten Speicherplatzbedarf bezahlt werden, was aber bei
der heutigen Entwicklung auf den Speicher- und Mikroprozessormarkt
keinen gravierenden Nachteil darstellt.

Die vorliegende Arbeit geht jedoch über einen Sprachvorschlag
erheblich hinaus, da neben den Sprachkonstrukten auch Datenstrukturen
und Funktionen für eine Implementierung definiert wurden. Mit diesem
neuen Werkzeug ist sowohl eine ereignisgesteuerte, als auch eine be-
nutzerinitiierte dynamische Rekonfiguration möglich. Man kann sagen,
daß die vorliegende Arbeit die Vorteile der beiden Arbeiten <Mehrrech-
ner-PEARL 85> und <Magee; Kramer 83> vereinigt. Hierbei ist besonders
hervorzuheben, daß diese Kombination unter dem Gesichtspunkt der Ergebnisse der vergleichenden Studie zwischen technischen und biologischen Systemen vorgenommen wurde. Eine derart vergleichende Studie
der systemtechnischen Parallelen in Bezug auf die Fehlertoleranzeigen-

schaften von technischen und biologischen Systemen wurde in einer solchen Ausführlichkeit in keiner anderen Arbeit vorgefunden. Somit ergab sich ein Vorschlag zur Rekonfiguration mit folgenden Vorteilen:

- Dynamische Rekonfiguration sowohl auf Grund eines Zustandswechsels als auch durch den Benutzer initiiert.

- Weitgehend stoßfreie Rekonfiguration, da die Rechenprozeßkörper auf allen in Frage kommenden Knoten geladen sind und die zu replizierenden Daten und die Zustandsdaten ständig aktualisiert werden (siehe Kapitel 4).

- Durch die Wahl der Rechenprozesse als SRUs (Smallest Replaceable or Reconfigurable Unit) müssen Ausweichknoten nicht die Ressourcen für alle Rechenprozesse eines ausgefallenen Knotens zur Verfügung stellen.

- Da die Programmkörper der Rechenprozesse auf alle in der DDCL angegebenen Knoten geladen werden, entfällt ein zeitraubendes Nachladen und ein komplexer Allocation-Algorithmus.

Zu erwähnen sind auch noch die in Kapitel 3 gemachten Definitionen zur Terminologie (Fehler, Fehlerursache, Fehlerauswirkung und Versagen). Sie bringen unabhängig von den sehr widersprüchlichen englischen Definitionen (fault, error, failure) ein klares Begriffsgebäude für den deutschen Sprachraum. Darauf aufbauend war eine sehr klare und logische Einteilung der Fehlertoleranzaktionen möglich. Der Übergang zu den englischsprachigen Definitionen, bei denen wieder Übereinstimmung herrscht, wird bei der "Authoritative System Reference" vorgenommen.

5.7 Ein Beispiel - Praktische Anwendung und quantitative Bewertung

Anhand eines einfachen Beispiels sollen die Anwendbarkeit der erarbeiteten Sprachkonstrukte und die daraus berechenbaren quantitativen Vorteile aufgezeigt werden.

Bild 5.17 zeigt 3 Bussysteme (B1,B2,B3) mit je einem Knoten (K1,K2,K3). Bussystem B1 ist mit Bussystem B2 bzw. B3 über sogenannte Buskoppler verbunden. An den Bussystemen B2 und B3 sind noch weitere Prozeßperipheriemodule angeschlossen, die hier jedoch nicht weiter betrachtet werden. Auf Knoten K1 kommen die Rechenprozzesse FÜHRUNG1,

FÜHRUNG2, PROTOKOLL und AUSWERTUNG zur Ausführung, auf Knoten K2 werden der Rechenprozeß REGELUNG1 und auf Knoten K3 der Rechenprozeß REGELUNG2 ausgeführt.

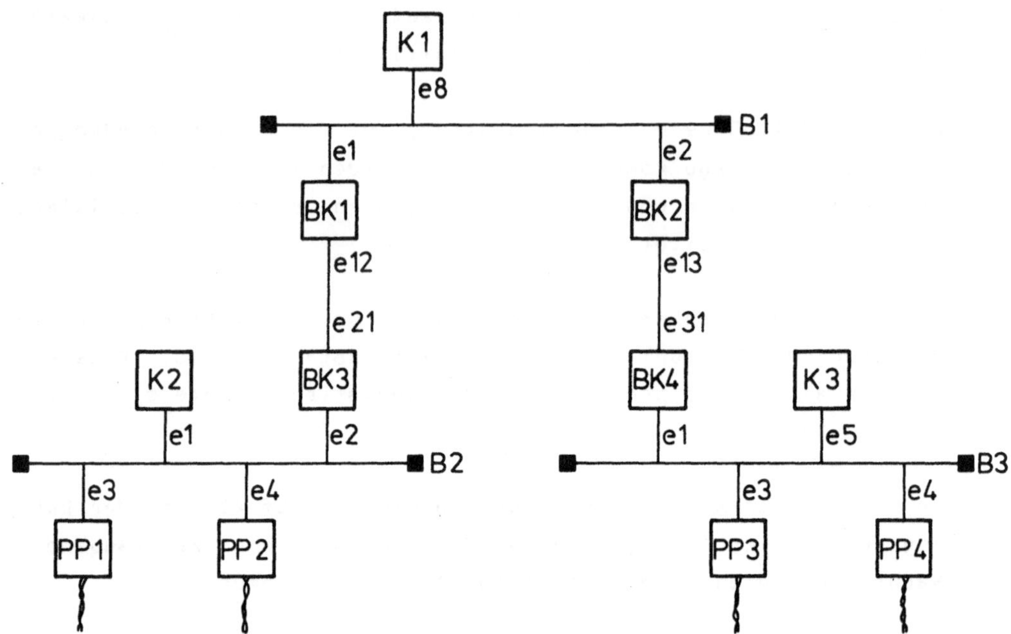

Bild 5.17: Hardware-Struktur für unser Beispiel

Im folgenden werden die zwei Fälle

(F1) ohne Rekonfigurationsmaßnahmen
(F2) mit Rekonfigurationsmaßnahmen

unterschieden und jeweils quantitative Werte für die Verfügbarkeit A(t) und Sicherheit S(t) nach den Gleichungen (3.2), (3.6) und (3.7) berechnet, und miteinander verglichen. In unserem Beispiel wird nur ein Ausfallzustand angenommen (Boolsches Modell). Unter der Ausfallwahrscheinlichkeit P(A,Ki) sollen alle möglichen Ausfallvarianten (Rechenprozeß, Knoten, usw.) subsummiert sein:

Wahrscheinlichkeit für den Ausfall eines Knotens

$$P(A,Ki) = P(A) = 0,05 \quad \& \quad i = 1,2,3$$

Wahrscheinlichkeit für das Funktionieren eines Knotens

$$P(F,Ki) = P(F) = 1 - (P(A) = 0,95 \quad \& \quad i = 1,2,3$$

zu (F1):

Die Verfügbarkeit der einzelnen Funktionen (Rechenprozesse) ist gleich der Funktionswahrscheinlichkeit P(F,Ki) eines Knotens. Für die Verfügbarkeit der einzelnen Rechenprozesse (FÜHRUNG1, FÜHRUNG2, PROTOKOLL, AUSWERTUNG, REGELUNG1, REGELUNG2) gilt somit:

$$A_{F1}(t) = A_{F2}(t) = A_p(t) = A_A(t) = A_{R1}(t) = A_{R2}(t) = P(F) = 0,95$$

Da jeder Rechenprozeß fest an einen bestimmten Knoten gebunden ist, müssen alle drei Knoten funktionieren, damit der technische Prozeß nicht außer Kontrolle gerät.

Entsprechend Gleichung (3.2) ergibt sich für die Verfügbarkeit:

$$\begin{aligned}
A(t) &= P(Z(t) = a \quad \& \quad a = (K1{=}F \;\&\; K2{=}F \;\&\; K3{=}F) \\
&= P(K1{=}F \;\&\; K2{=}F \;\&\; K3{=}F) \\
&= P(F,K1) * P(F,K2) * P(F,K3) \\
&= P(F) * P(F) * P(F) \\
&= 0,857 \quad \text{(gerundet)}
\end{aligned}$$

Für die Sicherheit ergibt sich nach Gleichung (3.6)

$$S(t) = A(t) = 0,857$$

zu (F2):

Es gelten die selben Annahmen wie unter (F1), allerdings werden jetzt einige Rekonfigurationsmaßnahmen formuliert:

(RM1) Sollte Knoten K1 ausfallen, so wird der Rechenprozeß FÜHRUNG1 auf Knoten K2 und der Rechenprozeß FÜHRUNG2 auf Knoten K3 gestartet. Im Normalfall (Ausführung auf Knoten K1) kommunizieren die beiden Rechenprozesse FÜHRUNG1 und FÜHRUNG2 miteinander. Durch den gegenseitigen Austausch der Regelgrößen sei eine optimale Regelung der beiden Regelkreise möglich. Nach dem Ausfall von Knoten K1 entfällt diese Kommunikation. Für die Berechnung der entsprechenden Führungsgrößen wird nun jeweils ein fest vorgegebener Mittelwert verwendet (Graceful Degradation). Die Rechenprozesse PROTOKOLL und AUSWERTUNG sind nicht mehr verfügbar (Graceful Degradation).

(RM2) Sollte Knoten K2 ausfallen, so wird der Rechenprozeß REGELUNG1 auf Knoten K1 gestartet. Der Rechenprozeß PROTOKOLL wird dafür terminiert (Graceful Degradation).

(RM3) Sollte Knoten K3 ausfallen, so wird der Rechenprozeß REGELUNG2
      auf dem Knoten K1 gestartet.   Der Rechenprozeß AUSWERTUNG wird
      dafür terminiert (Graceful Degradation).

Für die Rekonfigurationsmaßnahmen (RM2) und (RM3) gilt die Annahme,
daß bei Ausfall des Knotens K2 bzw. K3 Zugriffe weiterhin auf die Prozeßperipherie der Bussysteme B2 und B3 von Knoten K1 aus möglich sind.
Selbstverständlich ist es möglich, weitere redundante Hardware-Struk-
turen, so wie in Bild 5.18 dargestellt, mit den erarbeiteten Sprachkonstrukten zu beschreiben.

Durch die formulierten Rekonfigurationsmaßnahmen sind nun nur noch die
beiden Rechenprozesse PROTOKOLL und AUSWERTUNG einem Knoten fest zugeordnet. Die Rechenprozesse FÜHRUNG1, FÜHRUNG2, REGELUNG1 und REGELUNG2
können auf zwei Knoten zur Ausführung kommen. Um dem erhöhten Aufwand
(Datenstrukturen, Informationsaustausch zwischen den Knoten) für die
Rekonfiguration Rechnung zu tragen, soll nun P(A) = 0,1 und P(F) = 0,9
sein.

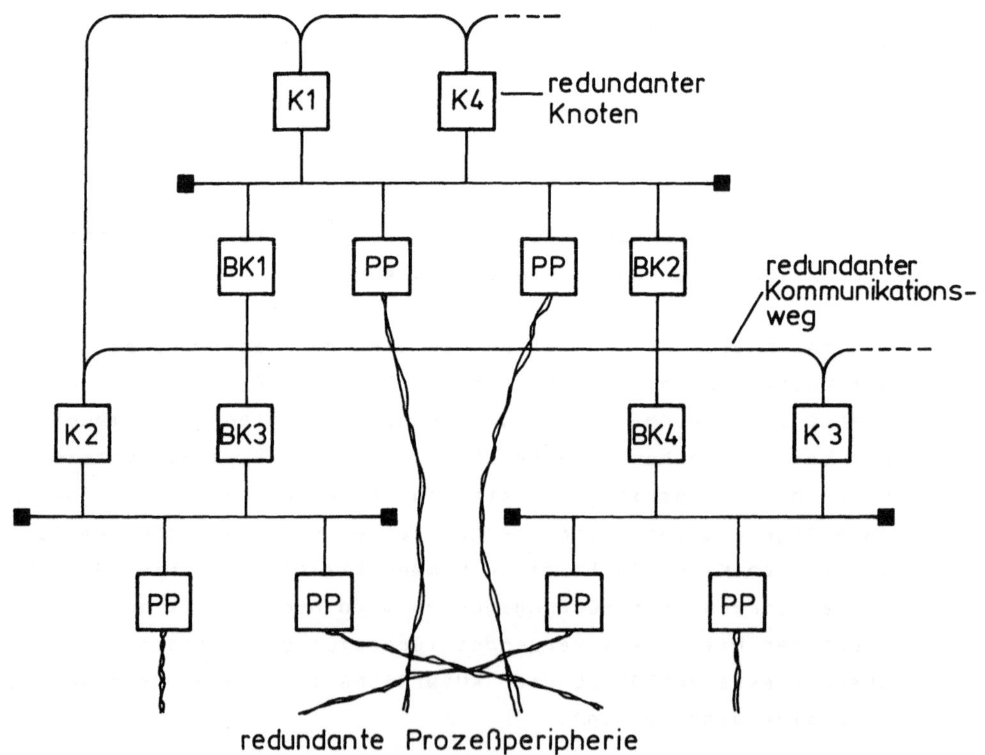

<u>Bild 5.18:</u> Weitere Möglichkeiten einer redundanten Auslegung der Hard-
           ware-Struktur

Betrachtung für Rechenprozeß FÜHRUNG1:

```
    Z(t) = a
      P(K1=F) = P(F,K1)
              = P(F)
              = 0,9

    Z(t) = b
      P(K1=A & K2=F) = P(A,K1) * P(F,K2)
                     = P(A) * P(F)
                     = 0,09
```

Die Verfügbarkeit des Rechenprozesses FÜHRUNG1 auf Knoten K1 hat sich zwar von 0,95 auf 0,9 verringert, jedoch hat sich die Verfügbarkeit des Rechenprozesses FÜHRUNG1 systemweit von 0,95 auf 0,99 erhöht. Die selben Zahlenwerte gelten auch für den Rechenprozeß FÜHRUNG2.

Betrachtung für Rechenprozeß REGELUNG1:

```
    Z(t) = a
      P(K2=F) = P(F,K2)
              = P(F)
              = 0,9

    Z(t) = b
      P(K1=F & K2=A) = P(F,K1) * P(A,K2)
                     = P(F) * P(A)
                     = 0,09
```

Die Verfügbarkeit des Rechenprozesses REGELUNG1 auf Knoten K2 hat sich zwar von 0,95 auf 0,9 verringert, jedoch hat sich die Verfügbarkeit des Rechenprozesses REGELUNG1 systemweit von 0,95 auf 0,99 erhöht. Die selben Zahlenwerte gelten auch für den Rechenprozeß REGELUNG2.

Betrachtungen für Rechenprozeß PROTOKOLL:

```
    Z(t) = a
      P(K1=F & K2=F) = P(F,K1) * P(F,K2)
                     = P(F) * P(F)
                     = 0,81
```

Die Verfügbarkeit des Rechenprozesses PROTOKOLL hat sich durch die Rekonfigurationsmaßnahmen in unserem Beispiel von 0,95 auf 0,81 verringert, da dieser Rechenprozeß terminiert wird, wenn Knoten K2 ausfällt. Die selben Zahlenwerte gelten auch für den Rechenprozeß AUSWERTUNG im Zusammenhang mit Knoten K3.

Die Verfügbarkeit der sicherheitsrelevanten Rechenprozesse FÜHRUNG1, FÜHRUNG2, REGELUNG1 und REGELUNG2 hat sich enorm erhöht und zwar in unserem Beispiel zum Teil auf Kosten der beiden sicherheitsunkritischen Rechenprozesse PROTOKOLL und AUSWERTUNG.

Betrachtungen für das Gesamtsystem:

```
        Z(t) = a
          P(K1=F & K2=F & K3=F) = P(F,K1) * P(F,K2) * P(F,K3)
                                = P(F) * P(F) * P(F)
                                = 0,729

        Z(t) = b
          P(K1=F & K2=A | K3=A)
          + P(K1=A & K2=F & K3=F) = P(F,K1) * P(A,K2) * P(A,K3)
                                  + P(F,K1) * P(A,K2) * P(F,K3)
                                  + P(F,K1) * P(F,K2) * P(A,K3)
                                  + P(A,K1) * P(F,K2) * P(F,K3)

                                  = P(F) * P(A) * P(A)
                                  + P(F) * P(A) * P(F)
                                  + P(F) * P(F) * P(A)
                                  + P(A) * P(F) * P(F)

                                  = P(F) * P(A) * [P(A) + 3 * P(F)]
                                  = 0,252
```

Die Verfügbarkeit der Gesamtfunktion in der Originalkonfiguration hat sich von 0,857 im Fall (F1) auf 0,729 im Fall (F2) verringert, jedoch hat sich die Sicherheit (Gleichung (3.7)) des Gesamtsystems von 0,857 im Fall (F1) auf 0,981 im Fall (F2) erhöht.

Zum Abschluß werden für die sechs Rechenprozesse die DDCLs entsprechend der Hardware-Struktur in Bild 5.17 mit den unter (F2) aufgeführten Rekonfigurationsmaßnahmen aufgelistet.

```
PROGRAM führung1;

  DDCL;
    PRIME NODE k1;
    ALTERNATIVE NODE(S) k2;

    REPLICATED DATA;
    PORT(S) p2, p3, p4, p5;

    PHYSICAL CONNECTION(S)
    l1 : k1.e8      <-> bk1.e1;
    l2 : bk1.e12    <-> bk3.e21;
    l3 : bk3.e2     <-> k2.e1;
    l4 : k1.e8      <-> k1.e8;
    l8 : k2.e1      <-> k2.e1;

    COMMUNICATION WITH
      TASK regelung1 THROUGH PORT p2 ON PRIME NODE k2;
                                ALTERNATIVE NODE(S) k1;
      TASK führung2  THROUGH PORT p3 ON PRIME NODE k1;
                                ALTERNATIVE NODE(S) k3;
      TASK protokoll THROUGH PORT p4 ON PRIME NODE k1;
                                 ALTERNATIVE NODE(S);
      TASK auswertung THROUGH PORT p5 ON PRIME NODE k1;
                                 ALTERNATIVE NODE(S);

    MAPPING
    STATE INITIAL:
      BEGIN
        CONNECT k1.führung1.p2 : k2.regelung1.p1 BY LINE l1&l2&l3;
        CONNECT k1.führung1.p3 : k1.führung2.p7 BY LINE l4;
        CONNECT k1.führung1.p4 : k1.protokoll.p7 BY LINE l4;
        CONNECT k1.führung1.p5 : k1.auswertung.p8 BY LINE l4;
        ACTIVATE k1.führung1;
      END

    STATE ausfallk1: (STAT(k2) & /STAT(k1))
      BEGIN
        DISCONNECT k1.führung1.p2 : k2.regelung1.p1;
        DISCONNECT k1.führung1.p3 : k1.führung2.p7;
        DISCONNECT k1.führung1.p4 : k1.protokoll.p7;
        DISCONNECT k1.führung1.p5 : k1.auswertung.p8;
        TERMINATE k1.führung1;
        CONNECT k2.führung1.p2 : k2.regelung1.p1 BY LINE l8;
        ACTIVATE k2.führung1;
      END
  DDCL-END;
```

```
PROGRAM führung2;

  DDCL;
    PRIME NODE k1;
    ALTERNATIVE NODE(S) k3;

    REPLICATED DATA;
    PORT(S) p6, p7, p8, p9;

    PHYSICAL CONNECTION(S)

    l4 : k1.e8     <-> k1.e8;
    l5 : k1.e8     <-> bk2.e2;
    l6 : bk2.e13   <-> bk4.e31;
    l7 : bk4.e1    <-> k3.e5;
    l9 : k3.e5     <-> k3.e5;

    COMMUNICATION WITH
      TASK regelung2 THROUGH PORT p6 ON PRIME NODE k3;
                                ALTERNATIVE NODE(S) k1;
      TASK führung1  THROUGH PORT p7 on PRIME NODE k1;
                                ALTERNATIVE NODE(S) k2;
      TASK protokoll THROUGH PORT p8 ON PRIME NODE k1;
                                ALTERNATIVE NODE(S);
      TASK auswertung THROUGH PORT p9 ON PRIME NODE k1;
                                ALTERNATIVE NODE(S);

    MAPPING
    STATE INITIAL:
      BEGIN
        CONNECT k1.führung2.p6 : k3.regelung2.p1 BY LINE l5&l6&l7;
        CONNECT k1.führung2.p7 : k1.führung1.p3 BY LINE l4;
        CONNECT k1.führung2.p8 : k1.protokoll.p7 BY LINE l4;
        CONNECT k1.führung2.p9 : k1.auswertung.p8 BY LINE l4;
        ACTIVATE k1.führung2;
      END

    STATE ausfallk1: (STAT(k3) & /STAT(k1))
      BEGIN
        DISCONNECT k1.führung2.p6 : k3.regelung2.p1;
        DISCONNECT k1.führung2.p7 : k1.führung2.p3;
        DISCONNECT k1.führung2.p8 : k1.protokoll.p7;
        DISCONNECT k1.führung2.p9 : k1.auswertung.p8;
        TERMINATE k1.führung2;
        CONNECT k3.führung2.p6 : k3.regelung2.p1 BY LINE l9;
        ACTIVATE k3.führung2;
      END
  DDCL-END;
```

```
PROGRAM protokoll;

  DDCL;
    PRIME NODE k1;
    ALTERNATIVE NODE(S);

    REPLICATED DATA;

    PORT(S) p7;

    PHYSICAL CONNECTION(S)
    l1 : k1.e8  <->  k1.e8;

    COMMUNICATION WITH
      TASK führung1 THROUGH PORT p7 ON PRIME NODE k1;
                              ALTERNATIVE NODE(S) k2;
      TASK führung2 THROUGH PORT p7 ON PRIME NODE k1;
                              ALTERNATIVE NODE(S) k3;

    MAPPING
    STATE INITIAL:
      BEGIN
        CONNECT k1.führung1.p4 : k1.protokoll.p7 BY LINE l1;
        CONNECT k1.führung2.p8 : k1.protokoll.p7 BY LINE l1;
        ACTIVATE k1.protokoll;
      END

    STATE ausfallk1: (/STAT(k1))
      BEGIN
        DISCONNECT k1.führung1.p4 : k1.protokoll.p7;
        DISCONNECT k1.führung2.p8 : k1.protokoll.p7;
        TERMINATE k1.protokoll;
      END

    STATE ausfallk2: (STAT(k1) & /STAT(k2))
      BEGIN
        DISCONNECT k1.führung1.p4 : k1.protokoll.p7;
        DISCONNECT k1.führung2.p8 : k1.protokoll.p7;
        TERMINATE k1.protokoll;
      END
  DDCL-END;
```

```
PROGRAM auswertung;

  DDCL;
    PRIME NODE k1;
    ALTERNATIVE NODE(S);

    REPLICATED DATA;

    PORT(S) p8;

    PHYSICAL CONNECTION(S)
    l1 : k1.e8  <->  k1.e8;

    COMMUNICATION WITH
      TASK führung1 THROUGH PORT p8 ON PRIME NODE  k1;
                              ALTERNATIVE NODE(S) k2;
      TASK führung2 THROUGH PORT p8 ON PRIME NODE  k1;
                              ALTERNATIVE NODE(S) k3;

    MAPPING
    STATE INITIAL:
      BEGIN
        CONNECT k1.führung1.p5 : k1.auswertung.p8 BY LINE l1;
        CONNECT k1.führung2.p9 : k1.auswertung.p8 BY LINE l1;
        ACTIVATE k1.auswertung;
      END

    STATE ausfallk1: (/STAT(k1))
      BEGIN
        DISCONNECT k1.führung1.p5 : k1.protokoll.p8;
        DISCONNECT k1.führung2.p9 : k1.protokoll.p8;
        TERMINATE k1.auswertung;
      END

    STATE ausfallk3: (STAT(k1) & /STAT(k3))
      BEGIN
        DISCONNECT k1.führung1.p5 : k1.protokoll.p8;
        DISCONNECT k1.führung2.p9 : k1.protokoll.p8;
        TERMINATE k1.auswertung;
      END
  DDCL-END;
```

```
PROGRAM regelung1;

  DDCL
    PRIME NODE k2;
    ALTERNATIVE NODE(S) k1;

    REPLICATED DATA;

    PORT(S) p1;

    PHYSICAL CONNECTION(S)
    l1 : bk3.e21   <->   bk1.e12;
    l4 : k2.e1      ->   pp1.e3;
    l5 : k2.e1     <-    pp2.e4;
    l6 : bk3.e2     ->   pp1.e3;
    l7 : bk3.e2    <-    pp2.e4;
    l8 : k2.e1     <->   bk3.e2;
    l9 : bk1.e1    <->   k1.e8;
    l10: k1.e8     <->   k1.e8;

    COMMUNICATION WITH
      TASK führung1 THROUGH PORT p1 ON PRIME NODE k1;
                              ALTERNATIVE NODE(S) k2;
      DEVICE pp1 FROM NODE k2 BY PRIME LINE l4;
                              ALTERNATIVE LINE(S);
      DEVICE pp2 FROM NODE k2 BY PRIME LINE l5;
                              ALTERNATIVE LINE(S);
      DEVICE pp1 FROM NODE k1 BY PRIME LINE l6 & l1 & l9;
                                ALTERNATIVE LINE(S);
      DEVICE pp2 FROM NODE k1 BY PRIME LINE l7 & l1 & l9;
                                ALTERNATIVE LINE(S);

    MAPPING
    STATE INITIAL:
      BEGIN
        CONNECT k1.führung1.p2 : k2.regelung1.p1 BY LINE l8&l1&l9;
        REACH DEVICE pp1 FROM NODE k2 BY LINE l4;
        REACH DEVICE pp2 FROM NODE k2 BY LINE l5;
        ACTIVATE k2.regelung1;
      END

    STATE ausfallk2: (STAT(k1) & /STAT(k2))
      BEGIN
        DISCONNECT k1.führung1.p2 : k2.regelung1.p1;
        TERMINATE  k2.regelung1;
        CONNECT    k1.führung1.p2 : k1.regelung1.p1 BY LINE l10;
        REACH DEVICE pp1 FROM NODE k1 BY LINE l6 & l1 & l9;
        REACH DEVICE pp2 FROM NODE k1 BY LINE l7 & l1 & l9;
        ACTIVATE k1.regelung1;
      END
  DDCL-END;
```

```
PROGRAM regelung2;

  DDCL;
    PRIME NODE k3;
    ALTERNATIVE NODE(S) k1;

    REPLICATED DATA;

    PORT(S) p1;

    PHYSICAL CONNECTIONS
    l1 : k3.e5      ->   pp3.e3;
    l2 : k3.e5      <-   pp4.e4;
    l3 : k3.e5      <->  bk4.e1;
    l5 : bk4.e1     ->   pp3.e3;
    l6 : bk4.e1     <-   pp4.e4;
    l7 : bk2.e13    <->  bk4.e31;
    l8 : k1.e8      <->  bk2.e2;
    l9 : k3.e5      <->  k3.e5;

    COMMUNICATION WITH
      TASK führung2 THROUGH PORT p1 ON PRIME NODE k1;
                                  ALTERNATIVE NODE(S) k3;
      DEVICE pp3 FROM NODE k3 BY PRIME LINE l1;
                                  ALTERNATIVE LINE(S);
      DEVICE pp4 FROM NODE k3 BY PRIME LINE l2;
                                  ALTERNATIVE LINE(S);
      DEVICE pp3 FROM NODE k1 BY PRIME LINE l5 & l7 & l8;
                                    ALTERNATIVE LINE(S);
      DEVICE pp4 FROM NODE k1 BY PRIME LINE l6 & l7 & l8;
                                    ALTERNATIVE LINE(S);

    MAPPING
    STATE INITIAL:
      BEGIN
        CONNECT k1.führung2.p6 : k3.regelung2.p1 BY LINE l3&l7&l8;
        REACH DEVICE pp3 FROM NODE k3 BY LINE l1;
        REACH DEVICE pp4 FROM NODE k3 BY LINE l2;
        ACTIVATE k3.regelung2;
      END

    STATE ausfallk3: (STAT(k1) & /STAT(k3))
      BEGIN
        DISCONNECT k1.führung2.p6 : k3.regelung2.p1;
        TERMINATE  k3.regelung2;
        CONNECT    k1.führung2.p6 : k1.regelung2.p1 BY LINE l9;
        REACH DEVICE pp3 FROM NODE k1 BY LINE l5 & l7 & l8;
        REACH DEVICE pp4 FROM NODE k1 BY LINE l6 & l7 & l8;
        ACTIVATE k1.regelung2;
      END
  DDCL-END;
```

6. Ausblick

Parallel zu der Erarbeitung der theoretischen Grundlagen zur Rekonfiguration wurde ein experimentelles verteiltes System auf der Basis des CAMAC-Systems entwickelt <Obenhuber; Rzehak 83>. Die Programmierung dieses verteilten Systems sollte in MODULA-2 vorgenommen werden. Dazu wurde ein Cross-Programmerzeugungssystem vom Rechenzentrum der ETH Zürich auf die Prozeßrechnerfamilie Perkin Elmer 32xx portiert <Bosse, Heine, Kotschi 84>, <Hafner 85>, <Westenkirchner 85>, <Stoll 85>. In der theoretischen Ausarbeitung zur Rekonfiguration spielt das Programmerzeugungssystem (Kompilierer, Binder, Lader) eine zentrale Rolle, jedoch nur bei der Erzeugung der rechenprozeßlokalen Datenstrukturen, nicht aber für den Betrieb des verteilten Automatisierungssystems. Aus diesem Grunde ist es nicht notwendig, sofort ein neues Programmerzeugungssystem zu schreiben, welches den Aufbau und die Verwaltung der vorgeschlagenen Informationsstrukturen unterstützt, sondern es genügt, vorerst die Informationsstrukturen und zugehörigen Prozeduren selbst auszuprogrammieren, um die Wirksamkeit der Vorschläge testen zu können. Leider konnte dies wegen dem Ablauf der allgemein an Universitäten üblichen Zeitverträge nicht mehr durchgeführt werden.

Nach einer erfolgreichen Implementierungs- und Testphase lassen sich die theoretischen Grundlagen in zwei Richtungen ausbauen:

(R1) Erweiterung des in der Betriebsphase "geschlossenen" Systems zu einem "offenen" System.

(R2) Einführung von Hilfsmitteln, damit der Benutzer in bestimmten Fällen die Durchführung von Rekonfigurationsaktionen zeitlich verzögern kann.

zu (R1):

Diese Erweiterung ermöglicht, daß auch während der Betriebsphase des Automatisierungssystems neue Rechenprozesse eingebracht bzw. vorhandene Rechenprozesse modifiziert oder gelöscht werden können. Damit können an der Programmatur des Automatisierungssystems Änderungen vorgenommen werden, ohne das Automatisierungssystem für die Modifikation abzuschalten. Folgende Situation wäre hierzu denkbar:

Angenommen, wir haben einen Rechenprozeß rp1, der auf PRIME NODE k1 abläuft und auf ALTERNATIVE NODE k3 für Rekonfigurationszwecke ebenfalls geladen ist. Ein Algorithmus für rp1 wurde modifiziert und soll nun zum Einsatz kommen. Zunächst wird der Code des Rechenprozesses rp1 auf Knoten k3 mit dem modifizierten Code überschrieben. Dann leitet man eine Rekonfiguration durch die Nachricht "NODE k1 FAILED" ein. Dadurch kommt der modifizierte Code von Rechenprozeß rp1 auf Knoten k3 zur Ausführung. Abschließend ist der modifizierte Code auf Knoten k1 zu laden und erneut eine Rekonfiguration durch die Nachricht "NODE k1 OK" einzuleiten.

Sind in diesem modifizierten Rechenprozeß neue Bezeichner, neue Kommunikationsverbindungen, weitere alternative Knoten angegen, auf denen der Rechenprozeß ebenfalls zum Ablauf kommen kann, usw., so müssen geeignete Mechanismen bereitgestellt werden, damit die vom Programmerzeugungssystem neu erstellten rechenprozeßlokalen Datenstrukturen auf die zugehörigen Knoten nachgeladen, und dort in die knotenlokalen Datensturkturen entsprechend eingebunden werden können.

zu (R2):

In den theoretischen Ausführungen wird eine Rekonfiguration sofort nach Erfüllung der dazu notwendigen Bedingung eingeleitet. Dies ist sicherlich richtig für Rechenprozesse, die unmittelbar von einem Ausfall (z.B. Knoten, Leitung) betroffen sind. Für mittelbar betroffene Rechenprozesse oder aber für den Fall einer benutzerinitiierten Rekonfiguration kann es durchaus sinnvoll sein, eine Rekonfigurationsaktion etwas zeitverzögert - nach Abarbeitung einer logisch zusammenhängenden Anweisungsfolge - auszuführen. D.h. dem Benutzer müßten Funktionen der Art LOCK_RECONFIG() und RELEASE_RECONFIG() bzw. LOCK_RECONFIG(for x msec) und RELEASE_REC(after x msec) zur Verfügung gestellt werden. Damit kann in den oben beschriebenen Fällen die Ausführung einer zusammenhängenden Folge von Stelleingriffen in den technischen Prozeß garantiert werden.

Bei der Entwicklung und dem späteren Einsatz dieser Funktionen ist besonders darauf zu achten, daß sich dadurch Rechenprozesse nicht gegenseitig beeinflussen bzw. die Funktionen durch den Benutzer unsachgemäß im Programm plaziert werden können, und somit eine Rekonfiguration - analog einer Verklemmung (Deadlock) bei der Betriebsmittelvergabe - verhindert wird.

Anhang A: Syntax der Benutzerschnittstelle

```
DYNAMIC_DISTRIBUTED_CONTROL_LIST:
    'DDCL' ';' DDCL_PARTS 'DDCL-END' ';'

DDCL_PARTS:
    NODE_PART
    REPLICATION_PART
    PORT_PART
    PHYSICAL_CONNECTION_PART
    COMMUNICATION_PART
    MAPPING_PART

NODE_PART:
    'PRIME NODE' NODE_ID ';'
    'ALTERNATIVE NODE(S)' [NODE_ID_LIST] ';'

NODE_ID_LIST:
    NODE_ID [',' NODE_ID_LIST]

REPLICATION_PART:
    'REPLICATED DATA' [DATA_ID_LIST] ';'

DATA_ID_LIST:
    DATA_ID [',' DATA_ID_LIST]

PORT_PART:
    'PORT(S)' PORT_ID_LIST ';'

PORT_ID_LIST:
    PORT_ID [',' PORT_ID_LIST]

PHYSICAL_CONNECTION_PART:
    'PHYSICAL CONNECTION(S)'
    PHYSICAL_CONNECTION_LIST

PHYSICAL_CONNECTION_LIST:
    LINE_ID ':' ENDPOINT_ELEMENT DIRECTION_TOKEN ENDPOINT_ELEMENT;
    [PHYSICAL_CONNECTION_LIST]

DIRECTION_TOKEN:
    '->' | '<-' | '<->'

ENDPOINT_ELEMENT:
    NODE_ID'.'ENDPOINT_ID
    | [DEVICE_ID'.']ENDPOINT_ID

COMMUNICATION_PART:
    'COMMUNICATION WITH'
    [TASK_COMMUNICATION] | [DEVICE_COMMUNICATION]

TASK_COMMUNICATION:
    'TASK' TASK_ID 'THROUGH' PORT_ID 'ON' NODE_PART
    [TASK_COMMUNICATION] | [DEVICE_COMMUNICATION]

DEVICE_COMMUNICATION:
    'DEVICE' DEVICE_ID 'FROM NODE' NODE_ID 'BY' LINE_PART
    [TASK_COMMUNICATION] | [DEVICE_COMMUNICATION]
```

```
LINE_PART:
    'PRIME LINE' LINE_CONJUNCTION ';'
    'ALTERNATIVE LINE(S)' [LINE_ID_LIST] ';'

LINE_ID_LIST:
    LINE_CONJUNCTION [',' LINE_ID_LIST]

LINE_CONJUNCTION:
    LINE_ID
    | LINE_ID AND_OPERATOR LINE_CONJUNCTION

AND_OPERATOR:
    'AND' | &

MAPPING_PART:
    'MAPPING'
    INITAL_MAPPING_LIST
    [MAPPING_LIST]

INITIAL_MAPPING_LIST:
    'STATE' 'INITIAL' ':'
    RECONFIGURATION_BLOCK

MAPPING_LIST:
    'STATE' STATE_ID ':' '('STATE_EXPRESSION')'
    RECONFIGURATION_BLOCK
    [MAPPING_LIST]

RECONFIGURATION_BLOCK:
    'BEGIN' RECONFIGURATION_ACTIONS 'END'

RECONFIGURATION_ACTIONS:
    [CONNECT_STATEMENT]
    | [DISCONNECT_STATEMENT]
    | [ACTIVATE_STATEMENT]
    | [TERMINATE_STATEMENT]
    | [REACH_STATEMENT]

CONNECT_STATEMENT:
    'CONNECT' SENDER_PORT ':'  RECEIVER_PORT
    'BY LINE' LINE_CONJUNCTION ';'
    | 'CONNECT' SENDER_PORT ':' RECEIVER_PORT_LIST
      'BY LINE' LINE_ID_LIST ';'
    | 'CONNECT' SENDER_PORT_LIST ':' RECEIVER_PORT
      'BY LINE' LINE_ID_LIST ';'
    [RECONFIGURATION_ACTIONS]

RECEIVER_PORT_LIST:
    RECEIVER_PORT
    [',' RECEIVER_PORT_LIST]

RECEIVER_PORT:
    NODE_ID '.' TASK_ID '.' PORT_ID

SENDER_PORT_LIST:
    SENDER-PORT
    [',' SENDER_PORT_LIST]

SENDER_PORT:
    NODE_ID '.' TASK_ID '.' PORT_ID
```

```
DISCONNECT_STATEMENT:
    'DISCONNECT' SENDER_PORT ':' RECEIVER_PORT ';'
    | 'DISCONNECT' SENDER_PORT ':' RECEIVER_PORT_LIST ';'
    | 'DISCONNECT' SENDER_PORT_LIST ':' RECEIVER_PORT ';'
    [RECONFIGURATION_ACTIONS]

ACTIVATE_STATEMENT:
    'ACTIVATE' NODE_ID'.'TASK_ID ';'
    [RECONFIGURATION_ACTIONS]

TERMINATE_STATEMENT:
    'TERMINATE' NODE_ID'.'TASK_ID ';'
    [RECONFIGURATION_ACTIONS]

REACH_STATEMENT:
    'REACH DEVICE' DEVICE_ID 'FROM NODE' NODE_ID
    'BY LINE' LINE_CONJUNCTION ';'
    [RECONFIGURATION_ACTIONS]

STATE_EXPRESSION:
    STATE_DENOTATION
    | NOT_OPERATOR STATE_EXPRESSION
    | STATE_DENOTATION AND_OPERATOR STATE_EXPRESSION

NOT_OPERATOR:
    'NOT' | /
```

<u>Erklärung:</u>

    [..]   Ein Ausdruck in eckigen Klammern ist optional.

      | Durch dieses Zeichen werden gleichwertige, alternative
             Ausdrücke voneinander getrennt.

Anhang B: Aufbau der knotenlokalen Datenstrukturen

```
<NODE-SPECIFICATION> ::= <NODE-ID>
                         <NODE-STATUS>
                         <NODE-ADDRESS>
                         <TASK-SPECIFICATION-LIST>

<NODE-ID> ::= <ID>

<NODE-STATUS> ::= <STATUS>

<STATUS> ::= 'OK' | 'FAILED'

<NODE-ADDRESS> ::= <ADDRESS>

<TASK-SPECIFICATION-LIST> ::= <TASK-SPECIFICATION>
                              [<TASK-SPECIFICATION-LIST>]

<TASK-SPECIFICATION> ::= <TASK-ID>
                         <TASK-STATUS>
                         <TASK-ADDRESS>
                         <TASK-COMMUNICATION>
                         <NODE-PHYSICAL-CONNECTION>
                         <RUNABLE-NODES>
                         <DATA-REPLICATION-LIST>
                         <MAP-LIST>

<TASK-ID> ::= <ID>

<TASK-STATUS> ::= <STATUS>

<TASK-ADDRESS> ::= <ADDRESS>

<TASK-COMMUNICATION> ::= <TASK-TO-TASK-LIST>
                         <TASK-TO-DEVICE-LIST>

<TASK-TO-TASK-LIST> ::= <OWN-PORT>
                        <DIRECTION-TOKEN>
                        <REMOTE-PORT>
                        <PROTOCOL>
                       [<TASK-TO-TASK-LIST>

<OWN-PORT> ::= <PORT-ID>
               <PORT-STATUS>

<PORT-ID> ::= <ID>

<PORT-STATUS> ::= 'CONNECTED' | 'UNCONNECTED

<DIRECTION-TOKEN> ::= <UNI> | <BI>

<UNI> ::= 'OWN-TO-REMOTE' | 'REMOTE-TO-OWN'

<BI> ::= 'BIDIRECTIONAL'
```

```
<REMOTE-PORT> ::= <PORT-ID>
                  <PORT-STATUS>
                  <TASK-ID>
                  <TASK-STATUS>
                  <NODE-ID>
                  <NODE-STATUS>

<PROTOCOL> ::= 'RENDEZVOUS' | ...

<TASK-TO-DEVICE-LIST> ::= <DEVICE-ID>
                          <DEVICE-ADDRESS>
                          <DEVICE-STATUS>
                          <LINE-LIST>
                          [<TASK-TO-DEVICE-LIST>]

<DEVICE-ID> ::= <ID>

<DEVICE-ADDRESS> ::= <ADRESS>

<DEVICE-STATUS> ::= <STATUS>

<LINE-LIST> ::= <PRIME-LINE>
                [<ALTERNATIVE-LINE-LIST>]

<PRIME-LINE> ::= <LINE-CONJUNCTION>

<LINE-CONJUNCTION> ::= <LINE-ID>
                       [<LINE-CONJUNCTION>]

<ALTERNATIVE-LINE-LIST> ::= <LINE-CONJUNCTION>
                            [<ALTERNATIVE-LINE-LIST>]

<NODE-PHYSICAL-CONNECTION> ::= <FIRST-ENDPOINT>
                               <DIRECTION>
                               <SECOND-ENDPOINT>
                               <LINE-ID>
                               <LINE-STATUS>

<FIRST-ENDPOINT> ::= <ENDPOINT>

<ENDPOINT> ::= <ENDPOINT-ID>
               <ENDPOINT-ADDRESS>
               <NODE-ID> | <DEVICE-ID>
               <NODE-ADDRESS> | <DEVICE-ADDRESS>

<ENDPOINT-ID> ::= <ID>

<ENDPOINT-ADDRESS> ::= <ADDRESS>

<DIRECTION> ::= 'UNIDIRCETIONAL' | 'BIDIRECTIONAL'

<SECOND-ENDPOINT> ::= <ENDPOINT>

<LINE-ID> ::= <ID>

<LINE-STATUS> ::= <ID>

<RUNABLE-NODES> ::= <PRIME-NODE-ID>
                    [<ALTERNATIVE-NODE-LIST>]
```

```
<PRIME-NODE-ID> ::= <NODE_ID>

<ALTERNATIVE-NODE-LIST> ::= <NODE-ID>
                            <NODE-STATUS>
                            [<ALTERNATIVE-NODE-LIST>]

<DATA-REPLICATION-LIST> ::= <DATA-ID>
                            <DATA-TYPE>
                            <DATA-VALUE>
                            [<DATA-REPLICATION-LIST>]

<MAP-LIST> ::= <RECONFIGURATION-LIST>

<RECONFIGURATION-LIST> ::= <STATE-ID>
                           <STATE-EXPRESSION>
                           <RECONFIGURATION-ACTION-LIST>
                           [<RECONFIGURATION-LIST>]

<STATE-ID> ::= <ID>

<STATE-EXPRESSION> ::= <NODE-EXPRESSION>
                       <TASK-EXPRESSION>
                       <LINE-EXPRESSION>
                       <DEVICE-EXPRESSION>

<NODE-EXPRESSION> ::= <NODE-ID>
                      <NODE-STATUS>
                      [<STATE-EXPRESSION>]

<TASK-EXPRESSION> ::= <TASK-ID>
                      <NODE-ID>
                      <TASK-STATUS>
                      [<STATE-EXPRESSION>]

<LINE-EXPRESSION> ::= <LINE-ID>
                      <LINE-STATUS>
                      [<STATE-EXPRESSION>]

<DEVICE-EXPRESSION> ::= <DEVICE-ID>
                        [<NODE-ID>]
                        <DEVICE-STATUS>
                        [<STATE-EXPRESSION>]

<RECONFIGURATION-ACTION-LIST> ::= <CONNECT-LIST>
                                  <DISCONNECT-LIST>
                                  <TERMINATE-LIST>
                                  <ACTIVE-LIST>
                                  <REACH-LIST>

<CONNECT-LIST> ::= <SENDER>
                   <RECEIVER>
                   <LINE-CONJUNCTION>
                   [<CONNECT-LIST>]

<SENDER> ::= <PORT-ID>
             <TASK-ID>
             <NODE-ID>
```

```
<RECEIVER> ::= <PORT-ID>
               <TASK-ID>
               <NODE-ID>

<DISCONNECT-LIST> ::= <SENDER-LIST>
                      <RECEIVER-LIST>
                     [<DISCONNECT-LIST>]

<TERMINATE-LIST> ::= <TASK-ID>
                     <NODE-ID>
                    [<TERMINATE-LIST>]

<ACTIVATE-LIST> ::= <TASK-ID>
                    <NODE-ID>
                   [<ACTIVATE-LIST>]

<REACH-LIST> ::= <DEVICE-ID>
                 <NODE-ID>
                 <LINE-CONJUNCTION>
                [<REACH-LIST>]
```

Literaturverzeichnis

AMD:"Understanding and Implementing Local Networks"; Advanced Micro
    Devices, E7900B, Vol. I, Sep. 1985

Anderson, T.; Lee, P.A.: "Fault Tolerance Principles and Practice";
    Prentice Hall, Englewood Cliffs, New Jersey, 1981

Anderson, T.; Lee, P.A.: "Fault-Tolerance Terminology Proposals";
    Digest of Papers, FTCS-12 Annual Symposium on Fault-Tolerant Com-
    puting, IEEE Computer Society Press, 1982, S. 29-33

Andrews, G.R.; Schneider, F.B.: "Concepts and Notations for Concurrent
    Programming"; ACM Computing Surveys 15, No. 1, March 1983, S. 3-43

Atlas der Physiologie: "dtv-Atlas der Physiologie"; Georg Thieme Ver-
    lag, Stuttgart, 1980

Avizienis, A.: "The Four-Universe Information System Model for the
    Study of Fault Tolerance"; Digest of Papers, FTCS-12 Annual
    Symposium on Fault-Tolerant Computing, IEEE Computer Society
    Press, 1982, S. 6-13

Avizienis, A.: "Framework for a taxonomy of fault-tolerance attrib-
    utes"; 10th Int. Symposium on Computer Architecture, SIGARCH
    Newsletter 11, No. 3, June 1983, S. 16-21

Balzer, R.M.: "Ports - A method for dynamic interprogram communication
    and job control"; Proceedings AFIPS, Spring Jt. Comp. Conference,
    Atlantic City, May 1971, Vol. 38, AFIPS Press, Arlington, 1971,
    S. 485-489

Blank, H. et al.: "Bericht zum Projekt: MULTICOMPUTER-PEARL"; Dornier
    System GmbH, Friedrichshafen, 1979

Bosse, J.; Heine, R.; Kotschi, R.: "Portierung eines MODULA-2 Cross-
    Systems auf den Prozeßrechner PERKIN ELMER 3240"; Diplomarbeit an
    der Hochschule der Bundeswehr München, Fachbereich Informatik,
    1984

Brinch Hansen, P.: "Distributed Processes - A Concurrent Programming
    Concept"; Communications of the ACM, Vol. 21, No. 11, Nov. 1978,
    S. 934-941

Chandy, K.M.; Lamport, L.: "Distributed Snapshots: Determining Global
    States of Distributed Systems"; ACM Transactions on Computer
    Systems, Vol. 3, No. 1, February 1985, S. 63-75

CORNAFION: "Distributed Computing Systems"; Elsevier Science Publish-
    ers, Amsterdam, 1985

Dal Cin, M.: "Fehlertolerante Systeme: Modelle der Zuverlässigkeit,
    Verfügbarkeit, Diagnose und Erneuerung"; B.G. Teubner, Stuttgart,
    1979

Dal Cin, M. et al.: "ATTEMPTO: A fault tolerant multi-processor work-
    ing station - Design and Concepts"; Digest of Papers, FTCS-13,
    June 28-30, 1983, Milano, Italy, S. 10-13

Demmelmeier, F.: "Fehlererholungsstrategien in fehlertolerierenden
    Multimikrorechnersystemen für die Prozeßautomatisierung"; in
    Trauboth, H.; Jaeschke, A. (Hrsg.): Prozeßrechner 1984; Informa-
    tik-Fachberichte 86, Springer-Verlag, Berlin, 1984, S. 358-370

Dijkstra, E.W.: "Guarded Commands, Nondeterminacy and Formal Deriva-
    tion of Programs"; Communication of the ACM 18, August 1975,
    S. 453-457

Dilger, E.: "Zur Begriffsbildung auf dem Gebiet fehlertolerierender
    Rechensysteme - Stand der Diskussion"; Mitteilungen der Fachgruppe
    "Fehlertolerierende Rechensysteme" der GI, Nr. 1, März 1983,
    S. 17-20

DIN 40042: "Zuverlässigkeit elektrischer Geräte, Anlagen und Systeme";
    Beuth-Verlag, Berlin

DIN 44300 (Entwurf): "Informationsverarbeitung, Begriffe"; Beuth-Ver-
    lag, Berlin, Oktober 1985

DIN 44301: "Begriffe der Informationstheorie"; Beuth-Verlag, Berlin

DIN 66201: "Prozeßrechensysteme"; Teil 1 Begriffe, Beuth-Verlag,
    Berlin, Mai 1981

DIN 66253: "Programmiersprache PEARL"; Teil 1 Basic PEARL, Teil 2
    Full PEARL, Beuth-Verlag, Berlin

DIN 66253c: "Programmiersprache PEARL"; Teil 3 Mehrrechner PEARL,
    Beuth-Verlag, Berlin

Echtle, K.; Görke, W.; Marhöfer, M.: "Zur Begriffsbildung bei der Be-
    schreibung von Fehlertoleranzverfahren"; Universität Karlsruhe,
    Institut für Informatik IV, Interner Bericht Nr. 6, Mai 1983

Enslow, P.H., Jr.: "What is a 'Distributed' Data Processing System?";
    Computer, January 1978, S. 13-21

EUR 4100e: "CAMAC - A Modular Instrumentation System for Data Hand-
    ling"; Revised Description and Specification, Commission of the
    European Communities, Report EUR 4100e, 1972

EUR 4600e: "CAMAC - Organisation of Multi-Crate Systems"; Specifica-
    tion of the Branch Highway and CAMAC Crate Controller Type A1,
    Commission of the European Communities, Report EUR 4600e, 1972

EUR 6500e: "CAMAC - Multiple Controller in a CAMAC Crate"; Commission
    of the European Communities, Report EUR 6500e, 1978

Färber, G.; Demmelmeier, F.: "Taskspecific assignment of redundancy in
    the fault-tolerant multicomputer system FUTURE"; Preprints EURO-
    MICRO Symposium 83, 13.-16. Sept. 1983, Madrid; in Microcompu-
    ters: Developments in Industry, Business and Education. North-Hol-
    land, Amsterdam, 1983, S. 245-255

Färber, G.: "Architketur zukünftiger Prozeßrechnersysteme"; in
    Trauboth, H.; Jaeschke, A. (Hrsg.): Prozeßrechner 1984; Informa-
    tik-Fachberichte 86, Springer-Verlag, Berlin, 1984 (a), S. 22-40

Färber, G. (Hrsg.): "Bussysteme"; Oldenbourg-Verlag 1984 (b)

Faust, U.: "Elektrobiologie I und II"; Vorlesung an der Universität
     Stuttgart, Institut für Biomedizinische Technik, 1980

Feigelbinder, H.: "CAMIC/S - Ein durchgängiges Entwicklungssystem";
     in Trauboth, H.; Jaeschke, A. (Hrsg.): Prozeßrechner 1984; Infor-
     matik-Fachberichte 86, Springer-Verlag, Berlin, 1984, S. 294-303

Goldberg, J.; Kautz, W.H.; Lamport, L.; Neumann, P.G.: "Formal Tech-
     niques for Fault-Tolerance in Distributed Data Processing (DDP)";
     SRI International, Menlo Park, California 94025

Göhner, P.: "Methoden zur Entwicklung von Realzeitsystemen und ihre
     praktische Anwendung in EPOS"; in Trauboth, H.; Jaeschke, A.
     (Hrsg.): Prozeßrechner 1984; Informatik-Fachberichte 86, Springer-
     Verlag, Berlin, 1984, S. 325-335

Görke, W.: "Was ist Fehlertoleranz?"; Elektronische Rechenanlagen,
     26. Jahrgang 1984, Heft 1, S. 29-31

Großpietsch, K.E.; Paap, K.L.: "HIFETS - Hochintegrierte fehlertole-
     rante Speicherschnittstelle"; Vorabdruck aus GMD-Spiegel 1/1984,
     Gesellschaft für Mathematik und Datenverarbeitung, Bonn

Hafner, U.: "Portierung und Erweiterung eines Bibliotheksverwaltungs-
     programms für ein MODULA2-Programmiersystem"; Diplomarbeit an der
     Universität der Bundeswehr München, Fakultät für Informatik, 1985

Hartlmüller, P.: "Verfahren zur Wahrung der Konsistenz wesentlicher
     systeminterner Daten für fehlertolerante verteilte Realzeitsysteme
     und deren Implementierungsmöglichkeiten"; Dissertation an der
     Universität der Bundeswehr München, Fakultät für Informatik, 1988

Heger, D.: "Systemergänzungen und Piloterprobung eines fehlertoleran-
     ten Echtzeitrechensystems mit verteilten Mikroprozessoren (RDC-Sy-
     stem)"; Forschungsbericht DV81-007, Fraunhofer-Institut für Infor-
     mations- und Datenverarbeitung, Karlsruhe, Dezember 1981

Hinderer, W.: "Rekonfiguration und Wiederanlauf in fehlertoleranten
     Systemen"; Forschungsbericht DV81-007, Heger, D. (Hrsg.), Dezember
     1981

Hölscher, H.; Rader, J.: "Mikrocomputer in der Sicherheitstechnik";
     Verlag TÜV Rheinland, 1984

Hopkins, Jr. et al.: "FTMP - A highly reliable fault-tolerant multi-
     processor for aircraft"; Proc. IEEE, Vol. 66, No. 10, Oct. 1978,
     S. 1221-1239

ISO/DS 7498: "Data Processing - Open Systems Interconnection"; Basic
     Reference Model, February 4., 1982

Kallis, S.A., Jr.: "Distributed Processing: Keyword for Tomorrow's
     Super Computers"; Mini-Micro Systems, März 1977, S. 32-40

Knight, J.C.; Leveson, N.G.: "Correlated Failures in Multi-Version
     Software"; Proceedings of the fourth IFAC Workshop SAFECOMP'85,
     Como, Italy, Oct. 1-3, 1985, Pergamon Press, (ed. Quirk, W.J.)

Kopetz, H.: "The Failure Fault (FF) Model"; Digest of Papers, FTCS-12
     Annual Symposium on Fault-Tolerant Computing, IEEE Computer
     Society Press, 1982, S. 14-17

Krüger, G.: "Laborautomation und Prozeßrechensysteme"; Lecture Notes
    in Computer Science 13, S. 164-183, Springer-Verlag, Berlin, 1973

Lang, H.: "Sprachbeschreibung DS-PEARL Subset"; Dornier System GmbH,
    Friedrichshafen, 1979

Laprie, J.C.; Costes, A.: "Dependability: A Unifying Concept for
    Reliable Computing"; Digest of Papers, FTCS-12 Annual Symposium on
    Fault-Tolerant Computing, IEEE Computer Society Press, 1982,
    S. 18-21

Laprie, J.C.: "Computing and Fault-Tolerance: Concepts and Termino-
    logy"; Proposal to the IFIP WG 10.4 'Reliable Computing and Fault-
    Tolerance', Summer-Meeting, Kissimmee, Florida, USA, June 16-19,
    1984, Research Report No. 84.035

Laprie, J.C.; Arlat, J.: "Dependability Evaluation of Maintainable
    High Safety Control Systems"; LAAS Research Report No. 85-198,
    Aug. 1985

Lauber, R.: "Prozeßautomatisierung I - Aufbau und Programmierung von
    Prozeßrechensystemen"; Springer-Verlag, Berlin, 1976

Lauber, R.: "Zuverlässigkeit und Sicherheit in der Prozeßautomatisie-
    rung"; in Baumann, R. (Hrsg.): Fachtagung Prozeßrechner 1981; In-
    formatik-Fachberichte 39, Springer-Verlag, Berlin, 1981, S. 51-64

Lee, P.A.; Morgan, D.E.: "Fundamental Concepts of Fault Tolerant Com-
    puting"; Digest of Papers, FTCS-12 Annual Symposium on Fault-Tole-
    rant Computing, IEEE Computer Society Press, 1982, S. 34-38

Levi, P.: "Betriebssysteme für Realzeitanwendungen"; Datakontext-Ver-
    lag, Köln, 1981, CCG-Texte: 3

Linder, H.: "Biologie"; J.B. Metzlersche Verlagsbuchhandlung,
    Stuttgart, 1971

Lotze, A.: "Datenverarbeitung I"; Vorlesung an der Universität
    Stuttgart, WS 78/79

Lorenz, K.: "Der Abbau des Menschlichen"; 2. Auflage, Piper-Verlag,
    München 1983

Maehle, E.: "Fehlertolerantes Verhalten in Multiprozessoren - Untersu-
    chungen zur Diagnose und Rekonfiguration"; Dissertation, Band 15,
    Nr. 2, März 1982, Arbeitsberichte Inst. für Informatik, Erlangen

Magee, J.; Kramer, J.:"Dynamic Configuration for Distributed Real-Time
    Systems"; Proc. IEEE Real-Time Systems Symposium, Washington,
    Dec. 1983, S. 277-288

MAP 2.1: "Manufactoring Automation Protocol Specification Version 2.1";
    General Motors Technical Center, Manufactoring Building, 30300
    Mound Road, Warren, MI 48090-9040, March 31., 1985

Mehrrechner-PEARL: "Reference Manual für die Sprache MEHRRECHNER-
    PEARL"; Dornier System GmbH, Friedrichshafen / Fraunhofer Institut
    für Informations- und Datenverarbeitung, Karlsruhe, April 1985

Morgan, D.E.: "Report of Subcommittee on Models, Fundamental Concepts
    and Terminology"; Digest of Papers, FTCS-12 Annual Symposium on
    Fault-Tolerant Computing, IEEE Computer Society Press, 1982,
    S. 3-4

Nix, H.G.: "Sichere Mikroprozessorsysteme für Schutzaufgaben in der Prozeßtechnik"; in Trauboth, H.; Jaeschke, A. (Hrsg.): Prozeß-rechner 1984; Informatik-Fachberichte 86, Springer-Verlag, Berlin, 1984, S. 162-173

von Neumann, J.: "Probabilistic Logics and the Synthesis of Reliable Organisms from Unreliable Components"; Automata Studies, Princeton 1956, S. 43-98

NTG 3004: "Zuverlässigkeitsbegriffe im Hinblick auf komplexe Software und Hardware"; Entwurf einer NTG-Empfehlung, Nachrichtentechnische Zeitung Nr. 35, 1982, S. 327-333

Obenhuber, H.; Rzehak, H.: "Die Anpassung eines Mikroprozessorsystems an den CAMAC-Standard zum Aufbau eines hierarchischen lokalen Rechnernetzes"; Bericht-Nr. 8309, Oktober 1983, Fachbereich Infor-matik, Hochschule der Bundeswehr München

Paul, M.; Siegert, H.J. (Hrsg.): "Distributed Systems - Methods and Tools for Specification"; Lecture Notes in Computer Science 190, Springer-Verlag, Berlin, 1985

Paus, H.; Pick, H.: "Begleittext zur Experimentalphysik II"; Vorlesung an der Universität Stuttgart, Physikalisches Institut, Teilinstitut 2, 1975

Pauschinger: "Physiologie für Ingenieure"; Vorlesung an der Universi-tät Stuttgart, 1980

Rennels, D.A.: "Fault-Tolerant Computing-Concepts and Examples"; IEEE, Transactions on Computers, Vol. c-33, No. 12, Dec. 1984

Rimmer, E.M.: "The Fundamentals of FASTBUS"; Interfaces in Computing, 3 (1985), S. 1-18

Robinson, A.S.: "A User Oriented Perspective of Fault Tolerant System Models and Terminologies"; Digest of Papers, FTCS-12 Annual Symposium on Fault-Tolerant Computing, IEEE Computer Society, 1982, S. 22-28

Rzehak, H. (a): "Rechensysteme zur Automatisierung technischer Pro-zesse"; Vorlesung an der Universität der Bundeswehr München, 1983

Rzehak, H. (b): "Prozeßrechensysteme für sicherheitsrelevante Auf-gaben"; Vorlesung an der Universität der Bundeswehr München, 1985

Rzehak, H. (c): "Einführung in die Informations- und Regelungstheorie"; Vorlesung an der Universität der Bundeswehr München, 1982

Rzehak, H.: "Redundancy in Hardware and Software of Process Computers"; in Troch, I. (Hrsg.): Simulation of Control Systems, North-Holland, Amsterdam, 1978

Rzehak, H.: "Gewährleistung einer eingeschränkten Funktionsfähigkeit von verteilten Realzeitsystemen beim Auftreten von Fehlern im Be-trieb"; Beitrag zum Forschungsbericht der Universität der Bundes-wehr München, 1985

Sartorius, H.: "Mit der rt in die siebziger Jahre"; Regelungstechnik und Prozeßdatenverarbeitung 18 (1970), S. 1-2

Seifert, M.: "Rekonfiguration und Restauration von Prozeßsystemen in
     fehlertoleranten verteilten Rechensystemen"; Dissertation,
     Fakultät Informatik, Karlsruhe 1981

Seifert, M.: "Commercial Available Fault-Tolerant Systems"; GI Fach-
     gruppe, Fehlertolerierende Rechensysteme, Mitteilungen Nr. 3,
     Juni 1984, S. 7-27

Siemens: "Bionik"; Broschüre zur Sonderausstellung des Siemens
     Museums; Bestell-Nr. A 19100-F1-A26-V1

Soneru, M.D.; Huen, W.H.: "The Introduction of Fault-Tolerance in a
     Hierarchical Operating System"; in Großpietch, K.-E.; Dal Cin, M.
     (Hrsg.): Informatik-Fachberichte 84, Springer-Verlag, Berlin, 1984

Spies, P.P.: "No-wait-send/Rendezvous"; Informatik-Spektrum, Band 8,
     Heft 5, Oktober 1985, S. 283-286

Syrbe, M.: "Messen, Steuern, Regeln"; Akademische Verlagsgesellschaft
     Frankfurt/Main, 1972

Syrbe, M.: "Zuverlässigkeit von Systemen"; Regelungstechnische Praxis,
     25. Jahrgang Heft 8, August 1983, S. 307-371

Steusloff, H.: "Zur Programmierung von räumlich verteilten dezentralen
     Prozeßrechensystemen"; Dissertation, Karlsruhe, Fakultät für In-
     formatik, 1977

Stoll, J.: "Ein Werkzeug für die Systemprogrammierung von Realzeitsy-
     stemen auf der Basis von MODULA-2"; Tagungsband der Fachtagung
     Echtzeitsysteme (PEARL-Tagung '85) am 5./6. Dez. 1985 in Boppard

Voges, U.: "Software-Diversität und ihre Modellierung"; Informatik
     Fachberichte 224, Springer-Verlag, Berlin, 1989

Wahrig, G.: "Deutsches Wörterbuch"; Bertelsmann Lexikon-Verlag

Weinert, A.: "über hardwareimplementierbare Fehlertoleranz bei indu-
     striellen Automatisierungssystemen mit sehr hoch integrierten
     Prozessoren"; NTG-Fachberichte 92, S. 268-278, VDE-Verlag, 1986

Wensley, J.H. et al.: "SIFT: Design and Analysis of a Fault-Tolerant
     Computer for Aircraft Control"; Proc. IEEE, Vol. 66, No. 10, Oct.
     1978, S. 1240-1246

Wiener, N.: "Kybernetik"; Econ-Verlg 1968

Westenkirchner, H.: "überarbeiten der Ein-/Ausgabe und testen speziel-
     ler Sprachkonstrukte eines MODULA-2 Kompilierers"; Diplomarbeit an
     der Universität der Bundeswehr München, Fakultät für Informatik,
     1985

Stichwortverzeichnis